ख़ुशदेश का सफ़र

भोपाल से भूटान : चार दोस्तों की रोड ट्रिप

ख़ुशदेश का सफ़र

भोपाल से भूटान : चार दोस्तों की रोड ट्रिप

पल्लवी त्रिवेदी

सार्थक
राजकमल प्रकाशन का उपक्रम

ISBN : 978-93-93768-53-7

मूल्य : ₹695

पहला संस्करण : 2022

सार्थक राजकमल प्रकाशन का उपक्रम

प्रकाशक
राजकमल प्रकाशन प्रा.लि.
1-बी, नेताजी सुभाष मार्ग, दरियागंज
नई दिल्ली-110 002

शाखाएँ
अशोक राजपथ, साइंस कॉलेज के सामने, पटना-800 006
पहली मंज़िल, दरबारी बिल्डिंग, महात्मा गांधी मार्ग, प्रयागराज-211 001
36 ए, शेक्सपियर सरणी, कोलकाता-700 017
वेबसाइट : www.rajkamalprakashan.com
ई-मेल : info@rajkamalprakashan.com

मुद्रक
यश प्रिंटोग्राफिक्स
ग्रेटर नोएडा-201 310 (उत्तर प्रदेश)

KHUSHDESH KA SAFAR
Bhopal Se Bhutan : Chaar Doston ki Road Trip
Travelogue by Pallavi Trivedi

माँ के लिए
जिन्होंने हम बहनों के नन्हे क़दमों को
दुनिया नापने का हौसला दिया

क्रम

ख़ुशी के दरवाज़े पर दस्तक की ख़्वाहिश

"सुना है, भूटान में सब ख़ुश रहते हैं। वहाँ ग्रॉस डोमेस्टिक प्रोडक्ट नहीं है, ग्रॉस नेशनल हैप्पीनेस है। यहाँ भी ऐसा होता तो?"

'लंच बॉक्स' फ़िल्म में अपनी ज़िन्दगी से नाख़ुश नायिका एक ख़त में नायक को यह पंक्तियाँ लिखती है। और मन इन्हीं पंक्तियों पर अटककर रह जाता है। क्या सचमुच ऐसा कोई देश हो सकता है जहाँ सब ख़ुश हों? डॉलर, तेल और सोने के भंडार से अपनी तरक़्क़ी को नापते देशों के बीच एक छोटा-सा ग़रीब मुल्क ऐसा भी है जिसने अपने नागरिकों की ख़ुशी को उन्नति का पैमाना बना रखा है।

भले ही बसा न जा सके ऐसे ख़ूबसूरत देश में लेकिन वहाँ जाया तो जा ही सकता है। उनकी ख़ुशी का राज़ जानने की एक भरपूर कोशिश तो की ही जा सकती है। ख़ुशी किसी देश की सीमाओं में थोड़े न बँधी है बल्कि यह तो जीने के तरीक़े से निकलकर आती है। मुझे ये जानना था कि वो कौन-सी चीज़ है जिसने भूटानियों को विश्व का सबसे ख़ुशहाल नागरिक बनाया है। इक्का-दुक्का लोग तो हर जगह ख़ुश मिल ही जाते हैं लेकिन ख़ुशी का फ़ार्मूला एक ऐसी जगह जाकर ही मिल सकता है जहाँ सभी ख़ुश हों।

यूँ पहली विदेश यात्रा की योजना तो बहुत सालों से बन रही थी। सन् 2009 से, जब पहली बार पासपोर्ट बनकर हाथ में आया था। लेकिन इन बरसों में हम भारत ही घूमते रहे और बिना किसी विदेश का ठप्पा लगवाए पासपोर्ट जनवरी 2019 में काल को प्यारा हो गया। सचमुच विदेश यात्रा का कोई

योग ही होता होगा जैसा कि पहले के वक़्त में ज्योतिषी बाक़ायदा हथेली की रेखाओं और कुंडली बाँचकर बताया करते थे कि बन्दा एक दिन विदेश भ्रमण करेगा। और इसी बीच कभी यूरोप, कभी श्रीलंका, कभी थाईलैंड तो कभी इंडोनेशिया या तंजानिया की योजना बनाते-बनाते एक रोज़ लंच बॉक्स मूवी देखी और अब तय हो गया था कि पहली विदेश यात्रा भूटान की ही होगी। कौन साथी होंगे यह तय था ही। मैं, मेरी छोटी बहन मल्लिका, दो दोस्त कुश और देवेन। भूटान के लिए सभी की सहर्ष सहमति थी। हम चारों पिछले साल भी एक साथ उत्तरांचल की एक ट्रिप कर चुके थे और उस चार दिन की ट्रिप के बाद अब हम सब परफ़ेक्ट ट्रैवल पार्टनर्स बन चुके थे। हमारी यात्रा के साथी होने के लिए सहयात्रियों में कुछ गुण होना बेहद आवश्यक है—

> सभी स्वावलम्बी होने चाहिए। अपना सारा सामान उठाने में सक्षम। यहाँ लड़की होने की कोई छूट नहीं होती। सीधा-सा एक फंडा है कि जितना कैरी कर सको, उतना सामान रखो।
>
> बात-बात पर मुँह फुलानेवाले, हँसी-मज़ाक़ का बुरा माननेवाले, असुविधाओं से खीज जानेवाले दोस्त कभी यात्रा के साथी नहीं बन सकते।
>
> समूह में होते हुए भी हर यात्री, यात्रा को अपने नज़रिये से देखता और महसूस करता है और एक ही यात्रा उस समूह के हर व्यक्ति पर अलग-अलग प्रभाव डालती है। वो वहाँ से क्या लेकर आया है, यह अनुभव सामूहिक न होकर निजी होता है। इसलिए हर सैलानी को समूह में रहते हुए भी पूरा स्पेस देना बेहद ज़रूरी है। अगर एक ही शहर में कोई अकेला घूमना चाहे तो पूरा स्वतंत्र है। ग्रुप में अपना एकान्त हासिल करना और साथियों को भी करने देना। एक यायावर जानता है कि किसी भी यात्रा में समूह से भी ज़्यादा मायने होते हैं प्रकृति के साथ, नए शहर, नई संस्कृति के साथ कुछ पल गुज़ारने के। यह मौन संवाद आत्मा को सम्पन्नता देता है।

छोटी-बड़ी मुश्किलों और असुविधाओं के लिए मानसिक और शारीरिक रूप से तैयार रहना। टूरिस्ट और ट्रैवलर में यही बुनियादी फ़र्क़ है। एक टूरिस्ट के तौर पर आप पहले से होटल, टैक्सी बुक कराते हैं और एक प्लान के तहत अपना वैकेशन गुज़ारकर, साइट सीइंग कर ख़ुशी-ख़ुशी वापस आते हैं लेकिन यायावरी प्लान करके नहीं होती और यही इसका मज़ा है। कहाँ को निकले थे और कहाँ पहुँच गए। कभी फ़ाइव स्टार होटल मिल गया तो कभी एक-दो कमरों के गेस्ट हाउस में रात बितानी पड़ी। कभी छप्पन भोग मिले तो कभी दालमोठ और फलों से काम चलाना पड़े। हर कठिन वक़्त को यात्रा का ज़रूरी हिस्सा माननेवाले लोग घुमक्कड़ी के अच्छे साथी साबित होते हैं।

समूह का कोई भी सदस्य फ़ोटो सेशन का जुनूनी नहीं होना चाहिए। स्मृति के तौर पर फ़ोटो खींचना वग़ैरह होता ही है लेकिन सारे वक़्त अपनी फ़ोटो खिंचवाने की डिमांड करनेवाले यायावर ग्रुप का हिस्सा नहीं बन सकते।

और सबसे अहम बात कि सभी प्रकृति प्रेमी और यात्रा प्रेमी होने चाहिए। बाक़ी अर्हताओं में से कोई कम हो तो एक बार चल जाएगा मगर इसके बिना आप किसी यायावर ग्रुप का हिस्सा बन ही नहीं सकते।

ख़ैर, हम चारों हमारे द्वारा बनाए गए इन नियमों पर पूरी तरह खरे उतरते हैं, यह हमने पिछले ट्रिप में जान लिया था तो इस बार भी तय हुआ कि चारों दोस्त एक साथ अपनी पहली विदेश यात्रा करेंगे। मई 2019 में लोकसभा चुनाव के कारण छुट्टी नहीं मिल सकती थी तो जून का महीना इसके लिए मुकर्रर किया गया।

अपने तीनों साथियों के बारे में आपको थोड़ा बताती चलूँ। कुश वैष्णव जयपुर में रहता है और ऑरकुट टाइम का फ्रेंड है। ऑनलाइन दोस्तियों के भी अलग काल रहे हैं। सबसे पहले ऑरकुट काल, फिर ब्लॉग काल, फिर

फ़ेसबुक काल और अब व्हाट्सऐप काल। ऑरकुट के पहले भी याहू युग रहा होगा लेकिन मेरे लिए इंटरनेट पर दोस्त ऑरकुट ही लेकर आया था तो मेरे लिए वही पहला काल हुआ। ऑरकुट पर पहचान हुई और फिर फ़ोन पर बातचीत शुरू हुई। और शुरुआती बातों से ही लग गया था कि ये दोस्ती लम्बी चलेगी। जिसका सेंस ऑफ़ ह्यूमर कमाल का हो और चिरकुटपंथी जिसे किक देती हो, वो मेरा दोस्त बनने के लिए एकदम मुफ़ीद है। एक ऐसा दोस्त जो हँसने में जितना साथ देता है, आँसुओं में उससे भी ज़्यादा। मेरा तकनीकी सलाहकार भी यही बन्दा है। कम्प्यूटर में तंग हाथ वाले लोगों का एक ऐसा दोस्त होना बड़े पुण्यों का प्रताप होता है। हम एकदम पक्के वाले दोस्त हैं। बहुत-सी बातों में एक-दूसरे से असहमत होते हैं, बहस-बाज़ी करते हैं, कभी-कभी चिढ़ भी जाते हैं लेकिन घंटे भर बाद फिर वही के वही कनपुरिया जोक्स पर हँसते हुए मस्तीख़ोर दोस्त 'बाबा...गेट खोल दें बाबा'। पिछले बारह सालों में दोस्ती मज़बूत से मज़बूत-तर होती गई है और पिछले कुछ वक़्त से हम यात्राएँ भी साथ कर रहे हैं। आभासी दुनिया से निकलकर जिन बेहतरीन दोस्तों ने मेरी वास्तविक दुनिया में क़दम रखा है, कुश उनमें से एक है।

देवेन भी 2008 से दोस्त है, भोपाल में ही रहता है। वह आभासी नहीं बल्कि वास्तविक दुनिया का मित्र है और न केवल मेरा बल्कि मेरी बहनों और मेरे सारे दोस्तों का भी उतना ही अच्छा दोस्त है। मितभाषी है, जेंटलमैन है, व्यवस्थित है, सामान्य ज्ञान का भंडार और भारी धैर्यवान। तीन लोग मिलकर जिसकी सफ़र भर टाँग खींचते रहें और जो मुस्कराते हुए चुपचाप गाड़ी ड्राइव करता रहे, उसे और क्या कहेंगे? देवेन से उम्दा ड्राइवर मैंने नहीं देखा। उसी के भरोसे हम सारा देश-विदेश नापते रहते हैं। हम दोस्त देवेन को मुहब्बत से 'बना' कहकर पुकारते हैं। यूँ कि देवेन राजपूत परिवार से है और अपने गाँव में 'बना' ही पुकारा जाता है। वैसे देखा जाए तो देवेन हम चारों में से सबसे अच्छा यात्री है क्योंकि वह कहीं भी रह सकता है, किसी भी असुविधा को निरपेक्ष भाव से अपनाने की उसकी क़ाबिलियत से मुझे हमेशा रश्क होता है। अच्छा बिस्तर न हो, अच्छा बाथरूम न हो, भयानक गर्मी हो या सर्दी, कमरा टपक रहा हो, देवेन के चेहरे पर एक

शिकन नहीं आती। देवेन से सीख रही हूँ कठिनाइयों को सरलता से स्वीकार कर लेना।

मल्लिका मेरी बहन है। उसे प्यार से गड्डू कहते हैं। मुझसे एक साल छोटी। कोटा में रहती है। हम बहनें कम और बेस्ट फ्रेंड्स ज़्यादा हैं। गड्डू का सेंस ऑफ़ ह्यूमर ख़तरनाक स्तर का है और हमारे बचपन की शैतानियों और मस्ती के साझे क़िस्सों पर पूरी एक किताब लिखी जा सकती है। कई मामलों में मुझसे ज़्यादा गम्भीर और व्यवस्थित। सूटकेस जमाना हो सलीके से तो गड्डू, कहीं किसी अन्याय या अपने हक़ के लिए झगड़ा-झंझट करने जाना हो तो गड्डू। जितनी मस्तमौला, उतनी ही नरम दिल और जिस दिन दिमाग़ फिर गया उस दिन सामनेवाले की ख़ैर नहीं चाहे वो कितना भी बड़ा तुर्रम ख़ाँ हो। कोटा में पढ़नेवाले जाने कितने बच्चों की लोकल गार्जियन बनती आ रही है वो बरसों से। सबकी मदद को आधी रात को भी तत्पर। उसके रहने से एक तसल्ली-सी रहती है कि कुछ गड़बड़ होगी तो गड्डू है ना। हम दोनों मिलकर सारी दुनिया जीत सकते हैं।

तारीख और स्थान तय होने के बाद यह तय करना था कि भूटान पहुँचा कैसे जाए। पहले तय हुआ कि दिल्ली से फ़्लाइट लेकर बागडोगरा पहुँचा जाए और फिर वहाँ से टैक्सी लेकर भूटान जाया जाए और वापसी या तो पारो से अथवा बागडोगरा से की जाए। इस प्लान पर चारों की सहमति क़रीब-क़रीब बन ही चुकी थी। इसी बीच अप्रैल में कुश का भोपाल आना हुआ और यहाँ देवेन ने प्रस्ताव रखा कि क्यों न भोपाल से भूटान तक रोड ट्रिप की जाए।

रोड ट्रिप! 2000 कि.मी. जाना और इतना ही वापस आना!

एकबारगी इस प्रस्ताव से हम चौंके लेकिन अगले ही पल दोनों ने बड़ी ख़ुशी से इसे स्वीकार कर लिया। हम बहुत एक्साइटेड थे। अब होगी वैसी यात्रा जैसी हमें पसन्द है। हमने बहुत रोड ट्रिप्स किए हैं बीते कुछ बरसों में। ग्वालियर से कश्मीर, भोपाल से गोवा, मुम्बई, पुणे, भोपाल से अहमदाबाद, दीव, सोमनाथ, दो बार हिमाचल यात्रा, एक बार उत्तरांचल यात्रा, पूरा राजस्थान भ्रमण। फ़्लाइट से यात्रा तभी बेहतर है जब किसी एक ही शहर में जाना हो और वहीं से वापस लौट आना हो। लेकिन कई जगह घूमना हो

तब फ़्लाइट बेकार है क्योंकि एयरपोर्ट से आपको टैक्सी करनी पड़ेगी, जो ख़र्चीली भी होगी और अपने साथ हमेशा एक अजनबी के होने का एहसास लिये होगी। हर बात कहने से पहले याद रखना होगा कि एक अन्य व्यक्ति साथ में बैठा है। टैक्सी ड्राइवर के साथ सफ़र कभी सहज नहीं होता हमारे लिए। इसलिए हम अपनी गाड़ी से ही सफ़र करते हैं। और इससे अच्छा कुछ हो नहीं सकता जब आपका एक साथी बेहतरीन ड्राइवर होने के साथ ड्राइविंग का शौक़ीन भी हो। देवेन की ही गाड़ी होती है और वही हमारा ड्राइवर। चाहे कितना भी लम्बा सफ़र हो आपको गाड़ी तभी चलानी है जब आपका मन हो वरना वह आपको कभी नहीं कहेगा कि मैं थक गया हूँ, अब कोई और गाड़ी चलाओ। पहले उसकी बोलेरो, फिर सफ़ारी और अभी नई-नवेली क्रेटा। तो यह तय रहा कि भोपाल से भूटान रोड ट्रिप ही होगी। अब कैमरा बैग भी रख सकते, खाने-पीने का अलग बैग, जूतों का अलग और पिछली सीट पर दो कुशन भी। आख़िर 20 दिनों के लिए यह चलते-फिरते घर में परिवर्तित होने जा रही है।

अब काउंट डाउन शुरू हो गया था। एक बार तारीख तय हो जाए फिर दिलो-दिमाग़ एक अलग ही मोड में पहुँच जाता है। अब रास्ता फ़ाइनल करना था, भूटान के बारे में जानकारी लेनी थी, कहाँ-कहाँ घूमना है, कितने दिन की ट्रिप होगी? यात्रा के पड़ाव क्या होंगे? तय यह हुआ कि 5 जून से यात्रा शुरू की जाएगी और लगभग 25 जून को हम वापस आ जाएँगे। 20 दिन की यात्रा में उत्तर प्रदेश, बिहार, बंगाल के शहरों से होकर गुज़रना होगा और 7 दिन भूटान में रहना और लौटकर तीन-चार दिन गंगटोक और दार्जिलिंग को दिए जा सकते हैं। जाते समय लखनऊ, गोरखपुर, मुज़फ़्फ़रपुर, दरभंगा, सिलीगुड़ी, हाशिमारा यह पड़ाव होंगे और लौटते समय पटना, बनारस होते हुए वापस आएँगे। इस रोड ट्रिप का एक मक़सद यह भी था कि उत्तर प्रदेश और बिहार के वो क्षेत्र जहाँ हम यात्रा के मक़सद से तो शायद कभी न जाते, इस बहाने उन इलाक़ों से भी गुज़रना हो जाएगा। किसी अपरिचित इलाक़े से गुज़रना भी उस इलाक़े से अच्छा-ख़ासा परिचय करवा देता है। वहाँ के रास्ते, पेड़-पौधे, पंछी, मिट्टी की रंगत, नदियाँ, खेत, गाँव, क़स्बे, ढाबे, चाय की गुमटियाँ उस पूरे क्षेत्र का आइडेंटिटी कार्ड होते हैं जिन पर

लिखा होता है कि वे कौन हैं। उस इलाक़े के लोग, वहाँ की बोली, उनकी मुस्कराहट, उनका हावभाव, उनका आपको अपनी नज़र से देखना—ये सब आपको उस जगह से एक गहरी मुलाक़ात कराता चलता है। बशर्ते आप उस जगह के बारे में थोड़ा भी जानने-समझने की इच्छा रखते हों वरना तो पर्यटक एक हफ़्ते भी किसी एक शहर में गुज़ार आते हैं और उस इलाक़े को छू भी नहीं पाते।

अप्रैल के मध्य तक प्लान बन गया। इस बीच ऑफ़िस में चुनाव-कार्य की व्यस्तता बढ़ गई थी और उससे जितना समय बचता, मैं भूटान से सम्बन्धित जानकारी जुटाने और वीडियो देखने में लगा देती। हम सब अपने-अपने सम्पर्कों से भूटान के बारे में ज़्यादा-से-ज़्यादा जानकारी जुटाने की कोशिश कर रहे थे जिससे कुछ छूट भी न जाए और बिना किसी ख़ास परेशानी के भूटान ट्रिप सम्पन्न हो सके।

अब भूटान के बारे में जानकारी लेने का काम शुरू हुआ। परमिट कैसे बनेगा? क्या-क्या डॉक्यूमेंट चाहिए होंगे? इमिग्रेशन ऑफ़िस किस-किस दिन बन्द रहता है? कितनी देर लगेगी परमिट बनने में? इन सभी प्रश्नों के सटीक जवाब चाहिए थे। इसके लिए गूगल की सारी लिंक टटोली गईं। लेकिन गूगल बाबा सटीक जानकारी देने के बजाय कन्फ़्यूज़ भी कर देते हैं अक्सर। ऐसे में सबसे पहले ध्यान आया मनीषा कुलश्रेष्ठ दीदी का, जो लम्बे समय तक भूटान बॉर्डर पर हासीमारा में रह चुकी थीं और भूटान घूम चुकी थीं। उनसे बात हुई और उन्होंने फुन्शोलिंग के इमिग्रेशन ऑफ़िस की प्रक्रिया और भूटान में कितने दिन कहाँ व्यतीत किए जाने चाहिए इसकी जानकारी दे दी। मैं हमेशा कोशिश करती हूँ कि किसी ऐसे व्यक्ति से जानकारी न लूँ जो सिर्फ़ हार्ड कोर टूरिस्ट हो। माने जिसके लिए यात्रा के मायने केवल साइट सीइंग और फ़ोटो खिंचाना हो। यात्रा के उसके परसेप्शन और हमारे परसेप्शन में बुनियादी फ़र्क़ होता है। मनीषा दीदी आत्मा से यायावर हैं। हमने तय किया कि एक यात्रा हम दोनों एक साथ ज़रूर करेंगे। भूटान की एक शुरुआती तस्वीर उनसे लेकर अपने मन में फ्रेम कर ली।

इसके बाद अन्य घुमक्कड़ों के अनुभव जानने के लिए रुख़ किया फ़ेसबुक की ओर। सोशल मीडिया के तमाम फ़ायदे-नुक़सानों के बीच एक फ़ायदा तो मुझे यह नज़र आया ही है कि अपनी रुचियों के ग्रुप्स में जाकर आप कुछ भी पूछें, उसके बारे में ढेर सारे विचार मय व्यक्तिगत अनुभवों के आपके सामने उपस्थित हो जाते हैं। तो फ़ेसबुक के एक ट्रैवल ग्रुप 'घुमक्कड़ी दिल से' में जाकर एक पोस्ट लिखी—

"भूटान में एक हफ़्ते की यात्रा है 10 जून से 17 जून तक। जो भी आवश्यक जानकारी दे सकते हैं, कृपया दें।"

और बस मैं अब अचम्भित होकर देख रही थी। घुमक्कड़ों ने फ़ौरन अपनी-अपनी जेब से जानकारियों की रेजगारी निकालनी शुरू कर दी। किसी ने वहाँ के मौसम के बारे में बताया, किसी ने होटल सजेस्ट किए, किसी ने इमिग्रेशन की पूरी प्रक्रिया बताई, किसी ने घूमने के स्थान बताए और इसी बीच एक व्यक्ति ने एक यू ट्यूब लिंक दिया जिसमें एक सोलो ट्रैवलर ने अपनी भूटान यात्रा को अपने सेल्फ़ी कैमरे से पूरा कैप्चर किया था, जो हमारे वाक़ई बहुत काम आया।

इसी बीच ग्रुप के एडमिन और महा-घुमक्कड़ प्रतीक का इनबॉक्स मैसेज आया जिसमें उसने 10 दिन का भूटान विज़िट का एक प्लान शेयर किया था। उसे शुक्रिया बोलकर प्लान देखने ही बैठी थी कि एक और इनबॉक्स मैसेज आया।

कोई दुष्यन्त कुमार सिंह जी थे जिन्होंने मेरी पोस्ट देखकर मुझसे सम्पर्क किया था। वे पिछले काफ़ी वक़्त से भूटान-भारत बॉर्डर पर पश्चिम बंगाल के ज़िला अलीपुरद्वार में ऑडिट का काम देख रहे थे। उन्होंने न केवल भूटान के बारे में कई जानकारियाँ दीं, बल्कि अलीपुरद्वार में एक दिन रुकने का प्रस्ताव भी रखा। वे बेहद आत्मीय थे और हमारे होस्ट बनने के लिए उत्सुक भी। उन्होंने कहा कि जब यहाँ तक आ ही रहे हैं तो गुवाहाटी और शिलांग भी जाइए। वहाँ भी रुकने का पूरा इन्तज़ाम मैं करवा दूँगा।

बताइए, कौन अजनबियों की यूँ सहायता करता है!

यह यायावरी की सबसे ख़ूबसूरत बात यह है कि हर यायावर दूसरे यायावर को अपना परिवार मानता है क्योंकि यह पूरी धरती उन सबका साझा घर और

प्रकृति उन सबकी माँ होती है। यायावरी नि:स्वार्थ मदद करना सिखाती है और मदद करके ख़ुश होना सिखाती है। हर बार मैंने अपने तजुर्बे से जाना है कि संसार के सारे यायावर एक परिवार हैं। सारे यायावर राहों के धागे से एक-दूसरे से बँधे हुए हैं।

दुष्यन्त जी का फ़ोन नम्बर लिया गया और फिर फ़ोन पर उनसे बातों का सिलसिला शुरू हुआ। तय यह हुआ कि भूटान में प्रवेश करने से पहले एक दिन अलीपुरद्वार रुकेंगे, जहाँ दुष्यन्त जी के साथ जंगलों की सैर होगी।

एक और बड़े कमाल की बात है जो मैंने अक्सर ही महसूस की है कि जब आप कोई योजना बना रहे होते हैं तब उसके समानान्तर एक योजना आपकी क़िस्मत भी बना रही होती है। तभी यायावरों की यात्राएँ आश्चर्यों से भरपूर हुआ करती हैं। अलीपुरद्वार जिसका कि कभी नाम भी नहीं सुना था, अब वो हमारी यात्रा का एक अहम पड़ाव बन चुका था। लेकिन अभी और नए पड़ाव आने बाक़ी थे इसलिए अब क़िस्मत ने अनीता दुबे दीदी से मिलवा दिया।

अनीता दुबे—एक जानी-मानी पेबल आर्टिस्ट, कहानीकार, पेंटर और ज्वेलरी डिज़ाइनर हैं। कब से फ़ेसबुक पर उनके डिज़ाइन देखकर उनकी मुरीद थी लेकिन कभी निजी तौर पर हमारी दोस्ती नहीं हो पाई थी। अपरिचय की हद ये कि व्हाट्सऐप पर भी हम एक साहित्यिक ग्रुप 'दस्तक' के सदस्य थे पर तब भी कभी परिचय नहीं हो पाया। फिर एक दिन उन्होंने दस्तक पर लिखा कि वे भूटान जा रही हैं और संयोग से मैंने भी अपनी भूटान यात्रा के बारे में लिखा। बस फिर तुरन्त ही पर्सनल चैट शुरू हुई और तब पता चला कि वे एयरफ़ोर्स ऑफ़िसर की पत्नी हैं और सर आजकल हासीमारा में पोस्टेड हैं और जब हम भूटान जाएँगे तब वे हासीमारा में ही मिलेंगी। इस बातचीत के कुछ दिन बाद ही उनका भोपाल आना हुआ और हम लोगों ने एक और प्रिय मित्र अनुलता राज नायर के साथ शहीद भवन में एक नाटक साथ देखा। बस, उस दिन से दोस्ती पक्की हो गई और उसी रोज़ हमारी यात्रा में एक पड़ाव और जुड़ गया। अब हम अलीपुरद्वार के बाद हासीमारा रुकनेवाले थे।

क़िस्मत के बनाए प्लान हमें ख़ूब रास आ रहे थे। अब फ़ाइनली जो प्लान तैयार हुआ वह यह था—

भोपाल से शिवपुरी—शिवपुरी से लखनऊ
लखनऊ से मुज़फ़्फ़रपुर
मुज़फ़्फ़रपुर से अलीपुरद्वार
अलीपुरद्वार से हासीमारा
हासीमारा से फुन्शोलिंग होते हुए थिम्फू
थिम्फू से पुनाखा
पुनाखा से पारो
पारो से फुन्शोलिंग
फुन्शोलिंग से सिलीगुड़ी
सिलीगुड़ी से पटना
पटना से बनारस—बनारस से भोपाल

अब हमारी यात्रा की तैयारी पूरी हो गई थी। बस, प्रतीक्षा थी नियत दिन आने की।

—पल्लवी त्रिवेदी

घर : जहाँ से निकलती है हर राह

शिवपुरी—मेरा शहर, मेरा घर। जहाँ की लाल बजरी वाली गलियों में छिले घुटनों वाला मेरा बचपन अभी भी सितोलिया खेल रहा है। जहाँ माँ रहती हैं, छोटी बहन रागिनी रहती है, जहाँ मेरे सारे रिश्तेदार रहते हैं और जहाँ रूमी रहता है—रागिनी का बेटा, सारे घर का बेटा।

पिछले साल की दीवाली के बाद घर जाना नहीं हुआ था, तो घर जाने की एक स्वाभाविक इच्छा मन में पहले से पनप चुकी थी। शुरुआती प्लान में मैंने और कुश ने शिवपुरी को पड़ाव के रूप में शामिल नहीं किया था। हमारे प्लान में भोपाल से सीधे लखनऊ पहुँचना था। लेकिन देवेन से बात होने पर उसने फ़ैसला सुनाया कि पहली रात शिवपुरी में रुकेंगे क्योंकि यह रास्ते में है और एक दिन में भोपाल से लखनऊ ड्राइव करना बहुत ज़्यादा लम्बा सफ़र हो जाएगा। मैं तो सुनकर ख़ुशी से उछल ही पड़ी। घर जाने का मौक़ा मैं छोड़ना ही नहीं चाहती थी। और ये प्लान गड्डू के लिए भी सुविधाजनक था। वो कोटा से कार से शिवपुरी आ जाएगी और हम उसे वहीं से लेकर आगे की यात्रा पर चल पड़ेंगे। कुश दो दिन पहले ही भोपाल आ गया था और 5 जून की सुबह हम तीनों कार में सफ़र का सामान डालकर चल पड़े एक लम्बी यात्रा पर।

पहला दिन : 5 जून, 2019
भोपाल से शिवपुरी

सफ़र का हर हिस्सा अलहदा एहसास लेकर आता है मेरे लिए। जब कभी सफ़र पर निकली हूँ तब अपना घर, शहर, दोस्त सबको पीछे छोड़कर उतने वक़्त के लिए सिर्फ़ सफ़र की होती हूँ। कितना भी लम्बा सफ़र हो, मैं कभी फ़ोन करके जानने की

कोशिश नहीं करती कि मेरे पीछे घर पर सब ठीक तो है ना? सफ़र में पूरे समय दिन और तारीख़ भूले रहते हैं मुझे। सिर्फ़ सुबह, दोपहर, शाम और रात से समय की गणना होती है। लेकिन इसके साथ ही एक फीलिंग और है जो सफ़र की शुरुआत के ठीक पहले मुझे घेरती है—एक निरर्थकता बोध की फीलिंग। न जाने क्यूँ लेकिन ये हर बार होता है। सफ़र पर निकलने से क़रीब पन्द्रह मिनट पहले लगने लगता है कि मैं क्यूँ जा रही हूँ? अच्छी-ख़ासी तो रह रही हूँ, जी रही हूँ अपने घर में, फिर क्यों जाना कहीं? क्या पाना है? यह व्यर्थताबोध एक अजीब से ख़ालीपन और बेमानीपन से भरा हुआ होता है। इसी अनिच्छा की स्थिति में यात्रा का सामान गाड़ी में पहुँचवाती रहती हूँ। एक विरक्ति तारी रहती है। कुछ है जो रोक लेना चाहता है जाने से? पर क्या? क्या दीवारें भी विदा को महसूस करती हैं?

जब कुछ नहीं समझ पाती तब यह मानकर ख़ुद को सन्तुष्ट करती हूँ कि शायद न्यूटन के जड़त्व का सिद्धान्त है जो स्थिरता से गतिशीलता में जाने का विरोध कर रहा है। यथास्थिति में रहने का स्वभाव। हाँ...शायद यही।

सुबह 10 बजे हम भोपाल की सीमा पार कर चुके थे और मैंने ख़ुद को पूरी तरह रास्तों को सौंप दिया था। नरसिंहगढ़, ब्यावरा, गुना पार करते हुए हम नेशनल हाइवे 3 पर सफ़र करते हुए दोपहर दो बजे शिवपुरी पहुँचे। शिवपुरी मेरा घर है, मेरे बचपन की गलियों, खेल के मैदानों और स्कूलों का शहर है लेकिन जितनी बार इस शहर की सूरत देखती हूँ उतनी बार दिल उदास हो उठता है। यह उन बदक़िस्मत शहरों में से है जिनके हिस्से विकास कभी नहीं आया। बल्कि वक़्त के साथ इनकी सूरत और ख़राब होती चली गई। शिवपुरी जंगलों, पहाड़ों और झरनों का शहर था कभी, जिसे सुन्दर और सुहाने मौसम का वरदान मिला था। सिंधियाओं की ग्रीष्म राजधानी। लेकिन बीते 30 सालों में इसकी ऐसी दशा हुई कि अब यह उखड़ी हुई सड़कों, जगह-जगह फैली गन्दगी, बेतरतीब यातायात, सारे शहर में बेख़ौफ़ घूमते सूअरों और लाल गर्द में डूबा शहर है। आप अपने दोस्तों को पहली बार अपने शहर लेकर जा रहे हैं और उत्साह से उन्हें शहर दिखाने की जगह एक शर्मिन्दगी के भाव से

घिर जाते हैं। कारण प्रशासनिक, राजनीतिक और आर्थिक कुछ भी हो सकते हैं मगर एक बच्चा बड़ा होने के बाद अपने ही शहर में कभी न बसना चाहे, यह बहुत बुरा हासिल है किसी शहर के लिए।

ख़ैर...घर पहुँचते ही शहर भी दिमाग़ से दूर हुआ और अब मम्मी, मिन्नी और रूमी के साथ आज का वक़्त बिताना था। गड्डू एक दिन पहले ही घर पहुँच चुकी थी। पौने दो साल का रूमी अपनी पूरी मस्ती और नए कारनामों के साथ हाज़िर था। इस बार वह गणित का पंडित बना हुआ था और एक से दस तक की अखंड गिनती मंत्र की तरह लगातार दोहरा रहा था। गर्मी अपने पूरे रौद्र रूप में थी। नौतपा ख़त्म हो चुके थे मगर तापमान अभी भी 47 डिग्री पर टिका हुआ था। घर में मात्र एक एसी है जो लिविंग रूम में लगा हुआ है। हम सब उसी कमरे में नीचे बिस्तर डालकर पड़े रहे। बचपन के दिन याद आ गए थे जब एक कूलर में एक कमरे में सारा परिवार सिमट आता था। मम्मी के हाथ का गरमागरम खाना खाकर सब सो गए। शाम होने पर उठे और हँसी-मज़ाक़ करते, गप्पें लगाते और रूमी की गिनती पर ताली बजाते कब शाम गुज़र गई, पता ही नहीं चला। रात को खाना खाकर मिन्नी और रूमी चले गए और हम लोग भी सो गए। हमें भी सुबह जल्दी उठकर लखनऊ के लिए निकल जाना था। लखनऊ तक का सफ़र लगभग आठ घंटे का था और हम शाम से पहले पहुँच जाना चाहते थे क्योंकि गड्डू और देवेन शाम को शहर घूमना चाहते थे। तो सुबह हर हालत में 8 बजे तक निकल जाना था। इतने कम वक़्त के लिए मैं घर कभी नहीं आई थी। दोपहर में आना और सुबह जल्दी निकल जाना कुछ अच्छा नहीं लग रहा था। लग रहा था कि काश मम्मी के साथ एक-आध दिन और रुक पाती। एक कसक-सी रह-रहकर दिल में चुभ रही थी।

दूसरा दिन : 6 जून, 2019
शिवपुरी से लखनऊ

शाम-ए-अवध और मेज़बानी-ए-कंचन

रात सबको गहरी नींद आई। सुबह 6 बजे सोकर उठे और तैयार होने लगे। इस बीच मम्मी रसोई में जाकर मिस्सी पूड़ियाँ बनाने लगीं। मम्मी के हाथ की मिस्सी पूड़ियाँ कमाल की होती हैं। एकदम खस्ता और मुलायम। अचार के साथ खाने पर इनके आगे दुनिया के सबसे स्वादिष्ट पकवान भी फेल हैं। हमने नाश्ते में वही खाईं और कुछ रख भी लीं ताकि रास्ते में लंच के लिए रुकने वाला समय बच जाए।

सुबह निकलते वक़्त एक अजीब-सा एहसास हुआ मम्मी से दूर जाने का। आमतौर पर मैं होम सिक नहीं हूँ और मम्मी से भी हर दूसरे महीने मुलाक़ात होती ही है। मम्मी ही भोपाल आ जाती हैं तो ऐसा नहीं है कि उनसे मिले हुए अरसा हो जाता हो। मैं अमूमन मम्मी को बाय बोलते हुए भावुक भी नहीं हुआ करती लेकिन उस दिन मन रुआँसा हो रहा था। बचपन में जब हम अपने ननिहाल जाया करते थे तब इस बात पर ख़ूब हँसा करते थे कि मम्मी घर की सीढ़ियों से उतरते वक़्त नानी और मौसियों से हँस-हँसकर बात करती रहती थीं लेकिन जैसे ही आख़िरी क़दम उठाना होता वे आपस में लिपटकर ज़ोर-ज़ोर से रो पड़तीं। मुझे उनके रोने का कारण कभी समझ ही नहीं आता था। मगर आज जब वही रुदन मेरे भीतर से फूट रहा था तब मैं उनके उस रुदन को महसूस कर पा रही थी। शायद कुछ इमोशंस एक उम्र पार करके ही अपना तार्रुफ़ हमसे करवाते हैं। मैंने ख़ुद को संयत किया और मम्मी को हग करके गाड़ी में बैठ गई। क़रीब अगले एक घंटे तक मन घर और मम्मी में अटका रहा। दिल भर-भर आता रहा, आँखें नम होती रहीं।

अब हमारी यात्रा का असली आग़ाज़ हुआ था।

हम चारों सहयात्री बेहद ख़ुश और बेहद उत्साहित थे। लखनऊ की राह पर बढ़े जा रहे थे। लखनऊ में कंचन के घर रुकनेवाले थे। कंचन सिंह चौहान ब्लॉग के ज़माने की दोस्त है जो व्हाट्सऐप काल के आते-आते बेहद क़रीबी दोस्त बन चुकी है। कंचन केन्द्र सरकार के एक उपक्रम में अनुवादक है और बहुत अच्छी लेखिका भी। हम लखनऊ में कंचन के घर तीसरी बार रुकने जा रहे थे। आज एक और दोस्त सबाहत आफ़रीन से भी लखनऊ में ही मुलाक़ात होनेवाली है। सबाहत फ़ेसबुक मित्र है और नीलेश मिश्रा की मंडली में कहानियाँ लिखती है। वह रहती कादिराबाद में है लेकिन आज लखनऊ आई हुई थी तो तय यह हुआ कि वह भी शाम तक कंचन के घर ही पहुँच जाएगी। हम चार बजे से पहले लखनऊ पहुँच जाना चाहते थे। मम्मी की रखी हुई पूड़ियों और अचार ने हमारा रास्ते में रुककर खाना खाने का एक घंटा बचा लिया था। घर से चाहे पेट भर खाकर चलो लेकिन सफ़र शुरू होते ही भूख का लगना सफ़र और पेट के एक गहरे अन्तर्सम्बन्ध को स्थापित करता है। दरअसल यह भूख का लगना कम बल्कि खाने की इच्छा ज़्यादा है। मुँह लगातार चलता रहे गप्पों और खाने की चुटुर-पुटुर चीज़ों से। यह सफ़र और मुँह का अन्तर्सम्बन्ध है।

कंचन ने सुबह ही पूछा था कि हम लंच में क्या खाएँगे पर हमने अपनी पूड़ियों पर भरोसा जताते हुए कंचन को खाना बनवाने से मना कर दिया था। वैसे भी चार बजे खाने का टाइम होता है क्या? मेहमान मेज़बान के घर दावत उड़ाने के चक्कर में चार बजे तक भूखा थोड़े ही बैठा रहेगा। फिर हमारे पास पूड़ियाँ थीं। मगर पूड़ियाँ बेचारी हमारे चटोरेपन का बोझ न उठा सकीं और 12 बजे तक उदर सिधार गईं। फिर हमने सोचा कि एक बार लखनऊ में घुस जाएँ फिर किसी रेस्टोरेंट में लंच करते हुए कंचन के घर पहुँच जाएँगे। और क्या ही बढ़िया अनुमान हमारा कि दोपहर तीन बजे हम नवाबों की नगरी में प्रवेश कर चुके थे। जीपीएस ऑन किया और कंचन के घर की लोकेशन सेट कर दी। आइडिया यह था कि कंचन के घर के रास्ते में जो भी रेस्टोरेंट मिलेगा, खाना खा लेंगे। लेकिन मुआ जीपीएस शहर के बाहर से कंचन की कॉलोनी तक ले आया था और अभी तक खाने का

एक भी ठिया नज़र नहीं आया था। एक बार कॉलोनी में घुस गए तब भोजन मिलने की आस भी दम तोड़ने लगी। तब पछताए कि क्यों नहीं बनवा लिया कंचन से खाना। घर पहुँचते-पहुँचते तेज़ भूख लगने लगी थी। कंचन के घर पहुँचे तो स्वागत किया अवधेश त्रिपाठी उर्फ़ पिंकू ने। पिंकू कंचन का बहुत अच्छा दोस्त है और हमारा भी। कंचन ऑफ़िस गई हुई थी। कार से उतरते ही भूख और गर्मी दोनों ने अपने तेवर दिखा दिए थे। उमस के साथ तीखी गर्मी ने एहसास करा दिया था कि मानसून के पहले की गर्मी क्या होती है। और इस बार तो सारा हिन्दुस्तान बुरी तरह तप रहा था। भोपाल, शिवपुरी और अब लखनऊ सब भट्टी बने हुए थे। ऊपर से क़िस्मत की लाठी ऐसी पड़ी कि कंचन के घर पहुँचते ही बिजली चली गई। पसीना पोंछते-पोंछते भी भूख पर ध्यान चला जाता। लाइट की लुका-छिपी चल ही रही थी। कंचन के कमरे में एसी फुल पर चलाकर बैठे, ठंडा पानी पीकर जान में जान आई और फिर पेट में चूहों ने पूरी ताक़त से उछल-कूद मचानी शुरू कर दी। कुश ने कहा कि खाना ऑर्डर कर देते हैं लेकिन आने में कम-से-कम चालीस मिनट लग जाते। इतना धैर्य हममें से किसी में नहीं था। मैं और कुश दाल-चावल बनाने किचन में घुसे ही थे कि कंचन ऑफ़िस से आ गई, कंचन की मेड रीता भी आ गई और किचन का काम उसने सँभाल लिया। बीस मिनट में दाल-चावल तैयार हुए और जन्म-जन्म के भुक्खड़ों की तरह हम सब उस पर टूट पड़े।

कंचन के ऑफ़िस से आने के बाद कुश और कंचन की प्रसिद्ध बहसबाज़ी शुरू हो गई थी। कुश और कंचन का सदा छत्तीस का आँकड़ा रहता है। ये दोनों जितने गहरे दोस्त हैं उतने ही गहरे शत्रु भी। कुश पूरे समय कंचन की टाँग खींचता रहता है और कंचन की झेलने की क्षमता ज़रा देर में ही टें बोल जाती है और फिर वो कभी ग़ुस्सा होती है, कभी रो पड़ती है तो कभी एकदम चुप और उदास हो जाती है। इसमें मेरी ग़लती इतनी होती है कि कुश को कई बार समझाने पर भी वो कभी बाज़ नहीं आता और उसकी बातों पर न चाहते हुए भी मेरी हँसी छूट जाती है। कंचन की यह शिकायत रहती है कि तू हँसकर उसे बढ़ावा देती है। इस बार हम लोग कुश को बच्चों की तरह पहले ही समझाकर लाए थे कि कुछ घंटों को जा रहे हैं तो ज़रा क़ाबू में

रखना ख़ुद को। कंचन को परेशान नहीं करना। और कुश ने कुछ हद तक ख़ुद को कंट्रोल में भी रखा।

पाँच बज चुके थे। और गर्मी अब भी रहम करने के मूड में नहीं थी। तभी अपने पति के साथ कंचन के भूलभुलैया घर का जीपीएस से पता ढूँढ़ रही सबाहत भी आ पहुँची। जितना उसका चेहरा गर्मी से तपा हुआ था उससे ज़्यादा उसका दिमाग़ तपा हुआ था अपने पति की खीज से। जो बेचारे उसे उसकी सखी के घर पहुँचाने इस भयंकर गरम दोपहरी में घंटे भर से भटक रहे थे और सारी झल्लाहट उन्होंने सबाहत पर उतार दी थी। सबाहत आते ही रुआँसी हो गई। उसे थोड़ा चिल किया और कंचन ने हमारे सामने मैंगो शेक पेश किया जिसे हम सब तो गटागट पी गए मगर बाद में गिलास उठाते वक़्त कंचन को पता चला कि सबाहत ने मैंगो शेक चखकर छोड़ दिया है।

"कितने प्यार से कंचन ने शेक बनाया और सबाहत ने छोड़ दिया।" मैंने कंचन को भड़काया।

"अच्छा बना होता शेक तो सबाहत ज़रूर पीती।" कुश ने कंचन पर निशाना साधा।

कंचन तो नहीं भड़की पर सबाहत जो पहली बार हम लोगों से मिली थी और हमारी कमीनगी से नावाक़िफ़ थी, एकदम से शर्मिन्दा हो गई।

"दरअसल अभी कुछ पीने की इच्छा नहीं थी इसलिए हम नहीं पी पाए कंचन दी।" सबाहत सकुचाकर सफ़ाई दे रही थी।

"अब न पिलाएँगे तुम्हें कभी हम शेक।" कंचन भी सबाहत के मज़े ले रही थी।

सबाहत स्टील की एक बड़ी डोलची में हम सबके लिए शीर खुरमा बनाकर लाई थी। बेहद लज़ीज़ शीर खुरमा। मैं और पिंकू तो तभी दो प्लेट भरकर निपटा गए।

शाम 7 बजे हम लखनऊ भ्रमण के लिए निकले। पिंकू और कंचन पहले हमें इमामबाड़ा और रूमी दरवाज़ा घुमाने के मूड में थे लेकिन एक दिन पहले ईद होने के कारण भीड़ उफन रही थी और इमामबाड़ा से एक कि.मी. पहले चारों तरफ़ लम्बा जाम लगा हुआ था। भीड़ से भागनेवाले हम सब फ़ौरन पीछे मुड़कर हज़रतगंज चल दिए। रास्ते भर पिंकू हमको लखनऊ

की प्रमुख इमारतों, विश्वविद्यालयों, साहित्यकारों के घर दिखाते रहे। दोस्तों के साथ बेफ़िक्री से घूमना किसी शहर में शाम बिताने का सबसे ख़ूबसूरत तरीक़ा है। हज़रतगंज में थोड़ी देर तफ़री करने के बाद सबाहत को हमने वहीं उतारा। हज़रतगंज में ही सबाहत का फ़्लैट है। इसके बाद क़रीब नौ बजे हमने अपने दोनों आदरणीय मेज़बानों कंचन और पिंकू से कहा कि चलो अब किसी बढ़िया रेस्टोरेंट में ले चलो। कंचन ने ज़िम्मेदारी पिंकू की तरफ़ बढ़ा दी। अब आगे-आगे कंचन की कार में पिंकू हमारे मार्गदर्शक बनकर चल रहे थे। कुश पिंकू के साथ ही बैठा था। पीछे हमारी गाड़ी में देवेन के साथ मैं, गड्डू और कंचन बैठे हुए उन्हें अच्छे मेहमानों की तरह फ़ॉलो कर रहे थे। गोमती किनारे से आगे चलते ही हमें कई सारे बढ़िया रेस्टोरेंट नज़र आए लेकिन पिंकू जी पता नहीं किस रेस्टोरेंट में इस बार हमें ले जानेवाले थे सो हम अपना दिमाग़ लगाए बिना भूख से बेहाल उनका पीछा करते रहे। हद तो तब हुई जब हमारे दाएँ-बाएँ एक के बाद एक सारे रेस्टोरेंट निकल गए तब जाकर पिंकू का फ़ोन आया कि "बताओ, कहाँ चलना है?"

मतलब हम घोड़े की तरह अपने दाहिने-बाएँ के स्वादिष्ट नज़ारों से आँखें मूँदे सिर्फ़ सामने चलती कार पर नज़रें जमाए थे और वही अब पूछ रहे हैं कि "कहाँ चलना है।"

"तुम बताओ कहाँ चलना है। हमको लखनऊ के रेस्टोरेंट के बारे में क्या पता? वैसे अभी पीछे कुछ अच्छे रेस्टोरेंट निकल गए। हमें तो लगा कि उन्हीं में से किसी में हम जाएँगे।"

"अरे तो रुक क्यों नहीं गए उन रेस्टोरेंट्स पर?" पिंकू बोले।

"तुमने कब कहा था कि हमको ही रेस्टोरेंट्स तलाश करके रुकना है?" अपने राम हैरत में।

"अरे, हम ज़्यादा नहीं जानते यहाँ के रेस्टोरेंट्स के बारे में।" पिंकू का मासूम जवाब था।

सही है...हम कैसे भूल गए थे कि जितनी बार हम लखनऊ आए हैं उतनी बार हमीं ने रेस्टोरेंट भी खोजा है और वहाँ तक पहुँचने का रास्ता भी। कंचन और पिंकू जीरो बटे सन्नाटा हैं अपने ही शहर में कोई एक भला सा रेस्टोरेंट बताने के मामले में।

"ठीक है तो अब पीछे लौटो। जो पीछे छूट गए हैं, उन्हीं में से किसी एक में चलते हैं।" हमने कहा लेकिन लौटना इतना आसान न था। आगे एक किलोमीटर बाद पीछे लौटने के लिए टर्न मिला और साढ़े दस बजे हम एक रेस्टोरेंट 'Bombay Brasserie' में पहुँचे। एम्बियेंस अच्छा था और खाना भी बहुत अच्छा था।

वह एक बेहद ख़ुशनुमा रात थी। सबके मन एकदम हल्के थे, सबके चेहरे खिले-खिले। खाना ख़त्म करते-करते तेज़ तूफ़ान आया। तेज़ माने इतना तेज़ कि रेस्टोरेंट की काँच की दीवार से भी हम तूफ़ान की आवाज़ सुन पा रहे थे और धूल के बवंडर में पेड़ों को बेतरह हिलता देख रहे थे। सारे बोर्ड, होर्डिंग्स गिर रहे थे। इतना तेज़ तूफ़ान मैंने पहले कब देखा था, मुझे याद नहीं। यह बेवक़्त, बिना चेतावनी का तूफ़ान गर्मी को अपनी पीठ पर सवार कर ले जाने आया था। बाहर निकले तो तूफ़ान जारी था लेकिन मौसम में एक ठंडक घुल गई थी। उस बेहद तेज़ आँधी में खड़े रहना मुश्किल था, पैर मज़बूती से जमाए रखने पड़ रहे थे। लेकिन चन्द मिनट हम उसमें खड़े रहे, उस हवा के समन्दर को चेहरे और शरीर पर महसूस करने के लिए, तूफ़ान में अपनी मज़बूती आज़माने के लिए।

ज़िन्दगी के तूफ़ानों का सामना क्या हम इसी तरह, इसी कौतुक के भाव से कर पाते हैं?

जब कंचन के घर पहुँचे तो रात के बारह बज चुके थे। तय यह हुआ था कि सुबह 8 बजे तक हर हाल में निकल लेंगे ताकि शाम तक ज़्यादा-से-ज़्यादा दूरी तय कर सकें। इस तूफ़ान ने सारी उमस और गर्मी से निजात दिलाकर मौसम को ख़ुशनुमा बना दिया था। कंचन की सबसे बड़ी चिन्ता यह थी कि एसी वाले एक कमरे में सारे लोग कैसे सोएँगे? हालाँकि हमने उसे कह दिया था कि हम सब मैनेज कर लेंगे, उसे चिन्ता करने की ज़रूरत नहीं है लेकिन फिर भी एक अच्छे मेज़बान की तरह वह अपने मेहमानों के सोने की सही व्यवस्था को लेकर चिन्तित थी। यह तूफ़ान गर्मी के साथ उसकी चिन्ता भी साथ उड़ा ले गया। ड्राइंग रूम की आबो-हवा किसी हिल स्टेशन से मुक़ाबला करने के लिए पूरी तरह तैयार थी। देवेन और कुश दोनों ने अपने बिस्तर ड्राइंग रूम में जमा लिये। मैं और गड्डू एसी चलाकर बेडरूम में सो

गए। सोने से पहले मैंने और गड्डू ने कंचन को कुश को टैकल करने के बारे में ब्रह्म-ज्ञान भी दिया, जिसके बारे में मैं श्योर थी कि यह ज्ञान क़तई काम नहीं आनेवाला है। हमने कहा कि जब कुश तुझे उलटा-सीधा बोले तो तू उसे ऐसे इग्नोर किया कर कि जैसे तूने कुछ सुना ही नहीं बल्कि इस क़दर जैसे कुश वहाँ मौजूद ही नहीं है। जब व्यक्ति को रेस्पॉन्स न मिले तो वह ख़ुद ही खिसिया जाता है। कंचन ने आइडिया तो स्वीकार किया लेकिन व्यवहार में उतारने का उसका कोई इरादा दिख नहीं रहा था। फिर भी जब कुश की बातों पर हँसना हमारा अपराध है तो इस दुष्टता से निपटने का तरीक़ा बताना उस अपराध का प्रायश्चित्त भी है।

हम तीनों थोड़ी देर और बातें करते रहे, मस्ती में हमारी तरफ़ गाँव में स्त्रियों द्वारा किए जानेवाला नृत्य भी किया थोड़ा—

किन्ने कियो रे पानी में बिछौना, डार दियो रे पानी में बिछौना।

इसके बाद,

नज़र लागी राजा तोरे बँगले पर।

दुपट्टे का घूँघट बनाकर, उसके एक सिरे को दाँत में दबाकर पूरा-पूरा झुककर घूमते हुए किया जानेवाला ये नृत्य बहुत मनोहारी लगता है। नाचते-नाचते हँसी का भी दौरा पड़ा। फिर थकी देह जैसे ही बिस्तर पर गिरी तुरन्त नींद के आग़ोश में समा गई।

आम और लीची की गन्ध से महकती हवाएँ

तीसरा दिन : 7 जून, 2019

लखनऊ से मुज़फ़्फ़रपुर

सुबह किसी ने जगाया नहीं और जब जागी तो आठ बज चुके थे। उफ़... 8 बजे तो निकलना था। अब तो सब मुझ पर चिल्लाएँगे। लेकिन मेरी क्या ग़लती इनमें से किसी को तो मुझे जगाना चाहिए था। मैं सहमी-सी कमरे से बाहर निकली यह सोचते हुए कि सब सामान सहित पूरे तैयार होंगे और मुझे राक्षसी निगाहों से घूर रहे होंगे मगर बाहर तो सब परम आराम मुद्रा में गप्पें हाँक रहे थे, सिर्फ़ देवेन पूरी तरह तैयार था। जान में जान आई। थोड़ी देर मैं और गड्डू कंचन की बगिया देखने गए। कंचन की एक बहुत ख़ूबसूरत बगिया है जिसका नाम 'विलास वाटिका' है और इस नाम के लिए अक्सर हम दोस्त कंचन के मज़े लिया करते हैं। इस बगिया में एक छोटा-सा तालाब भी बना हुआ है जो उस वक़्त सूखा पड़ा हुआ था। उसमें झाँका तो देखा कि दो गिरगिट उसमें गिर पड़े हैं और उसकी टाइल्स वाली चिकनी दीवार पर चढ़कर निकलने का लगातार असफल प्रयास कर रहे हैं। मैं और गड्डू लग गए उन्हें निकालने का प्रयास करने। थोड़ी देर बाद एक लकड़ी का पटरा उसके अन्दर टिकाया और एक झाड़ू से गिरगिट को ऊपर चढ़ने में मदद की। यह तकनीक काम कर गई। दो मिनट बाद दोनों गिरगिट बाहर थे।

हम अन्दर आकर तैयार होने लगे और घर से निकलते-निकलते दस बज गए। सफ़र की पूड़ियाँ और अचार रीता ने बनाकर रख दी थीं। हमारा खाना पैक करते वक़्त कंचन ने रीता को धीरे से बताया कि पुराना वाला अचार रखना है, नया वाला नहीं। गड्डू ने उसके

नापाक इरादों को सुनकर कहा कि "रीता...जिस बरनी के अचार के लिए कंचन ने मना किया है, वही रखो हमारे पैकेट में और थोड़ा ज़्यादा रखना।"

कमीनों के दोस्त महा कमीने।

भरपेट पूड़ियाँ खाईं नाश्ते में और खाने का एक बड़ा पैकेट बाँधकर निकल पड़े हम अपने अगले पड़ाव की ओर। साथ में थी शीर खुरमे से भरी हुई डोलची।

सुबह 8 बजे तक निकलना था लेकिन निकलते-निकलते दस बज गए। देवेन पंक्चुअल होने के प्रयास में 7 बजे से तैयार हो गया था और रास्ते भर हम पर भुनभुनाता गया।

"अब भुनभुनाने से क्या फ़ायदा। तुझे तभी कहना था हमसे तैयार होने को।" गड्डू बोली।

"तुम लोगों में समझ नहीं है क्या।" देवेन का पारा हाई था।

"तू तो बोल दिया कर। समय पर बोली गई बात ही बात है, बाद में बकवास।" गड्डू ने ज्ञान दिया।

हम तीनों हँस पड़े।

गोरखपुर तक देवेन गाड़ी चलाता रहा। गोरखपुर के बाद कुश ने स्टीयरिंग सँभाली। उसकी क़िस्मत खोटी कि अच्छा-ख़ासा हाइवे अचानक मोटरसाइकिलों, पैदल सड़क पार करते आदमी, बच्चों और साँड़ों से भरा-पूरा नज़र आने लगा। हाइवे के दोनों ओर घनी बसाहट के कारण हाइवे किसी कॉलोनी की सड़क की तरह नज़र आने लगा था। कुशीनगर पहुँचते 5 बज गए थे और सभी को चाय की तलब होने लगी थी। हम आशा कर रहे थे कि जैसे ही चाय की इच्छा जागेगी, दस मिनट के भीतर हमें कोई-न-कोई रेस्टोरेंट या ढाबा मिल जाएगा मगर इधर तलब बढ़ती जा रही और रेस्टोरेंट-ढाबा तो छोड़ो किसी गुमटी के दर्शन तक न हो रहे थे। कुछ समय में हम बिहार में प्रवेश कर चुके थे और हाइवे का वही हाल था। गुमटी भी नज़र न आई थी और सूसू जाने की ज़रूरत भी आन पड़ी थी। लखनऊ से बाहर निकलते समय जिस बड़े पेट्रोल पम्प पर वाशरूम गई थी, वहाँ घुसते ही उलटे पैरों बाहर निकलना पड़ा था और बड़ी देर तक उस एक नज़र भर के दृश्य को याद कर उल्टी जैसा मन होता रहा था। तब से वाशरूम में घुसने से

डर लगने लगा था। इतनी गन्दगी...उफ़, लिखते हुए भी झुरझुरी आ रही है।

मोतिहारी के थोड़ा पहले एक होटल जैसा दिखा जहाँ हम बिना विचार किए रुक गए। और कोई जगह होती तो हम ऐसे होटल पर रुकने का प्रस्ताव देनेवाले को भी हिकारत से देखते मगर यहाँ कोई मतभेद नहीं था। गाड़ी रोकी और वाशरूम में जाने की हिम्मत जुटाने लगे। ब्लैडर अपनी आख़िरी क्षमता तक भर चुका था। ऐसे अवसरों पर देवेन संकटमोचक की तरह काम आता रहा है। अगर लेडीज़ वाशरूम अलग न हो तो वह एक बार मुआयना कर आता है कि जाने योग्य है या नहीं और एक बाल्टी पानी भी पटक आता है कि जाने योग्य बन जाए। यहाँ भी वही रेकी करने गया और आकर रिपोर्ट दी कि थोड़ी बदबू है और कीचड़ की गन्दगी है। जिस गन्दगी को मैं सुबह देखकर आई थी उसके मुक़ाबले कीचड़ की गन्दगी तो स्वच्छता की श्रेणी में ही आएगी। बाहर एक लम्बी साँस खींचकर और एक मिनट तक साँस रोके रखकर जाने कितनी बार सूसू की है तो फ़ौरन घुस गए हम। बदबू पेशाब की नहीं सिगरेट की भरी हुई थी। एक-दो ठूँठ सामने एक पट्टी पर रखे थे। कीचड़ थी और इतनी थी कि सफ़ेद कमोड काला हो चुका था। सिगरेट की बदबू पहली बार किसी वाशरूम में महसूस हुई थी। मैंने अन्दाज़ा लगाया कि कदाचित् कोई सिगरेट पीने के बाद ही प्रेशर बनने की आदत का मारा आदमी इस ढाबे में पाया जाता है या इस आदत का मारा कोई आगन्तुक इस शौचालय का इस्तेमाल करके अभी-अभी गया है। ख़ैर, निवृत्त होकर गड्डू को रिपोर्ट दी और फ़ाइनली फ़ारिग होकर चाय-कॉफ़ी की तलब को शान्त किया गया। अब काफ़ी बेहतर और तरोताज़ा महसूस कर रहे थे। वहीं सामने पड़े तख़्त पर बैठे एक आदमी से बातचीत कर पता करने की कोशिश की कि मुज़फ़्फ़रपुर में रुकना ज़्यादा बेहतर होगा या दरभंगा तक चले जाएँ। दरअसल दुष्यन्त जी का फ़ोन आ गया था थोड़ी देर पहले और उन्होंने बताया कि सिलीगुड़ी से लेकर दार्जिलिंग तक टूरिस्ट्स की भीड़ इस क़दर है कि पाँव रखने की जगह नहीं है तो उन्होंने इंसिस्ट किया कि हम सिलीगुड़ी न रुककर सीधे अलीपुरद्वार चले आएँ। हमने भी उनकी बात मानकर यह तय कर लिया कि कल जल्दी निकलेंगे और रात को अलीपुरद्वार जाकर रुकेंगे। इसीलिए हम सोच रहे थे कि आज ज़्यादा दूरी तय कर लेंगे तो कल का

सफ़र कुछ कम हो जाएगा। लेकिन उस आदमी ने बताया कि दरभंगा में अच्छे होटल नहीं हैं और मुज़फ़्फ़रपुर ही रुकने की सलाह दी।

देवेन को उस बन्दे से बात करते देख हमें बड़ा मज़ा आ रहा था। वह बिहारी टोन में उस आदमी से बात करने की कोशिश करने में लगा था।

यहाँ से देवेन ने वापस ड्राइविंग सीट सँभाली। यहाँ से फिर स्मूथ ट्रैफ़िक शुरू हो गया था जहाँ बिना गियर बदले गाड़ी भगाई जा सकती थी। सूर्यास्त भी होने लगा था।

बिहार का यह इलाक़ा रेणु की कहानियों वाला ग्रामीण बिहार था। सलेटी बादलों के बीच उजला नारंगी आसमान और दिन-भर आग बरसाने के बाद अस्त होते हुए शान्त, सौम्य सूर्यनारायण। दोनों ओर आम और लीची के बाग। दूर तक फैले हरे मैदान। और 'चुपके-चुपके' गाते गुलाम अली के साथ हमारी हँसी के फ़ौआरे। निस्सन्देह वह उस दिन का सबसे ख़ूबसूरत वक़्त था। क़रीब पौने आठ बजे हम मुज़फ़्फ़रपुर से दस कि.मी. दूर थे और देवेन ने फ़रमान जारी किया कि होटल सर्च करना शुरू कर दिया जाए। कुश ने लापरवाही से कहा कि वहीं जाकर देख लेंगे। अब देवेन भड़क गया और लगभग डाँट पिलाते हुए चिल्लाया, "तुम लोगों को कोई ढंग की बात कहो तो समझ नहीं आती। मुझे क्या, वहीं जाकर कराओ अपनी ऐसी-तैसी।"

इतना कहना था कि हम तीनों सीधे होकर अपने-अपने मोबाइल में होटल ढूँढ़ने बैठ गए।

"बस, यही तो तुझे सुबह करना था। इत्ता ही बोलना था इस टोन में और सब काम पर लग जाते।" गड्डू के मुख से शब्द झरे और अबकी हमारे साथ देवेन का ठहाका भी शामिल था—

"अब तुम्हें टैकल करने का तरीक़ा समझ गया हूँ। तुम साले लातों के भूत हो।"

सारी ट्रैवल साइट पर चैक करने के बाद मीनाक्षी इंटरनेशनल होटल ठीक-ठाक नज़र आया। दूरी 3 कि.मी. बता रहा था। हमने चैन की साँस भरी कि चलो अब आज के सफ़र का अन्त हुआ। दस मिनट में पहुँच जाएँगे। तभी गड्डू की आवाज़ ने हमारे चैन की साँस पर ब्रेक लगा दिया। गड्डू जीपीएस में आगे के रास्ते पर लाल लाइन देख रही थी मतलब ट्रैफ़िक जाम।

ख़ैर जो भी है, पहुँचना तो है ही। सर ओखली में आलरेडी डाला हुआ है। पाँच मिनट बाद ही जीपीएस में दिखाई देती वह लाल सड़क साक्षात् अपने विकराल स्वरूप में दर्शन देने लगी।

ओ भाईसाब...ये कैसा जाम है जिसका नशा इसे देखते ही हो गया। सर चकराने लगा। होश गुम होने लगे। सामान्यत: सुबह जब अग़ले सफ़र पर निकलते हैं तब शुरू के तीन-चार घंटों में जो भी दिक़्क़तें आएँ उन्हें हम हँसते-हँसते झेल जाते हैं लेकिन दस घंटे के सफ़र के बाद शाम तक सबकी बैटरी डिस्चार्ज हो चुकी होती है और गन्तव्य पर पहुँचकर पैर सीधे करने की जल्दी रहती है। अमूमन ऐसे वक़्त में कोई समस्या आ जाए तो स्वाभाविक रूप से थोड़ी झल्लाहट उतर ही आती है। लेकिन यह जाम बड़ा रोचक था। छोटा-सा चौराहा था जिस पर छोटे-बड़े वाहन कुछ इस तरह बिखरे हुए थे जैसे किसी ने एक बड़े बैग में चार-पाँच सौ वाहन भरकर आसमान से नीचे पटक दिए हों। जो जहाँ गिरा, वहीं खड़ा हो गया। वाहनों के बीच में बची जगह का और वाहन चालकों के समय का सदुपयोग करने मूँगफली, लीची और चाट और आइसक्रीम के ठेले अपनी सेवाएँ देने हाज़िर हो गए थे। एक पुलिस वाला खड़ा ज़रूर था लेकिन ट्रैफ़िक को व्यवस्थित कर आगे बढ़वाने में उसे कोई दिलचस्पी नहीं थी। थाना भी ठीक सामने ही नज़र आ रहा था। इस पूरे दृश्य को देखकर पता चलता था कि यह यहाँ रोज़ का काम है। इस शहर और इसके नागरिकों की दिनचर्या का हिस्सा।

कुश ने नीचे उतरकर ट्रैफ़िक का जायज़ा लेने की कोशिश की। मेरा पुलिस मन भी गाड़ी से उतरकर सभी वाहनों को निर्देश देकर यातायात सुचारु करवाने को मचलने लगा लेकिन इस जाम में अटके खड़े वाहनचालकों की निश्चिन्त मुखमुद्रा को देख मन को मार लिया क्योंकि यह प्रयास न केवल नागरिकों की नज़र में मुझे उपहास का पात्र बनाता बल्कि मेरे तीनों साथियों को अगले कई दिनों तक मेरी खिल्ली उड़ाने का एक बढ़िया प्रसंग भी उपलब्ध कराता। सो अपन भी अपनी इच्छा मन में ही दफ़न कर खिड़की से बाहर इस यातायात का मोबाइल से चित्र खींचने लगे। आधे घंटे बाद गाड़ियाँ सरकीं और हम सीधे अपने होटल पहुँचे। 'मीनाक्षी इंटरनेशनल' रेलवे स्टेशन के ठीक सामने स्थित था जिसके आसपास छोटी-बड़ी अनेक दुकानें थीं। देर

से पहुँचने का एक फ़ायदा यह हुआ कि अब वे दुकानें बन्द हो चुकी थीं और हमारी गाड़ी को पार्किंग इस शर्त पर मिल गई कि सुबह दुकानें खुलने के पहले गाड़ी हटानी पड़ेगी। हमने सहर्ष इस शर्त को स्वीकार किया। हमें 7 बजे तक निकल ही जाना था।

गर्मी आज भी पूरे शबाब पर थी। कमरे में पहुँचते लगा जैसे भट्टी के भीतर प्रवेश कर लिया हो। कमरा ऊपर की फ़्लोर पर था और काफ़ी वक़्त से बन्द था। जाते ही एसी ऑन किया। लेकिन कमरे को ठंडा होने में कम-से-कम एक घंटे तो लगने ही थे। आधे घंटे में फ्रेश होकर नीचे खाना खाने पहुँचे। कमरा बन्द करके जाने का मतलब है कि बिजली फिर बन्द हो जाएगी और कमरा ठंडा होने के लिए लौटकर फिर से आधा घंटा इन्तज़ार करना होगा। मगर और कोई चारा भी न था। चाबी निकाली और रूम बन्द कर चल दिए रेस्टोरेंट में।

खाना खाकर जब वापस लौटे तो पहले बॉयज रूम में चले गए। लड़कों का कमरा मस्त ठंडा था। ये क्या माजरा है? मैं और गड्डू हैरत में। तब कुश ने एक अनमोल ज्ञान दिया कि जब थोड़ी देर को कहीं जाना हो और एसी बन्द न करना हो तो चाबी कार्ड में से निकालकर अपने साथ ले जाओ और कार्ड वापस बिजली के सॉकेट में फँसा जाओ। वाह...सही तरीक़ा है जो इस गर्मी में आगे की यात्रा में काम आनेवाला है।

एक दिन और समाप्त हुआ। आज बिहार की भूमि को प्रथम बार स्पर्श किया। भूटान कुछ और नज़दीक आ गया।

पिया मेहँदी लिया द मोतीझील से

हम सब सुबह जल्दी उठने के निर्णय के साथ सोये थे। लखनऊ के एपिसोड को याद करके मैं और गड्डू तय करके सोये थे कि ठीक 7 बजे तैयार मिलेंगे। देवेन की डाँट का असर अभी तारी था। सुबह 6 बजे हम दोनों उठ गए और 6.30 तक तैयार हो गए। इसके बाद बड़े गर्व के साथ कुश और देवेन के कमरे में गए यह ऐलान करने कि 'देखो...हैं तैयार हम' मगर ये क्या? दोनों प्राणी नींद के आग़ोश में समाये हुए थे। प्रेरणा दोतरफ़ा होती है, यह भी नवीनतम ज्ञान प्राप्त हुआ। हमने देवेन की पंक्चुअलिटी से प्रेरणा ली और उसने हमारे आलस्य से। दोनों को जगाने और चार बातें सुनाने के बाद अब हमारे पास क़रीब 45 मिनट थे। जब तक ये लोग तैयार होंगे तब तक क्या किया जाए? चाय-कॉफ़ी की तलब हो आई थी लेकिन होटल में चाय 7 बजे के पहले नहीं मिलनी थी तो मैंने और गड्डू ने स्टेशन किनारे चाय पीने और सड़क पर तफ़री करने का विचार किया और निकल गए।

चौथा दिन : 8 जून, 2019
मुज़फ़्फ़रपुर से अलीपुरद्वार

सुबह 6.30 बजे गर्मियों में यूँ तो सारे शहर जाग जाते हैं, लेकिन किसी भी शहर के स्टेशन के आसपास का इलाक़ा तो कभी सोता ही नहीं है। रात को सिर्फ़ हल्का उनींदा होता है और सुबह पाँच बजे से अपनी पूरी रौनक और ऊर्जा के साथ काम पर लग जाता है। होटल से बाहर क़दम रखते ही देखा कि स्टेशन के ठीक बाहर सड़क पर एक के बाद एक कई लीची बेचनेवाले बैठे हुए हैं। हरे पत्तों के ढेर में लिपटी सुर्ख लाल रसीली लीचियाँ। रास्ते भर लीची के बाग़ निहारते आए थे, पेड़ों पर गुच्छों में झूलती लीचियाँ इतनी

ख़ूबसूरत लगती हैं मानो हरे स्तम्भ पर लाल लट्टू जगमगा रहे हों। कल रात से ही इन लीचियों पर मन आया हुआ था। लीचियों के शहर में आएँ और बिना लीची खाए चले जाएँ, यह किसी अपराध से कम नहीं। लीचियों का अपमान है यह तो।

पहले चाय पी लें, फिर आगे सफ़र पर निकलते वक़्त लीचियाँ ख़रीदकर रख लेंगे, यह सोचकर हम स्टेशन से दाहिनी ओर मुख्य सड़क पर बढ़े। इरादा था ऐसी गुमटी ढूँढ़ने का जिस पर चाय और कॉफ़ी दोनों मिल जाए। मगर सारे ठेलों पर सिर्फ़ चाय ही चाय थी। लिट्टी-चोखा, अंडा, पकौड़ा और दही चूड़ा भी लगभग हर ठेले पर उपलब्ध था मगर मेरी कॉफ़ी कहीं नहीं थी। कैसी भी नहीं। ज़्यादा मीठी, पनियल, ज़रा सी कॉफ़ी छिड़की हुई स्टैंडर्ड कॉफ़ी तो गाँवों में भी मिल जाती है मगर हाय...क्या यह शहर कॉफ़ी पीनेवालों से ख़ाली हो गया है? हाय, क्या लीची और आम—फलों की नगरी—में कॉफ़ी को ठेले भर भी स्थान नहीं मिल सका है? मन मसोसकर मैंने गड्डू से कहा, 'बहन, तू अपनी सुबह खोटी न कर और मजे से चाय पी' गड्डू ने चाय पी जिसका स्वाद गड्डू की मुखमुद्रा से ज़ाहिर हो रहा था। ऐसी चाय को हमारी स्थानीय बोली में कहा जाता है—'मूत सी चाय'!

ख़ैर, चाय फटाफट ख़त्म की गई और हम आगे शहर के पैदल भ्रमण पर निकल पड़े। अभी 7 भी ठीक से नहीं बजे थे और सूर्यनारायण अपनी पूरी ताक़त लगाकर अग्नि वर्षा प्रारम्भ कर चुके थे। एकाएक ध्यान आया कि मोतीझील तक घूम आएँ। किसी शहर में स्टेशन के इतने क़रीब झील है तो एक बार जाना बनता ही है। हमने रात को यह होटल पसन्द इसलिए भी किया था कि यह मोतीझील इलाक़े में था। सोचा था कि समय मिलेगा तो झील के किनारे थोड़ा वक़्त बिताएँगे। एक भले आदमी से मोतीझील जाने का रास्ता पूछा तो जवाब आया—"यही तो है मोतीझील।"

"किधर" हमने चारों तरफ़ नज़र घुमाई।

"यहीं...जहाँ आप खड़े हो।"

आँय...हम झील पर खड़े हैं? क्या यह भीषण गर्मी से सूखकर मुख्य सड़क में तब्दील हो चुकी है?

"हमारा मतलब है कि लेक किधर है? मोती तालाब...?"

"यहाँ कोई तालाब नहीं है, इस जगह का नाम ही मोतीझील है।" इतना कहकर भला आदमी अपना सर पीटता चलता बना।

हम भी "हद है...ऐसा नाम भी कहीं रखा जाता है स्टेशन रोड का। पर्यटक बेचारा झील के भुलावे में आकर ही एक शाम बिताने की सोच ले इस शहर में" के आशय में होंठ बिगाड़ते हुए आगे बढ़ लिए।

फिर मुझे याद आई वो प्रसिद्ध कजरी—'पिया मेहँदी लिया द मोतीझील से...'

तो यह है वो मोतीझील।

यातायात, भीड़भाड़ और प्रचंड गर्मी। यह सुबह सात बजे मुज़फ़्फ़रपुर की सुबह है। अभी दुकानें नहीं खुली थीं। सड़क के दोनों ओर हिन्दुस्तान के किसी भी आम शहर जैसी गन्दगी पसरी हुई थी। जाने कब हम स्वच्छ शहर देख सकेंगे? दरअसल यह सरकार अकेले के बस की बात नहीं है, जब तक स्वच्छता रहवासियों के दिमाग़ में नहीं आएगी, तब तक सार्वजनिक स्थानों की स्वच्छता एक स्वप्न भर ही रहेगी। बिना सोचे सड़कों, दीवारों और चलती गाड़ियों से पीक थूकनेवालों, हर दीवार पर मुँह उठाए पेशाब करनेवालों, अपना सारा कचरा किसी भी गली, नुक्कड़, सड़क और नालियों में फेंकनेवालों को जब तक यह गन्दगी आँखों में नहीं खटकेगी और जब तक उन्हें अपने इस कृत्य में अपराधबोध महसूस नहीं होगा तब तक स्वच्छता एक स्वप्न ही रहेगी। यह शुद्ध रूप से जागरूकता की बात है। सुबह 4 बजे से सुबह के कार्यकलाप शुरू हो जाना किसी शहर का जाग जाना नहीं है, असली जागना जागरूकता की रौशनी का आना है। ख़ैर...हम सब अपने निजी प्रयासों के साथ सिर्फ़ यही कामना कर सकते हैं कि "वो सुबह कभी तो आएगी..."

एक और बात जो हम कल रात से मुज़फ़्फ़रपुर में प्रवेश करते ही नोटिस करते आ रहे थे वो ये थी कि इस शहर में अस्पताल, नर्सिंग होम, पैथोलॉजी जाँच केन्द्र और मेडिकल स्टोर बहुतायत में हैं। इतनी बहुतायत में कि जिस बड़ी बिल्डिंग को हम दूर से होटल समझते, वो कोई-न-कोई अस्पताल निकलता। हर गली, हर सड़क पर ढेर सारे क्लीनिक और मेडिकल

स्टोर। अभी सुबह भी बन्द दुकानों के बोर्ड में आधे से ज़्यादा क्लिनिक और मेडिकल स्टोर ही थे। हम समझ नहीं पा रहे थे कि इस शहर में इतनी ज़्यादा मेडिकल सुविधाएँ क्यों हैं? क्या लोग ज़्यादा बीमार पड़ते हैं? क्या कोई बड़ा मेडिकल कॉलेज या अनुसन्धान केन्द्र है यहाँ? या यहाँ के लोग बचपन से डॉक्टर बनने के लिए ही पढ़ाई करते हैं? इस कौतूहल के सभी सम्भावित जवाब हम चारों अपनी बुद्धि से खोजने का प्रयास कर रहे थे और किसी ऐसे व्यक्ति की तलाश में थे जो इसका ठीक उत्तर दे सके। मगर ऐसा ज्ञानवान अब तक कोई नज़र नहीं आया था। मैं और गड्डू सुबह फिर इस चिकित्सा नगरी को देखकर उसी प्रश्न का जवाब ढूँढ़ने में लग गए। इसका नाम तो मुज़फ़्फ़रपुर की जगह धन्वंतरीपुर होना चाहिए। इतनी सुबह कोई मेडिकल स्टोर नहीं खुला था जिसके मालिक से पूछकर अपनी जिज्ञासा शान्त कर सकते। इसी बीच देवेन का फ़ोन आ गया। वे दोनों तैयार थे। हमने भी अगले चौराहे से 'पीछे मुड़ तेज़ चल' की कार्यवाही प्रारम्भ की। 7.15 हुए थे और हम मुज़फ़्फ़रपुर को बाय-बाय करते हुए आगे बढ़ चुके थे। आगे बढ़े तो सभी कौतूहल भी मुज़फ़्फ़रपुर की गलियों में छोड़ चले।

मुज़फ़्फ़रपुर से निकलते ही पेट ने नाश्ते की डिमांड पेश कर दी थी।

"साला...कॉम्प्लीमेंट्री ब्रेकफ़ास्ट था होटल में और 7.30 बजे से शुरू था। पन्द्रह मिनट और रुक जाते तो करके ही निकलते।" कुश के स्वर में हल्की झल्लाहट थी।

हम सबने सहमति में सर हिलाया। ऐसी बेवकूफ़ी हमने कैसे की जबकि कल से हम बिहार के हाइवे पर सफ़र कर रहे हैं और कम-से-कम दस बार इस बात पर गहरा मनन कर चुके थे कि यार, यहाँ हाइवे पर कोई ढाबा, कोई रेस्टोरेंट, कोई चाय की दुकान नज़र नहीं आती।

अब ढूँढ़ो नाश्ते के लिए कोई ठिया। नहीं मिले तो भूखे पेट लीचियाँ और नमकीन, बिस्किट खाते बढ़े चलो सफ़र पर। थोड़ा आगे चलकर जो पहला ढाबा दिखा वहीं रुक गए। मेज़ पर जमी गन्दगी को नज़रअन्दाज़ किया और आलू के पराँठे ऑर्डर कर दिए। आधे घंटे में पराँठे आए। इस बार प्लेट्स के ऊपर पड़ी धूल और पराँठों के ज़ायक़े को नज़रअन्दाज़ किया और पानी की मदद से पराँठे निगल गए। खट्टे दही को एक ही बार चखकर

अलग कर चुके थे। आख़िर में शौचालय के टूटे दरवाज़े, भयानक बदबू और कीचड़ को भी नज़रअन्दाज़ करना चाहा पर पहली झलक ने ही ऐसा भयानक विकर्षण पैदा किया कि उलटे पैरों वहाँ से भागी। इससे बेहतर तो सड़क किनारे निवृत्त हो लेना है। ढाबे के बाहर ही लीचियाँ बिक रही थीं। एक किलो लीची ख़रीद ली।

बिहार की सड़कों पर हम पहली बार इतना सफ़र कर रहे थे। नए प्रदेश को नापना एक अलग ही तरह का रोमांचक अनुभव था। मक्के का इलाक़ा शुरू हो गया था। फोर-लेन नेशनल हाइवे के एक हिस्से में मक्के सुखाए जा रहे थे जिससे फोर-लेन हाइवे टू-लेन लग रहा था। थोड़ा और आगे बढ़ने पर एक तरफ़ की रोड मक्के से पूरी तरह ब्लॉक थी। कितनी अनोखी और अचरज भरी है ये दुनिया। दोनों ओर हरे-भरे खेतों से घिरा रास्ता, खेतों के पार दिखाई देते सुन्दर छप्परदार घर, बीच सड़क पर अचानक से आ जाते मोटरसाइकिल सवार, बच्चे, औरतें और गाय-भैंस गाड़ी की स्पीड को अस्सी से ऊपर नहीं जाने देते। इसका नुक़सान यह कि मंज़िल तक पहुँचने में दो-तीन घंटे ज़्यादा लगेंगे और फ़ायदा यह कि पूरे प्रदेश को निहारते हुए, उसकी विशिष्टता को आँखों में समाते हुए हम आगे बढ़ रहे थे। कैसा रोमांच होता है जब किसी पुराने शहर से गुज़रो। मिथिलांचल...सीता मैया का नगर। इसी भूमि पर इन्हीं खेतों में कहीं जानकी का जन्मस्थान है। कितना पुराना इतिहास जिसमें जाने कितनी हक़ीक़त है और कितना फ़साना। लेकिन अपनी ओर बुलाता, लुभाता। मिथिलांचल की बोली मीठी है और लोग भी सहृदय। जिस जगह से हम गुज़रते हैं देवेन उसका इतिहास और भूगोल बताता चलता है। इसे सुनते-सुनते मेरी एक नज़र रहती है वहाँ उड़ते पंछियों पर और पेड़ों पर। शायद कोई नया पक्षी देखने को मिले। अभी तक कोई नया परिन्दा देखने में नहीं आया है। सारे मैदानी इलाक़ों के पंछी लगभग एक समान ही होते हैं। मैना, कबूतर, फ़ाख़ता, शिकरा, चील, गौरैया, रेड वेंटेड बुलबुल, कौवा आदि कॉमन नस्लें। कहीं-कहीं दूर पेड़ पर कोई बड़ा बाज़ दिखाई देता भी है तो चलती गाड़ी से उसे पहचानना असम्भव होता है।

रस्ते भर गड्डू ड्राइविंग सीट पर बैठे देवेन को लीची छील-छीलकर देती जा रही थी बल्कि उसके मुँह में ही डालती जा रही थी। यह काम गड्डू हर सफ़र में बखूबी करती है। देवेन को खाने-पीने की किसी चीज़ की तकलीफ़ न हो, इसका ख़याल गड्डू ही रखती है। नमकीन, चॉकलेट, इमली-लड्डू से लेकर पूड़ी के टुकड़े और सौंफ तक खिलाती-पिलाती गड्डू देवेन का उदर तृप्त रखती है। इन दोनों की बॉन्डिंग भी कमाल की है। देवेन थोड़ा शर्मीला है और कोई अजनबी हमारे बीच आ जाए तो यह सीधे गड्डू के पास जाता है।

"चल गड्डू...अपन तो घूमकर आएँ" और उसका हाथ पकड़कर खींच ले जाता है।

राह में बागमती, कोसी, बूढ़ी गंडक नदियों से मुलाक़ात हुई। जिनके बारे में सिर्फ़ किताबों में पढ़ा हो, उन्हें साक्षात् देखना बड़ा सुखद होता है। नदियों से एक अलग क़िस्म का लगाव होता है। किसी नदी किनारे बैठना कभी अकेले होने की अनुभूति नहीं देता। नदी के किनारे बैठना भी उससे लगातार संवाद करने जैसा होता है। अमृतलाल वेगड़ जी की नर्मदा यात्रा पर तीनों किताबें कितनी अद्‌भुत हैं। वे सही मायने में नदी से एक सखाभाव को इंगित करती हैं। नदियाँ बहते हुए जीवन का प्रतीक होती हैं, जीवनदायिनी होती हैं और सदियों से जाने कितनी परम्पराओं और संस्कृतियों को पोषण दे रही हैं। हालाँकि कोसी और गंडक को बिहार की बाढ़ के लिए ही ज़्यादा जाना जाता है किन्तु नदी तो नदी है। अपने हर रूप में वह आकर्षित करती है।

देवेन लगातार ड्राइव कर रहा था। दुष्यन्त जी से बात हुई। उन्होंने बताया कि सिलीगुड़ी वाला रूट न लेकर हम जलपाईगुड़ी से आएँ। ट्रैफ़िक से बच जाएँगे। उनके बताए प्लान की पुष्टि जीपीएस ने भी कर दी। यह रास्ता सिलीगुड़ी वाले मार्ग से कुछ छोटा भी था। दोपहर दो बजे तक हमने बिहार बॉर्डर पार कर पश्चिम बंगाल में प्रवेश कर लिया और बॉर्डर पार करते ही एक ठीक-ठाक भोजनालय भी दिखाई दे गया। बंग भूमि में प्रवेश करते ही खाने-पीने के अड्डे शुरू। अब तक देवेन बिहारी टोन नहीं भूला था।

"बना, अब तो बंगाल में आ गए। अब तो बांग्ला बोलो।" हम उसकी फिरकी ले रहे थे लेकिन देवेन 'जाइएगा, आइएगा' से ज़रा भी डिगने को तैयार न था।

लंच के बाद कुश ने स्टीयरिंग सँभाली। वह जैसे ही ड्राइविंग सीट सँभालता ट्रैफ़िक जामों, ऊबड़-खाबड़ सड़कों और अव्यवस्थित यातायात का अनवरत सिलसिला शुरू हो जाता। अगले तीन घंटे दिन के सबसे ख़राब तीन घंटे थे। पश्चिम बंगाल में हाइवे का निर्माण कार्य शुरू था जिसके कारण बार-बार रूट डायवर्ट करना पड़ रहा था। लगातार आते जाते छोटे शहर जिनसे होकर गुज़रना एकमात्र विकल्प था और इनसे गुज़रने मात्र में आधा घंटा लग जाता था। कुश ने तीन घंटे गाड़ी चलाने के बाद गाड़ी देवेन के सुपुर्द कर दी। अगले पाँच मिनट बाद एकदम स्मूथ सड़क मिली और अलीपुरद्वार तक ख़ूबसूरत जंगलों और चाय के बागानों से घिरा हाइवे हमारे क़दमों में बिछा रहा।

अलीपुरद्वार से पहले कोई छोटा गाँव मिला जिसके बीच से हमने अपनी गाड़ी निकाली थी। देवेन को बंगाल में प्रवेश करते ही बंगाली मिठाइयों की याद सताने लगी थी। तो इस गाँव से गुज़रते हुए बना की निगाह पड़ी मिठाई, नमकीन, समोसे की एक छोटी सी दुकान पर और गाड़ी उस दुकान के सामने खड़ी कर दी गई। हमें लगा कि देवेन को चाय की तलब लग आई शायद लेकिन उतरते ही बना दुकान मालिक के पास पहुँचे और चार अलग-अलग कड़ाहों में रखी चार मिठाइयों को प्लेट में लगाने का आदेश दिया।

कुश हतप्रभ...बोला, "बना, यहाँ से मत लो। बेकार लग रही हैं।"

लेकिन बना मान जाएँ तो काहे के बना। चार प्लेटों में रसगुल्ले, चमचम और सन्देश के एक-एक पीस टिमटिमाने लगे। बना ने बड़े चाव से चारों प्लेटें अपने सामने रखीं और खाना शुरू किया। अब स्वाद के बारे में सिर्फ़ इतना पढ़कर पाठक जान जाएँगे कि सिर्फ़ एक मिठाई को एक बार चखकर ही सारी मिठाइयों को प्लेट में ही त्याग दिया गया।

हम तीनों खें-खें करके हँस रहे थे। बना भी मुस्कुरा उठे।

ख़ैर...इच्छाएँ अधूरी नहीं रहनी चाहिए। बना सन्तुष्ट भाव से आगे बढ़े।

अलीपुरद्वार—भूटान बॉर्डर पर स्थित पश्चिम बंगाल का ज़िला। ऊँचे दरख़्तों वाले घने जंगलों, भूटान से बहकर आनेवाली नदियों, पक्षियों, तितलियों

और ऑर्किड्स की अनेक प्रजातियों और हाथियों का ज़िला। दुष्यन्त जी ने नेशनल पार्क की सैर करवाने का लालच देकर हमें अलीपुरद्वार बुलवा लिया था। रात आठ बजे अलीपुरद्वार पहुँचे। हमें रेलवे गेस्ट हाउस पहुँचना था जहाँ दुष्यन्त जी ने हमारे रुकने का इन्तज़ाम करवाया था। मगर किसी भी शहर में एंट्री कब आसान रही है जो इस छोटे-से शहर में होती। जीपीएस ने अगला राइट कहते हुए जिस सँकरी सड़क पर घुसवा दिया कि वहाँ से वापस घूमकर लौटने में आधा घंटे लग गए। देवेन को ड्राइवर के तौर पर जो मुश्किलें हुईं वो अलग। अगर देवेन ने कहा है कि ये रास्ता ख़तरनाक है तो समझिए वह किसी भी ड्राइवर के लिए मुश्किल रास्ता ही होगा। हिमाचल, उत्तरांचल के जिन ख़तरनाक रास्तों पर देवेन ने गाड़ी चलाई है, उन रास्तों पर अच्छे-अच्छे ड्राइवरों के दिल काँप सकते हैं। जिस अँधेरे रास्ते पर हम अपनी गाड़ी डाल चुके थे, वहाँ थोड़ी दूर जाकर एक अन्देशा तो यह भी था कि कोई वारदात न हो जाए हमारे साथ। ख़ैर...वापस घूमकर हम मेन रोड पर आए और शहर के मुख्य मार्गों से होते हुए अगले दस मिनट में रेलवे गेस्ट हाउस पहुँच गए। इस छोटे से शहर दर्शन के दौरान अलीपुरद्वार की सुन्दरता और स्वच्छता ने मन मोह लिया। यह इतना भी छोटा शहर नहीं है जितना हम सोच रहे थे। ख़ूबसूरत चौड़ी सड़कें, व्यवस्थित यातायात, तरतीब से बनी हुईं छोटी-बड़ी दुकानें, सुरुचिपूर्ण ढंग से बने हुए शासकीय भवन। और इतनी हरियाली कि आँखों के लिए मरहम का काम करें। ओह, कितना सुन्दर शहर! हम सब अलीपुरद्वार की सुन्दरता से अभिभूत हुए रेलवे रेस्ट हाउस पहुँचे।

किसी बड़े रेस्ट हाउस जैसा रेस्ट हाउस। एल शेप में दो मंज़िल में बने हुए कमरे, एक ओर बाउंड्री-वाल जिसके दूसरी तरफ़ का हिस्सा पेड़ों के लिए सुरक्षित था और एक छोटे से जंगल का एहसास दे रहा था, सामने बड़ा गेट और एक इनडोर बैडमिंटन कोर्ट और इन सबके बीच में एक बड़ा और क़ायदे से ट्रिम किया हुआ हरा-भरा लॉन। चारों ओर ख़ूब बड़े-बड़े पेड़ यह महसूस करा रहे थे कि हम जंगलों के नगर में आ पहुँचे हैं। मौसम अब भी उमस भरा ही था। पसीना थमने का नाम नहीं। पहुँचते ही दुष्यन्त जी का फ़ोन आ गया। थोड़ी देर बाद वे आए और हमने साथ में खाना

खाया। उनसे हल्की-फुल्की बातों के दौरान तय हुआ कि कल सुबह बक्सा नेशनल पार्क जाएँगे।

खाना खाते ही 12 घंटे के सफ़र की थकान और नींद ने इस क़दर घेरा कि हम सीधे अपने कमरों में जाकर सो गए। सुबह जब नींद अपने आप खुलेगी तभी उठेंगे। कोई अलार्म नहीं। वह पूरी नींद लेनेवाली रात थी। ख़ुद को रीचार्ज़ करने की रात।

ऊँचे दरख़्तों और बारिशों के शहर में

पाँचवाँ दिन : 9 जून, 2019
अलीपुरद्वार से हासीमारा

रात बेहोशी वाली नींद आई तो सुबह 5.30 बजे नींद खुली। खिड़कियों से रौशनी आ रही थी। कितनी जल्दी सूरज चढ़ आता है इधर। एक बार तो मन हुआ कि बिस्तर से निकलकर एक लम्बी वॉक कर आऊँ। सुबह-सुबह पक्षी ज़्यादा दिखाई देते हैं, शायद कोई नया पक्षी दिख जाए। मगर आँखों ने दिल का कहा बड़ी बेदर्दी से ठुकरा दिया और वे दुबारा मुँदने लगीं। लिहाज़ा पानी पीकर दोबारा सो गई। फिर 7 बजे नींद खुली। गड्डू अभी सो ही रही थी। मैं चुपचाप बाहर निकल आई। कल रात अँधेरे के कारण कुछ न देख सके थे। यहाँ पेड़, आसमान, चिड़िया, कीट सब नए दिखाई देते हैं। मौसम में उमस है, बादल छाए हुए हैं। ब्राउन हैडेड बारबेट की आवाज़ दूर तक गूँज रही है। भोपाल में कॉपर-स्मिथ बारबेट बहुतायत में हैं और सुबह उसी की ठठेरे जैसी ठक-ठक की ध्वनि से नींद खुलती है। मगर यहाँ पेड़ इतने ऊँचे और घने हैं कि ऊँची टहनी पर पत्तों के बीच से सिर्फ़ आवाज़ सुनी जा सकती है, बारबेट को पूरा देख पाना मुश्किल है और एक अच्छा चित्र लेना तो असम्भव। कुछ और नई सीटियाँ भी सुनाई दे रही हैं। सम्भवतः कुछ छोटी चिड़ियाँ हैं—प्रिनिया, सनबर्ड, टेलरबर्ड या रॉबिन की तरह की। मैं उत्साह से भरी हुई थी कि बंगाल और भूटान मुझे कुछ नई चिड़ियाँ दिखाएँगे। बुलबुल, मैना, कौआ और फ़ाख़्ता हर जगह की तरह यहाँ भी अपनी जगह बनाए हुए हैं। ये पंछी सही मायने में हिन्दुस्तानी हैं। हिन्दुस्तान के हर शहर के निवासी। हर मौसम में बसर कर लेते हैं। जो हर जगह की संस्कृति, भोजन और निवासियों को अपना लेना जानता है, वो कहीं भी सर्वाइव

कर सकता है। जगहों में घुल-मिल जाने का गुण ही सच्चा यात्री बनाता है और विश्व नागरिक भी वही बन सकता है। हालाँकि गौरैया और कौवे अब शहरों में कम हो चले हैं।

पंछियों की आवाज़ से गुडमॉर्निंग करती सुबह मेरी फेवरिट सुबह होती है। थकान उतर रही है चार दिन के सफ़र की। बाहर बैठी हुई हूँ चुप। बाक़ी तीनों अपने कमरे में हैं। मेरा एकान्त ही मुझे नेचर से कनेक्ट करता है। अपने साथ कुछ पल न मिलें तो ट्रिप बेमानी-सी लगती है। पाँच दिन बाद यह अवसर आया है जब मैं अकेले ख़ुद के साथ बैठी हूँ। कॉफ़ी की तलब हो रही थी और मन कर रहा था कि आज अपने हाथ की फेंटी हुई बढ़िया कॉफ़ी मिल जाए तो मज़ा आ जाए। इसी जुगत में रेस्ट हाउस के किचन में जा पहुँची। नाश्ते के लिए बरबटी कट रही थी। भारत के सारे सरकारी गेस्ट हाउस एक जैसे ही होते हैं। एक पुराना बूढ़ा केयर-टेकर कम कुक होगा, किचन भानुमती के कुनबे की सही तसवीर पेश करता हुआ मिलेगा जहाँ बहुत कुछ जुगाड़ से तैयार किया गया होगा। मसलन दीवारों पर अलग-अलग तरीक़े की टाइल्स देखने को मिलेंगी, टूटी भगोनी में हैंडल की जगह लकड़ी या अन्य किसी बर्तन का हैंडल किसी विधि से फिट किया हुआ होगा, दस-बीस प्रकार के कप मिल जाएँगे, कुक की श्रद्धानुसार एक भगवान की मूर्ति या फ़ोटो अवश्य किचन की किसी दीवार या आले पर रखी हुई होगी। एल्युमिनियम, लोहे, स्टील, पीतल, चीनी मिट्टी और प्लास्टिक की मिली-जुली बर्तन संस्कृति जिसमें नए बर्तनों से लेकर सबसे पुराने बर्तनों को भी बराबरी से स्थान प्राप्त होता है। रेस्ट हाउस का कुक कभी कोई बर्तन फेंकता नहीं है। यहाँ भी कटी हुई बरबटी के पास दो चाक़ू रखे हुए थे। एक काटने का और एक छीलने का। और मज़े की बात यह कि दोनों चाक़ुओं में ही पकड़नेवाले लकड़ी के भाग को काटनेवाले लोहे के भाग से लोहे के पतले तार से बाँधकर उसे पूर्ण चाक़ू का रूप दिया गया था। इतनी विविधता वाले देश में कुछ तो है जो एक समान है।

यहाँ भी एक बुज़ुर्ग बंगाली कुक था जिसके मुँह में ताम्बूल भरा हुआ था। नाम पूछा तो उसने कुछ बताया जो मुझे दो बार बताने पर भी समझ नहीं आया। ऐसे में दादा पुकारना सबसे सही रहता है।

"दादा...क्या मैं अपनी कॉफ़ी ख़ुद बना सकती हूँ?"

"हम वहीं भिजवाते हैं...आप चलो।"

किचन किंग की रज़ामन्दी न देख मैंने ख़ुद कॉफ़ी बनाने का इरादा त्याग दिया। कल रात से रेस्ट हाउस के पिछले हिस्से से तेज़ पानी गिरने की आवाज़ आ रही थी। रात को ज़्यादा ध्यान नहीं दिया लेकिन सुबह आवाज़ का पीछा किया तो वह मुझे ले गई ओवरहेड टैंक के एक टूटे हुए पाइप के पास जहाँ पूरे वेग से पानी ओवरफ़्लो हो रहा था।

"दादा, ये पाइप से यूँ ही पानी बहता रहता है क्या?"

"जी हाँ...बहुत दिनों से बह रहा है।"

"कोई ठीक क्यों नहीं करवाता इसे? कितना पानी रोज़ बर्बाद हो रहा है।"

"पता नहीं...किसी को कोई फ़र्क़ नहीं पड़ता।" दादा पराँठों के लिए आटा गूँधने में लग गए थे।

हम्म...एकदम सच है। किसी को कुछ फ़र्क़ नहीं पड़ता। अगर फ़र्क़ ही पड़ने लगे तो कितनी सारी चीज़ें सुधारी जा सकती हैं। पानी बर्बाद हो, बिजली बर्बाद हो, नदियाँ, समन्दर कचरे से पट जाएँ, पहाड़ पानी की बोतलों से भर जाएँ, लाखों पेड़ कट जाएँ, जानवरों और पंछियों की प्रजातियाँ नष्ट हो जाएँ, किसी को कुछ फ़र्क़ नहीं पड़ता। क्यों नहीं पड़ता किसी को कुछ फ़र्क़? अगर सबको नहीं पड़ता फ़र्क़ तो क्यों कुछ लोगों को फ़र्क़ पड़ता है? क्यों मुझे फ़र्क़ पड़ता है? क्यों दिल एक बेबसी भरे दर्द से भर उठता है? दर्द से ज़्यादा बेबसी का एहसास कचोटता है।

कमरे में पहुँचते ही एकान्तवास ख़त्म हुआ और दोस्तों की चहल-पहल में आगे का प्रोग्राम दिखाई देने लगा।

बंगाल के एक दिन के सफ़र के बाद हम लोग बंगाल के रंग में रँग चुके थे और अ को ओ की मात्रा लगाकर बोलने मात्र से बंग-भाषी होने का आनन्द उठा रहे थे। सोंदेश, रोसोगुल्ला और भीशोण जैसे कुछ शब्दों को बार-बार बोलने के साथ ही एक और मज़ेदार शब्द का आविष्कार हुआ जो बंगाल प्रान्त छोड़ने के बाद आज तक हमारे साथ चला आया है और शायद यह अब जीवन भर के लिए हमारे साथ रहनेवाला है।

बौना दादा...सारे शब्दों को बंगाली उच्चारण देने के क्रम में कुश ने

अचानक देवेन को 'बना' का बंगाली टच देकर कहा, "बौना दादा।"

और हँसी के तेज़ फ़व्वारे के साथ पाँच फ़ीट दस इंच ऊँचा देवेन 'बौना दादा' बन गया।

नाश्ता करने के बाद दस बजे हमें दुष्यन्त जी के साथ बक्सा नेशनल पार्क निकल जाना था। वे हमें एक ट्रेकिंग पर ले जानेवाले थे। क़रीब डेढ़ घंटे का ट्रैक हमें एक ऊँची पहाड़ी पर स्थित बक्सा फ़ोर्ट पर ले जानेवाला था। दुष्यन्त जी ने बताया था कि इस क़िले में सुभाषचन्द्र बोस को बन्दी बनाकर रखा गया था। फ़ोर्ट से घूमते-घामते हम शाम तक वापस लौटनेवाले थे। यह था आज दिन भर का प्रोग्राम। ठीक दस बजे हम नाश्ता करके तैयार हो गए। दस मिनट बाद ही दुष्यन्त जी अपने भांजे सनातन के साथ हाज़िर हो गए। बाहर निकले तो मौसम ने आँखें तरेर दीं, "बेटा, घूमकर बताओ सारा दिन मेरे इस गर्म मिज़ाज के साथ।"

वाक़ई दस बजे से बदन झुलसा देनेवाली गर्मी थी। ऐसे में ट्रेकिंग... सोचकर ही हिम्मत तो टूट रही थी लेकिन हम अभी से हथियार नहीं डालना चाहते थे।

"देखा जाएगा मियाँ मौसम, तुम्हारे तेवरों से यूँ हार नहीं माननेवाले हम।" हमने भी मौसम को ऐंठ दिखाई।

एक कार में हम 6 लोग सवार हुए। चार लोग पीछे की सीट पर और दो आगे की सीट पर। सफ़र के यही अप्रत्याशित क्षण इसे रोचक और यादगार बनाते हैं। बचपन में एक ही कार में सात-आठ लोगों का सवार होकर कहीं जाना बड़ी आम-सी बात थी। एक सीट पर आगे-पीछे होकर बैठो तो कार के चलते ही सब एडजस्ट हो जाते हैं जैसे किसी डिब्बे में कुछ सामान डालकर हिला-डुला दो तो सब सेट हो जाता है। हम भी कार चलते ही बढ़िया सेट हो गए। शहर की सड़कों से गुज़रते हुए दुष्यन्त जी से बातों का सिलसिला शुरू हुआ। दुष्यन्त जी बिहार के मोतिहारी के रहनेवाले हैं, गुवाहाटी में नौकरी करते हैं और अभी रेलवे के ऑडिट के सिलसिले में अलीपुरद्वार में ठहरे हुए हैं। बिहार, बंगाल और असम तीन राज्यों सहित सारे नॉर्थ ईस्ट

की सामाजिक, सांस्कृतिक, भौगोलिक और ऐतिहासिक जानकारी दुष्यन्त जी के पास है। शहर से बाहर निकलते ही दोनों ओर हरे वनों से आच्छादित प्रान्तर पसरा हुआ था। बारिश की बहुतायत वाले प्रदेशों में फर्न, ऑर्किड्स, तमाम तरह की लताएँ, छोटे-छोटे फूलों वाली घास, और भी कई तरह की वनस्पतियाँ सारे इलाक़े पर छायी रहती हैं। क्या वृक्ष, क्या ज़मीन और क्या पहाड़ी चट्टानें। हर जगह जैसे वनस्पति अपने सम्पूर्ण हरेपन का विस्तार कर देना चाहती हो। हमारी नज़रें खिड़की के बाहर टिकी हुई थीं। चलती गाड़ी से बाहर का नज़ारा यूँ प्रतीत होता था मानो एक कैलिडियोस्कोप के भीतर एक हरा दृश्य बार-बार अपना पैटर्न बदल रहा हो। हरे के जितने शेड्स हो सकते हैं वे सब उस दृश्य में हैं।

दुष्यन्त जी से लगातार बातचीत करते हुए हम इन स्थानों के बारे में जानकारी लेते चल रहे थे।

इसी बीच गड्डू ने उनसे हमारी उस उत्सुकता का भी समाधान चाहा जो हमें मुज़फ़्फ़रपुर में अस्पताल और मेडिकल स्टोर्स देखकर जागी थी।

दुष्यन्त जी ने बताया कि नेपाल वहाँ से नज़दीक होने के कारण और सीमान्त नेपाली क़स्बों में उतनी अच्छी मेडिकल सुविधाएँ न होने के कारण ज़्यादातर मरीज़ मुज़फ़्फ़रपुर इलाज कराने आते हैं, इसलिए वहाँ यह व्यवसाय अच्छा है।

हम्म...अब हम सन्तुष्ट थे। जब तक किसी प्रश्न का जवाब न मिल जाए तब तक दिमाग़ में खचर-पचर मची रहती है।

कुश पर बंगाली रंग पूरी तरह सवार था और वह हर शब्द को 'ऑ' का उच्चारण देकर ख़ूब आनन्दित हो रहा था।

चूँकि यह हाथियों का क्षेत्र है तो यह मालूम होने पर कुश का एक नया स्लैंग बन गया था—

"बौना दादा...हौथी।"

क़रीब आधे घंटे बाद हम नेचर इंटरप्रिटेशन सेंटर पहुँचे जहाँ हम नेचर म्यूज़ियम देखनेवाले थे। गेट के भीतर प्रवेश करते ही जंगल की ख़ुशबू ने

एकदम बाँध लिया। अक्सर मैं सोचती हूँ कि जंगल की ख़ुशबू, पहली बारिश के बाद मिट्टी की ख़ुशबू, कोहरे की ख़ुशबू वाले इत्र क्यों नहीं बनाए आज तक इनसान ने? आँखों के भीतर तक उतरता हरा और साँसों के भीतर उतरती ये तुर्श गंध। और क्या चाहिए जीने को...सचमुच।

यह एक अनोखा म्यूज़ियम था। इसका एक विज़िट आपको अलीपुरद्वार के पूरे फ़्लोरा और फौना से परिचित करवा देता है। एक कमरा सिर्फ़ यहाँ की तितलियों की प्रजातियों के बारे में था। सैकड़ों तरह की तितलियाँ। बारिश में तो यहाँ के जंगल रंगों से नहा जाते होंगे। इतने रंगों की तितलियाँ जब फूलों पर मँडराती होंगी तो कैसी दिखाई पड़ती होगी यहाँ की धरती। जैसे किसी बच्चे ने अपने रंगों के ब्रश अन्तरिक्ष में झटक दिए हों और वे सारे रंग यहाँ-वहाँ तैर रहे हों।

अगले कमरे में तमाम जानवरों के भ्रूण और बच्चे फोर्मिलीन में प्रेज़र्व करके बड़े-बड़े जारों में रखे हुए थे। मैंने इन्हें पहली बार देखा था। हाय... हाथी का वो नन्हा बच्चा, तेंदुए का शावक आँखें बन्द किए चिरनिद्रा में सोये हुए कितने प्यारे लग रहे थे। वे मृत नहीं थे, वे सो रहे थे। तमाम दुनिया की सभी चिन्ताओं से दूर, खेल-कूद कर, खाना खाकर बेफ़िक्री की नींद सोते बच्चे। बच्चे सब एक जैसे ही होते हैं चाहे किसी इनसान के हों या किसी खूँखार जानवर के या किसी चिड़िया के। सब एकदम निश्छल, निर्दोष। सबकी सुन्दर आत्मा उनके चेहरे पर मुस्कुराती है। कई बार सोचती हूँ कि बच्चों के, पंछियों के बड़े एहसान हैं मुझ पर। जो ये न होते तो दुनिया ऐसी न होती यह तो तय है ही लेकिन मैं भी आज जो हूँ वो न होती। बड़ी देर तक उन नन्हों को निहारती रही। जब बाहर निकली तो मन तृप्त-सा था। क्यों...यह ठीक-ठीक नहीं बता सकती। शायद पाँच दिन लगातार सफ़र के बाद पहली बार कहीं घूमने निकले थे, पहली बार भीड़-भाड़, प्रदूषण, शहर और हाइवे की भागम-भाग से दूर सुकून नसीब हुआ था। पता नहीं क्या था लेकिन जो भी था बेहद राहत देनेवाला था। म्यूज़ियम से बाहर निकलकर हमें बक्सा नेशनल पार्क की ओर जाना था जहाँ से ट्रैक शुरू करना था। इस वक़्त 11.30 बज चुके थे और हमारी छायाएँ छोटी होती जा रही थीं। मौसम अब भी जीभ चिढ़ाते हुए कह रहा था—

"जाओ, जाओ...करो चढ़ाई।"

इस बार हमने मौसम को पलटकर जवाब देने के बजाय मौन रहना उचित समझा। म्यूज़ियम के बाहर एक और रोचक सरप्राइज़ हमारा इन्तज़ार कर रहा था। दुष्यन्त जी के एक दोस्त विवेक भी आ चुके थे हमारे साथ ट्रेकिंग करने। और कार अब भी एक ही थी। यानी अब हम 7 लोग एक ही कार में आगे जानेवाले थे। अब व्यवस्था यूँ हुई कि ड्राइवर के पास फ्रंट सीट पर दो लोग विवेक और सनातन बैठे। पीछे मैं, गड्डू, कुश और दुष्यन्त जी बैठे। फिर से आगे-पीछे होकर ख़ुद को जमाया और गाड़ी चलते ही हिल-डुल कर एडजस्ट हुए। सब ख़ुश थे। सब साथ थे और बहुत हल्के-फुल्के मूड में वार्तालाप के ज़रिये एक-दूसरे से परिचित हो रहे थे। नए लोगों से मिलना, उन्हें जानना घुमक्कड़ी के कई हासिलों में से एक है। क़रीब बीस मिनट जंगल एरिया से गुज़रने के बाद हम उस पॉइंट पर पहुँचे जहाँ से ट्रैक शुरू होना था। यह जंगल के काफ़ी अन्दर का स्थान था जहाँ दूर-दूर तक न कोई आबादी थी और न ही पंछियों और कीटों की चुन-चुन के अलावा कोई और आवाज़। हवा चलती तो पेड़ों और पत्तों के हिलने से एक अनोखा संगीत पैदा हो उठता। ऐसा अलौकिक संगीत किस वाद्य से बनाया जा सकेगा भला? वहीं थोड़ी दूर पर कुछ गाड़ियाँ और खड़ी थीं। इस मनोहारी आलम का आनन्द उठाते हम उन गाड़ियों के पास जाकर खड़े हुए ही थे और हमारे पीछे आ रहे बाक़ी साथियों का इन्तज़ार कर रहे थे तभी एक गाड़ी के ड्राइवर ने गाड़ी में म्यूज़िक शुरू कर दिया और किसी फ़ास्ट नम्बर के कर्णभेदी शोर से वनदेवी की संगीत साधना छिन्न-भिन्न हो गई। प्रकृति के समीप जाने के भी कुछ तौर-तरीक़े हुआ करते हैं जिनसे हमारे देश के अधिकांश पर्यटक एकदम अनभिज्ञ हैं। हर जगह को डी.जे. बना देना क्यों टूरिस्ट्स को यात्रा का अहम हिस्सा लगता है? रोहतांग के चारों ओर फैली बर्फ़ की चादर पर आप अपने क़दम रखकर एक गहरी साँस लेने को होते हैं इसके पहले ही किसी गाड़ी से 'तू लगती पंजाबन, लगती पटोला' का तेज़ शोर सुनाई देने लगता है। मनाली में व्यास नदी की छल-छल और ब्लू व्हिसलिंग थ्रश की फ़िज़ा में गूँजती सीटी में आप खो जाना चाहते हैं तभी 'तू लड़की ब्यूटीफुल कर गई चुल्ल' आपको वापस क़ुदरत की गोद से बेरहमी से खींचकर नीचे

उतार देता है इस बेमानी दुनिया में। ये कब समझेंगे कि मौन क़ुदरत के क़रीब जाने का सबसे ख़ूबसूरत और आसान रास्ता है। मगर शायद मुझे ही समझना होगा कि इनकी यात्रा और हमारी यात्रा के मायने ही मुख़्तलिफ़ हैं।

जब हमने ट्रैक के लिए पहला क़दम बढ़ाया तब छाया एक बिन्दु के बराबर हो चुकी थी, सूरज ठीक सर पर सवार था। 12.45 बज रहे थे। हमें लगा कि ट्रेकिंग के लिए हमने ग़लत वक़्त मुकर्रर कर लिया। सुबह 7 बजे यह चढ़ाई चढ़नी चाहिए थी और इस वक़्त तक वापस आकर लंच के लिए बैठ जाना था। पर बीता वक़्त अब वापस नहीं लाया जा सकता। इसलिए आगे बढ़ने के सिवाय कोई विकल्प नहीं था। सातों लोग पानी की बोतलें लेकर रवाना हुए। पैदल चलकर जंगल की विविधता और सुन्दरता का जो आनन्द लिया जा सकता है, वह अन्य किसी विधि से सम्भव नहीं। ख़ासकर वर्षा वनों की सुन्दरता तो बड़े वृक्षों पर उग आए बहुरंगी फूलों, उन पर लिपटी और झूलती अनोखी पत्तियों वाली लताओं, जगह-जगह मिट्टी और पत्थर में रिसते पानी के सहारे उग आए तरह-तरह के फर्न और उन पर मँडराती तितलियों, अनेक आश्चर्यजनक कीटों और जाने कितनी तरह की चिड़ियों से है। गाड़ी में बैठकर जंगल घूमा जा सकता है, उसे अनुभूत नहीं किया जा सकता। मेरे लिए जंगल आत्मसात् करनेवाली शय है। हर जंगल एक-दूसरे से एकदम अलग है, हर जंगल अलग ढंग से अपनी बात कहता है। लेकिन एक बात तय है, जंगल कभी ख़ाली हाथ नहीं लौटाते। पर यह है कि हम उनसे क्या लेकर आते हैं। मैंने एक कविता में लिखा था—

पृथ्वी पर जितना भी हरा है, सब प्रेम है
मैं हर बार जंगल से प्रेम लेकर लौटी हूँ,
हर बार थोड़ी और हरी होकर।

थोड़ा हाँफते, थोड़ा रुक-रुककर डग भरते हम चले जा रहे थे। चिलचिलाती धूप ने सारी ऊर्जा सोख ली थी। सच कहूँ तो मैं और गड्डू दोनों अब इस गर्मी में डेढ़ घंटे ट्रैक करके ऊपर जाने के मूड में नहीं थे। हमारे गाइड प्रेम प्रधान को बुलाकर हमने जानने की कोशिश की।

"प्रेम, ये बताओ ऊपर से नज़ारा कैसा है।"

"ऐसा ही है। पूरी वैली दिखेगी।"

"वैली तो सब जगह से एक-जैसी ही दिखती है न।" हमने लीडिंग क्वेश्चन दागा।

"हाँ..."

"अभी कितनी देर और है?" असली प्रश्न गड्डू ने पूछा।

"कम-से-कम एक घंटा और लगेगा। वैसे आपको अगर ऊपर न भी जाना हो तो आगे दस मिनट बाद एक व्यू पॉइंट है। वहाँ तक चलिए। वहाँ से भी लौट सकते हैं।"

हम दोनों ने अपनी तेज़ चलती साँसों को थामकर एक-दूसरे की ओर देखा और अगले ही पल हम बिना एक-दूसरे से कुछ कहे फ़ैसला कर चुके थे। मेरी और गड्डू की आपसी समझ इस क़दर बेहतरीन है कि अक्सर एक-जैसी परिस्थितियों में हम एक-जैसा ही फ़ैसला करते हैं और बिना कहे एक-दूसरे के मन की बात समझ भी जाते हैं। एक बार तो कमाल ही हुआ था। हम दोनों पी.एस.सी. मेन्स की परीक्षा दे रहे थे। दोनों का परीक्षा केन्द्र अलग-अलग था। वह सामान्य ज्ञान का पेपर था और 'निर्मला देशपांडे' पर दो सौ शब्द लिखने थे। घर लौटकर हमने जाना कि हम दोनों ही गफ़लत में 'निर्मल पांडे' पर टीप लिख आए थे। माने हद है ये तो एक-जैसा सोचने की।

"ऊपर नहीं जाएँगे, बस व्यू पॉइंट तक ही जाएँगे।" हमने अपना फ़ैसला टीम को सुना दिया।

कुश तो जैसे तैयार ही बैठा था। देवेन को किसी चीज़ में दिक़्क़त नहीं थी। न ट्रेकिंग करने में और न वापस लौटने में। मगर दुष्यन्त जी और विवेक इस फ़ैसले से ख़ुश नहीं थे। वे ऊपर तक जाने के पूरे मूड में थे। उनका एनर्जी लेवल भी हमारी तुलना में काफ़ी हाई था। उन्होंने काफ़ी कन्विंस करने की कोशिश की मगर हम टस से मस न हुए। आख़िर उन्होंने भी मन मसोसकर मान लिया और हम व्यू पॉइंट पर पहुँचे। वहाँ दस मिनट रुककर कुछ तसवीरें लीं, घाटी का मनमोहक नज़ारा देखा, पानी पिया और वापस नीचे चल पड़े। इस दस मिनट में हम प्रेम से बातें करते रहे। प्रेम ने बताया

कि उसका चयन इंडियन आर्मी में हो गया है और जल्दी ही चला जाएगा। तब तक के लिए गाइड का काम कर रहा है। जब हम लौटने के लिए मुड़े तो 2 बज चुके थे और भूख ज़ोरों से लग आई थी। फटाफट नीचे उतरे और गाड़ी के पास पहुँचते ही वाशरूम तलाशा। सामने एक और अनोखा वाशरूम था। शौचालयों के अनुभवों पर तो एक पूरी कथा लिखी जा सकती है। इस शौचालय के बारे में सिर्फ़ इतना ही कि इस भारतीय शैली के शौचालय में कुंडी नहीं थी और बड़े-बड़े जाले ऐन सर तक लटके हुए थे। जिनमें दैत्याकार मकड़े विहार कर रहे थे। फ़र्श पर जंगली लाल चींटों का एक समूह जा रहा था जिनसे जूतों ने हमारी रक्षा की और एक बड़े आकार की हरी चमकीली मक्खी भुन्न-भुन्न करती नाक के ठीक सामने उड़ान भरती रही। एक हाथ से दरवाज़े को पकड़े हुए और दूसरे हाथ से मक्खी भगाते हुए, नज़र मकड़ियों के मूव पर जमाए हुए और पैरों पर चींटों को चढ़ने से रोकते हुए हम साहसिक ढंग से फारिग हुए।

अब खाना खाने के लिए ठीक-ठाक जगह के बारे में सोचना प्रारम्भ किया। दुष्यन्त जी बाहर का खाना पसन्द नहीं करते इसलिए उन्हें और उनके दोस्त को रेस्टोरेंट्स के बारे में कोई जानकारी नहीं थी। हम सब बाहर खाने के शौक़ीन कल रात को शहर के मुख्य मार्ग से आते हुए एक बढ़िया होटल देख चुके थे और हमें अन्दाज़ा था कि इसका रेस्टोरेंट भी अच्छा ही होगा। जब हम रेस्टोरेंट पहुँचे तो 3 बज चुके थे।

रेस्टोरेंट में प्रवेश करते ही तबीयत खिल गई। रेन फ़ॉरेस्ट के इंटीरियर के साथ बेहद ख़ूबसूरत रेस्टोरेंट हमारे सामने था। हम सोच रहे थे कि कुछ बंगाली डिश मिल जाए तो आनन्द आ जाए मगर आजकल नॉर्थ इंडियन खाना ही सभी जगह आसानी से मिलता है, अंचल विशेष का भोजन करना हो तो उसके लिए ऑथेंटिक रेस्टोरेंट खोजना पड़ता है। चार बजे खाना खाकर मैं और गड्डू तो नींद के आग़ोश में समाने को बेचैन थे सो रेस्ट हाउस पहुँचकर साढ़े पाँच बजे का अलार्म लगाकर सो गए। दोपहर की नींद हम सब बहनों की जीन में ही है। मम्मी-पापा ऐसे सुतक्कड़ नहीं थे लेकिन हमारे पूर्वजों में शायद कोई तो नींद का शौक़ीन ज़रूर रहा होगा और अपनी नींद का उपहार हम चारों बहनों को दे गया है। शाम को हाशीमारा निकलना था।

अनीता दीदी का निमंत्रण कॉल आ चुका था कि मेस में कमरे बुक हो गए हैं, शाम को जल्दी आ जाओ।

शाम को उठते ही चाय-कॉफ़ी पी और दुष्यन्त जी को शुक्रिया अदा करते हुए हम अलीपुरद्वार से हासीमारा के लिए रवाना हो गए। दुष्यन्त जी ने काफ़ी आग्रह किया कि एक दिन और रुक जाएँ जिससे कल जलदापारा फ़ॉरेस्ट देख सकें मगर हमने उनके आग्रह को अगली बार के लिए सुरक्षित किया। भूटान से वापसी के बाद हमारे पास तीन-चार दिन होंगे जिसमें दुष्यन्त जी ने अपने घर गुवाहाटी आमंत्रित किया और वहाँ से शिलाँग जाने की सलाह दी। हमने सलाह तो ग़ौर से सुनी लेकिन अभी कोई प्लान नहीं बनाया था। लौटने के बाद तय किया जाएगा कि कहाँ जाना है।

दुष्यन्त जी से विदा लेते वक़्त हमने उन्हें सबाहत के दिए हुए शीर खुरमे वाली स्टील की डोलची दी। वे बड़े ख़ुश हुए। कहा कि यहाँ विवेक अकेला रहता है तो ज़्यादा सामान नहीं है। यह उसके दूध लाने के बड़े काम आएगी।

कहाँ की चीज़ कहाँ पहुँची। क्या सबाहत ने कभी सोचा होगा कि दोस्तों को दी हुई उसकी डोलची आज पश्चिम बंगाल के एक छोटे से शहर के छोटे से घर में मौजूद होगी! जिस चीज़ को जहाँ पहुँचना होता है, वहाँ पहुँच ही जाती है।

दुष्यन्त जी जैसा मित्र मिलना अलीपुरद्वार आने का सबसे बड़ा हासिल रहेगा। उनका आतिथ्य और मित्रता भाव सहेजकर हम अपने साथ ले जा रहे थे। कुछ अजनबियों के लिए कोई इनसान निःस्वार्थ भाव से अपने घर के और मन के द्वार खोल, उन्हें अपना वक़्त, अपने साथ की पूँजी देता है तो हृदय उसका आभारी होने के साथ एक स्नेह के धागे से भी जुड़ जाता है। नकारात्मक ख़बरों से भरी इस दुनिया में अभी चन्द ऐसे लोग मौजूद हैं जो दुनिया को अपने होने मात्र से सुन्दर बना रहे हैं। यायावरी कृतज्ञ होना सिखाती है, थोड़ा और ज़्यादा इनसान बनाती है। जब आप किसी से कुछ निःस्वार्थ पाते हैं तो आप भी किसी और के लिए निःस्वार्थ कुछ करना चाहते हैं। यह श्रृंखला ही मानवता की ऊँचाइयों तक जाने की सीढ़ी है।

अलीपुरद्वार से हासीमारा का वो एक घंटे का सफ़र यक़ीनन अब तक का सबसे ख़ूबसूरत सफ़र था। प्रफुल्लित मन, एक अच्छी नींद और बढ़िया

कॉफ़ी के बाद हुआ ताज़ादम बदन, ढलते सूरज की रुपहली उजास से दमकता मेघाच्छादित आसमान, चमकते काले बदन पर सफ़ेद लकीर वाली सर्पिणी-सी सड़क जिसके कन्धे ट्रैफ़िक के बोझ से नहीं झुके हैं, सड़क के दोनों ओर चाय के बागान और सॉफ्ट रोमांटिक गीतों का साथ। और क्या चाहिए एक सफ़र को बेहतरीन कहने के लिए। क़रीब 7.30 बजे शाम को हम हासीमारा एयरफ़ोर्स बेस पहुँचे। अनीता दीदी और अवधेश सर मेस के बाहर हमें रिसीव करने के लिए खड़े थे। अच्छे लोगों से मिलना जीवन की बड़ी ही सुन्दर बात है और आज के दिन हम एक शानदार व्यक्ति से विदा लेकर आए हैं और तीन और ख़ूबसूरत लोगों से मिल रहे हैं। तीन...हाँ। अनीता दीदी, सर और दीदी की बिटिया तान्या। अनीता दीदी से मुलाक़ात महज़ एक महीने पुरानी है लेकिन पहली मुलाक़ात ने यह बता दिया था कि अब यह डोर ज़िन्दगी भर बँधी रहनेवाली है। अनीता दीदी की रचनात्मकता देखकर सुखद हैरानी होती है। इतनी कलाओं में कोई कैसे प्रवीण हो सकता है। छोटे-बड़े पत्थरों से पूरी कहानी कह देना, रंगों से खेलते-खेलते सुन्दर पेंटिंग्स बना देना, तरह-तरह के स्टोन्स, बीड्स, घुँघरुओं से ख़ूबसूरत ज्वेलरी तैयार करना, कहानियों को अपनी आवाज़ देना, कहानियाँ लिखना...ओह, कितना कुछ! लेकिन इतनी प्रवीणता और परफ़ेक्शन सिर्फ़ मेहनत से नहीं आती, इसके लिए जुनून की ज़रूरत होती है। अनीता दीदी जुनूनी हैं अपनी कलाओं को लेकर।

मेस में पहुँचते ही परिचय का दौर चला और मिनटों में ही सब एक-दूसरे के साथ बेहद दोस्ताना हो गए। सर की पोस्टिंग अभी कुछ महीने पहले ही हासीमारा एयरफ़ोर्स बेस पर हुई है। दीदी पुणे में रहती हैं और अभी हासीमारा आई हुई हैं। चाय, कॉफ़ी पीकर वे 8.30 बजे हमें डिनर के लिए डाइनिंग हॉल आने को कहकर चले गए और हम भी अपने-अपने कमरों में फ्रेश होने चले गए। सुन्दर, स्वच्छ, सुसज्जित कमरे। मैं और गड्डू जाकर अपना सामान सेट कर ही रहे थे कि अचानक कुश घबराया हुआ आया।

"क्या हुआ?"

"यार, हमारे बाथरूम में एक छिपकली है कमोड के ठीक ऊपर।"

"तो?" मुझे हँसी छूटी।

"तो क्या? आपके बाथरूम में जाऊँगा।"

"जाओ, हमारे में चले जाओ।" मैं और गड्डू खी-खी कर रहे थे।

कुश हमारे बाथरूम में गया और उलटे पाँव वापस लौटा।

"यार, इधर भी एक छिपकली है खिड़की पर।"

"तू उस पर ध्यान मत दे। कुछ नहीं करेगी।"

"कैसे नहीं करेगी...आप भगाओ उसे।"

गड्डू और कुश दोनों को छिपकलियों से भयानक एलर्जी। अगर उनके ऊपर गिर जाए तो प्राणों पर बन आए। और मैं...मुझे छिपकलियों से कोई डर नहीं। सबसे हार्मलेस जीव लगती है ये मुझे। कभी शरीर पर गिर भी जाएँ तो एक झटका देकर गिरा देती हूँ। बल्कि मज़ेदार बात तो ये कि हर बरसात में यह मेरे घर के बाथरूम में अंडे देती है और दो नन्हे हल्के पीले, पारदर्शी बच्चे बाथरूम की दीवारों पर नज़र आने लगते हैं तो उन पर एक क़िस्म का लाड़ आता है। जिस दिन न दिखें निगाहें उन्हें ढूँढ़ने लगती हैं।

"बहरहाल; मैंने कहा, "चलो...भगाते हैं।"

मैं आगे-आगे, कुश और गड्डू पीछे-पीछे जैसे कोई तमाशा होनेवाला हो। कमोड के ऊपर खिड़की पर एक मुस्टंडी छिपकली विराजमान थी, ज़रा-सा हाथ उसके क़रीब दीवार पर लगाया और वो सीधे निकलकर खिड़की के बाहर।

"डरपोक कहीं के...।"

हाँ, ठीक है। ठीक है। हम ऐसे ग़लीज़ काम नहीं करते। ऐसे काम हमारे नौकर करते हैं, वह भी जवाबी हमले में तीर चलाता हुआ बाथरूम में घुस गया।

साढ़े आठ बजे के आसपास हम बाहर निकले। अनीता दीदी, सर और तान्या भी आ पहुँचे थे। डाइनिंग हॉल में हम खाना खाने पहुँचे। देवेन ने पहले ही पूछ लिया था कि मेस के लिए कोई ड्रेस कोड है क्या?

अवधेश सर ने मुस्कराते हुए पूछा, "फॉर्मल ड्रेस लाए हो क्या?"

"नहीं" दोनों ने एक साथ जवाब दिया।

"बस तो ठीक है, फिर पूछ काहे रहे हो? तुम दोनों जीन्स टी-शर्ट में आ जाना। वैसे लेडीज़ के लिए लिबरल है आर्मी। जो चाहे पहनो।" दीदी हँस पड़ी थीं कहते हुए।

आर्मी के अपने तौर-तरीक़े होते हैं। उठने-बैठने, कपड़े पहनने, खाना खाने का भी अनुशासन भरा आभिजात्यपूर्ण तरीक़ा। हम सिविल लोगों के लिए तो ख़ासा भयावह ही होता है, फूँक-फूँक कर क़दम रखने जैसा। कहीं कुछ ऐसा न कर बैठें कि अपने मेज़बान की किरकिरी हो जाए। एक बार नेवी के ऑफ़िसर दोस्त ने मेस में रुकवाया था तो उसे डाइनिंग हॉल में छुरी-काँटे से पराँठा-सब्ज़ी खाते देखकर हमारे हाथ-पैर फूल गए थे।

"ये न हो पाएगा हमसे। इससे अच्छा तो पोहा या कटलेट ले लेते।"

जब उसने आश्वस्त किया कि तुम लोग हाथ से खा सकते हो, ये रूल नेवी के बन्दों के लिए है। तब कहीं जाकर जान में जान आई थी। लेकिन वो बेपरवाही तब भी नहीं आ पाई थी।

डाइनिंग हॉल में पहुँचे तो और भी ऑफ़िसर्स वहाँ बैठे हुए थे। कुछ अकेले, कुछ परिवार के साथ। सबसे एक औपचारिक परिचय हुआ। भोजन स्वादिष्ट, सादा और तरीक़े से सजा हुआ था। डाइनिंग टेबल के मैनर्स से अपरिचित हम लोगों ने यहाँ भी हँसी-मज़ाक़ करते हुए तान्या की प्लेट में रखे हुए छुरी-काँटों के तरीक़े को देखकर शिक्षा ली कि जब खाना ख़त्म हो जाए तो प्लेट में उलटे छुरी-काँटे रख दिए जाते हैं। जिससे वेटर समझ जाता है कि खाना ख़त्म हो चुका है और वह प्लेट उठा सकता है। और भी बहुत कुछ बताया गया वहाँ लेकिन मुझे और कुछ याद नहीं रहा। उलटे छुरी-काँटे भी इसलिए याद रह गए क्योंकि आगे आनेवाले वक़्त में हम इस तरीक़े का ख़ूब इस्तेमाल करनेवाले हैं।

खाना खाकर कैम्पस के अन्दर ही हम वॉक पर निकले। सर के साथ उनके और अपने प्रोफ़ेशन के बारे में ढेर सारी बातें हुईं। मध्य प्रदेश के नरसिंहपुर ज़िले के होने के कारण हमारे काफ़ी परिचित कॉमन निकल आए थे। आर्मी ऑफ़िसर्स कितने सौम्य व्यक्तित्व के मालिक होते हैं। उनके बातचीत के ढंग में एक अलग क़िस्म की नफ़ासत होती है। देश के लिए जो वे करते हैं उससे उनके लिए जो सम्मान पैदा होता है, वो इस शिष्ट और ख़ूबसूरत व्यक्तित्व से कई गुना बढ़ जाता है।

यह कैसी ठंडी और भीगी हवा से लिपटी सुहानी रात थी! आकाश में बादल होने से तारे नहीं दिखाई पड़ रहे थे। सुस्ताता चाँद ज़रूर बीच-बीच में बादलों के कम्बल से बाहर निकलकर हमें देखता और फिर अन्दर घुसकर सो जाता। हवा में एक सलोनी-सी ख़ुशबू थी। किसी फूल और पेड़ की मिली-जुली गंध। सब ख़ुश थे। कोई तनाव नहीं, कोई चिन्ता नहीं। कल जो होगा वो देखा जाएगा। आज हम इस पल में हैं, और कहीं नहीं। एक-एक साँस तसल्ली से आती हुई, एक-एक धड़कन ठहर-ठहरकर ताल देती हुई। क्या यही वो सुकून नहीं है जिसकी तलाश हमें रहती है? क्या यही सुकून दुनिया के सारे सुखों को मात नहीं देता?

अनीता दीदी बड़े उत्साह से कैम्पस के एक-एक पेड़ दिखा रही थीं।

"देखो, इनकी जड़ें कितनी फैली हुई और तिकोनी हैं। पेड़ों की ऊँचाई देखो।"

वाक़ई यहाँ के वृक्ष अलग थे। बेहद ऊँचे, बेहद विशाल।

बात करते-करते हम एक गेट के क़रीब पहुँचे जहाँ से बाहर निकलते ही चाय के बागान थे, जो अँधेरे के कारण अभी नज़र नहीं आ रहे थे। तय हुआ कि सुबह जल्दी उठकर इन बागानों की सैर करने जाएँगे। दो-तीन दिनों से यहाँ पानी बरसना शुरू हो चुका था और इतनी लम्बी गर्मी झेल चुके हम बस इसी बात से उत्साहित थे कि—

"अहा, पानी बरसेगा!"

थोड़ी देर वॉक करने के बाद हमने सर और दीदी से विदा ली और सुबह 7 बजे कमरे के बाहर मिलने का निश्चय किया।

एक दिन और बीता। 2000 कि.मी. की दूरी, चार प्रदेश और चार पड़ाव पार कर लेने के बाद हम आज अपने पाँचवें पड़ाव को जी रहे थे। रात बिस्तर पर उस सन्नाटे में थोड़ी देर झींगुरों की तेज़ आवाज़ें कानों में गूँजती रहीं। उसी सुरीली झनझन के बीच थोड़ी देर मैं और गड्डू बातें करते रहे। रातों में गप्पें मारना हम बहनों के बचपन का शगल है। स्कूल टाइम में देर रात बत्ती बन्द करके हम चारों बहनें रजाई के भीतर खुसुरफुसुर कर रही होतीं और आधी रात को मम्मी आकर डाँट पिलातीं।

"सो जाओ सब चुपचाप। जब देखो ही-ही ठी-ठी। अब अगर जरा भी खुसुरफुसुर सुनाई दी तो ख़ैर नहीं तुम लोगों की।"

हम सदा आश्चर्य करते कि दूसरे कमरे में सो रहीं मम्मी को किधर से हमारी आवाज़ सुनाई दे जाती है। मुझे लगता है कि मम्मियों की आँखें और कान घर के सभी कमरों की दीवारों पर टँगे होते हैं।

थोड़ी देर तक बतियाने के बाद न जाने कब नींद ने अपनी बाँहों में ले लिया।

एक बड़े दरवाज़े के उस पार जन्नत थी

छठा दिन : 10 जून, 2019
हाशिमारा से फुन्शोलिंग और थिम्फू

बहुत गाढ़ी और सपनेदार नींद आई रात। खिड़की के बाहर झाँका तो बारिश हो रही थी। बाहर देखकर लगा कि शायद सारी रात पानी बरसा है। बरबस ही चेहरे पर एक मुस्कुराहट आ गई। मौसम की पहली बारिश। हर पहली बारिश पर परवीन शाकिर याद आती हैं—

मैं क्यूँ उसको फ़ोन करूँ
उसके भी तो इल्म में होगा
कल शब मौसम की पहली बारिश थी...

फ़ोन पर बे-इरादा ही नज़र चली गई जिसकी स्क्रीन पर कोई नम्बर नहीं झिलमिलानेवाला था। मैं उठकर आँखें मलते हुए याद करती हूँ पिछले साल की बारिशें, जब नींद न आने की विकट समस्या हो गई थी, इतनी विकट कि कई-कई दिन तक नींद नहीं आती। आती भी तो रात को बमुश्किल एक-दो घंटे और फिर एक घबराहट के साथ खुल जाती, फिर जागती रहती मैं सुबह होने के इन्तज़ार में। दिन-रात एक अनजाना-सा तनाव जैसे कोई सारी नसें हाथों से पकड़कर तान दे रहा हो। दिमाग़ जैसे फट जाने को होता, आँखें और खुली रहने से इनकार कर देतीं। सारे उपाय कर लिए, शरीर को ख़ूब थका लिया लेकिन नींद तब भी इस क़दर रूठी बैठी थी कि लगता था जैसे मेरी मृत्यु शायद जागने से ही होगी। दो महीने तक इस समस्या को झेला फिर फ़ाइनली मेडिकल हेल्प ली। महीनों की दवाएँ नींद को मनाकर वापस लाईं।

अब ऐसी नींद आ रही कि कुछ होश ही नहीं रहता आठ घंटे। न पानी पीने उठना, न सूसू करने।

सचमुच सुकून है तो नींद है, नींद है तो सुकून है।

गड्डू भी उठ गई थी। सुबह के 6.30 बजे हैं। 7 बजे अनीता दीदी आ जाएँगी और हम वॉक के लिए जाएँगे। खिड़की के पास बैठकर बाहर बारिशी आलम देखते हुए कॉफ़ी पी। पत्तों पर टप-टप गिरतीं बूँदें, क़तार से चलते भीगे चींटों की क़तार, किसी फूल के किनारे पर अटकी पारदर्शी काँच की बूँद, पंख झटकतीं मैना और ढेर सारे पंछियों का मिला-जुला राग। बारिश यूँ ही मेरा सबसे पसन्दीदा मौसम नहीं है!

ठीक सात बजे अनीता दीदी आ गईं। बारिश अभी बन्द हो गई है। मैं और गड्डू उनके साथ कैम्पस के बाहर वॉक के लिए चल पड़े। साथ में अपना ज़ूम लेंस और कैमरा भी रख लिया। शायद कोई पक्षी मिल जाए। रात भर की बारिश के बाद सारी धरती धुलकर निखर जाती है। जिस सड़क पर हम चल रहे थे, उसके एक ओर झाड़ीनुमा पेड़-पौधे थे जिन पर ढेरों तितलियाँ मँडरा रही थीं। और एक ओर थे चाय के बागान। 2013 में मुन्नार के बाद अब चाय बागान देख रही थी। बारबेट, ओरियोल और दूसरे पंछियों की आवाज़ें लगातार सुनाई दे रही थीं मगर पेड़ों की ऊँचाई और हरे-भरे होने के कारण वे दिखाई नहीं दे रहे थे। थोड़ी दूर चलने पर ही नीचे मिट्टी में पीली तितलियों (ग्रास यलो) की पूरी कॉलोनी थी। तुरन्त अपना कैमरा सँभाला और कुछ तसवीरें क्लिक कीं। इतने में कुछ तितलियाँ उड़ीं और एक अद्‌भुत दृश्य आँखों के सामने था। पडलिंग के प्रोसेस में मिट्टी से उठतीं, हवा में उड़तीं और फिर मिट्टी में बैठतीं ढेरों तितलियाँ। जैसे ज़मीन के उस छोटे-से हिस्से में पीली-पीली पतंगें उड़ रही हों।

तितलियों का आसमान धरती के कितना क़रीब होता है।

हमने ढेर सारी तसवीरें खींचीं। चाय बागान में, सड़क पर, तितलियों के साथ, एक-दूसरे के साथ। यह 45 मिनट की वॉक इस सफ़र की ही नहीं बल्कि ज़िन्दगी की एक बेहद यादगार वॉक रहेगी। लौटे तो फिर से रिमझिम

बारिश शुरू हो गई थी। 10 बजे तक हम नाश्ता करके तैयार हो चुके थे। अब फुन्शोलिंग पहुँचकर भूटान के लिए परमिट बनवाना है जिससे रात तक थिम्फू पहुँच जाएँ। जब तैयार हो गए तब दीदी ने कहा कि दूसरे गेट से बाहर निकलते ही चाय के बड़े बागान हैं, वहाँ एक बार ज़रूर घूम लेना चाहिए। देवेन और कुश सुबह की वॉक पर भी नहीं गए थे तो हमने प्रस्ताव सहर्ष स्वीकार कर लिया और चल पड़े चाय बागान की ओर। गेट से बाहर निकलते ही बाईं ओर से रेलवे लाइन गुज़र रही थी और उसके बाद जहाँ तक नज़र जाए वहाँ तक चाय बागान।

ये बाग़ या खेत क्यों नहीं? बागान। मोह लेता है ये नाम। और उतना ही मोहक इसका विस्तार। इन बागानों के बीच-बीच में बड़े-बड़े गहरे नाले थे जिनके बारे में पूछने पर बताया गया कि यहाँ तेंदुआ आ जाता है और मज़दूरों पर हमला कर देता है इसलिए ये गहरे नाले बनाए गए हैं ताकि इनमें तेंदुआ गिर जाए और सब सतर्क हो जाएँ।

हर जगह की अपनी सुन्दरता के साथ अपनी चुनौतियाँ, अपने ख़तरे!

चाय के बागान से लौटते हुए गड्डू और कुश ने कुछ नई, नर्म-ओ-नाज़ुक पत्तियाँ तोड़कर जेबों में रख लीं। अमृता प्रीतम की *डेढ़ पत्ती* कहानी अनायास ही ज़ेहन में आ गई। अब ये लोग कहीं गर्म पानी में ये पत्तियाँ डालकर चाय बनाएँगे। बागान से लगा हुआ सिंगल रेलवे ट्रैक था जो इसकी मनोहारी लोकेशन के कारण एक अलग ही फील दे रहा था। यहाँ गड्डू और कुश ने ट्रैक पर एक-दूसरे के फ़ोटो लिए। हासीमारा से विदा होते हुए अनीता दीदी ने मुझे और गड्डू को अपने हाथों से बनाए ज़ेवर और कुश और देवेन को उनके बच्चों के लिए अपने हाथ से पेंट किए हुए जूट के बैग्स दिए। ढेर सारी मुहब्बत, ढेर सारा अपनापन और दोस्ती की ऊष्मा से लबरेज़ हमने हासीमारा, अनीता दीदी और तान्या से विदा ली। कितनी ख़ूबसूरत है ये दुनिया, कितने ख़ूबसूरत लोग! शुक्राने का भाव आत्मा में कहीं गहरे तक महसूस हुआ।

हासीमारा से निकलते हुए साढ़े दस बज गए थे और वहाँ से एक घंटे का रास्ता जयगाँव का था जो कि भारत का आख़िरी क़स्बा है और उसके बाद भूटान का पहला शहर फुन्शोलिंग आ जाता है। जयगाँव और फुन्शोलिंग को एक बड़ा दरवाज़ा अलग करता है। यही इंडो-भूटान बॉर्डर है। फुन्शोलिंग तक जाने के लिए किसी परमिट की ज़रूरत नहीं होती। हर हिन्दुस्तानी फुन्शोलिंग कभी भी आ-जा सकता है। हासीमारा से निकलते ही गड्डू ने कहा कि सब लोग एटीएम से कैश निकालकर रख लो क्योंकि भूटान में कार्ड से पेमेंट नहीं होगा, कैश ही देना पड़ेगा।

"अरे, ऐसा थोड़े ही होता है! कार्ड तो आजकल सब लेते हैं।" हम तीनों उससे असहमत थे।

"मैंने भूटान का एक वीडियो देखा था यूट्यूब पर। उसमें बताया था।" गड्डू ने दोबारा ज़ोर देकर अपनी बात दोहराई।

"ठीक है, निकाल लेते हैं।" हम हासीमारा के ही एक एटीएम गए लेकिन वह काम नहीं कर रहा था। फिर आगे जयगाँव के किसी एटीएम से पैसे निकालने का विचार कर हम आगे बढ़ गए।

हम लगभग साढ़े ग्यारह बजे जयगाँव से फुन्शोलिंग में प्रविष्ट हुए। बॉर्डर के एक ओर गन्दगी, ऊबड़-खाबड़ सड़कें, बेतरतीब दुकानें, अव्यवस्थित यातायात और हॉर्न की चिल्ल-पों की दुनिया तो दूसरी तरफ़ ज़ेबरा क्रॉसिंग से सजी साफ़-सुन्दर सड़कें, भूटानी चित्रकला से सजी दुकानें और शान्त व्यवस्थित यातायात की सपनीली लगती दुनिया। पहली विदेश यात्रा से पहले हम कहाँ जान पाते हैं कि ज़ेबरा क्रॉसिंग सड़क पर सफ़ेद पट्टीदार डिज़ाइन के अलावा भी कोई शय होते हैं, जिन पर से निर्भय होकर सड़क पार की जा सकती है। सड़क पार करना पहली बार इतना अद्भुत लगा। भारत में कभी सोचा न था कि हम सड़क पार कर रहे होंगे और हमें सड़क पार करते देख चार पहिया वाहन चालक न केवल अपना वाहन रोक देगा बल्कि हमें पहले पार करने का विनम्र संकेत भी देगा। इसी प्रसन्नता को महसूस करने के लिए पाँच-दस बार तो बेवजह ही रोड क्रॉस कर गए। इमिग्रेशन ऑफ़िस सामने ही था। फुन्शोलिंग के इमिग्रेशन ऑफ़िस में भूटान के अन्य स्थानों पर जाने का अधिकतम सात दिनों का टूरिस्ट परमिट बनता है। यहाँ सिर्फ़ थिम्पू

का परमिट बनेगा। थिम्फू से पुनाखा व अन्य स्थानों का परमिट थिम्फू के इमिग्रेशन ऑफ़िस में बनवाना पड़ेगा।

वहाँ पहुँचे तो पता चला कि एजेंट्स भी आसानी से उपलब्ध हैं जो फीस लेकर न केवल परमिट बनवा देते हैं बल्कि थिम्फू में होटल भी बुक करवा देते हैं क्योंकि परमिट बनवाते वक़्त अगली एक जगह का पता देना होता है तो कम-से-कम एक दिन का होटल बुक रहना अनिवार्य है। हमने अभी तक कोई होटल पहले से बुक नहीं करवाया था। यहाँ मोबाइल सिग्नल भी दम तोड़ने लगे थे और 12 बज चुके थे। गर्मी यहाँ भी पूरे शबाब पर थी। मुख्य सड़क के बीच एक डिवाइडर पर बैठे-बैठे हम थिम्फू के होटल सर्च कर रहे थे तभी एक एजेंट आया और उसने परमिट बनवाने का प्रस्ताव दिया। चिलचिलाती धूप में बैठे हम इमिग्रेशन ऑफ़िस की औपचारिकताओं, होटल बुकिंग की समस्याओं से जूझ रहे थे और समय भी निकला जा रहा था तो हमने ज़्यादा विचार न करते हुए उसका प्रस्ताव मंज़ूर कर लिया। पैसे से वक़्त और सुविधा ख़रीदना पैसे का सदुपयोग है। वह हमें अपने ऑफ़िस ले गया। 1500 रुपये में हमारा और गाड़ी का परमिट बनवाना और थिम्फू में आज रात के लिए होटल बुक करवाना तय हुआ। हमने बार्गेन करने की कोशिश की मगर वह नहीं माना तो 1500 में ही तय रहा। यहीं एक और रहस्य उद्घाटित हुआ। एक बजे इमिग्रेशन ऑफ़िस में लंच होनेवाला था और अभी साढ़े बारह बजे थे। हमने कहा कि चलो अभी आधा घंटा है, चलकर परमिट बनवाने की शुरुआत कर देते हैं तो उसने बताया कि अभी तो सब लंच पर चले गए होंगे, एक घंटे बाद आएँगे। हमने घड़ी देख भूटानियों की काहिली को कोसा 'हद है, ये लोग तो बड़े कामचोर हैं, आधे घंटे पहले ही लंच पर निकल गए' तब पता चला कि भूटान का समय भारतीय समय से पैंतालीस मिनट आगे है मतलब अब सवा बज चुके हैं। एक पल में हम अपने वक़्त से आगे पहुँच गए। अब हम थोड़ा घबराए भी कि कब परमिट बनेगा, कब थिम्फू निकलेंगे, आज रात कहीं फुन्शोलिंग में ही तो नहीं रुकना पड़ेगा। एजेंट ने कहा कि चिन्ता मत करिए। आप तब तक लंच कर आइए।

"हाँ, लंच भी तो करना है।" याद आया।

हम चारों चल दिए किसी रेस्टोरेंट की खोज में। ज़्यादा दूर नहीं जाना

पड़ा। सामने ही दो रेस्टोरेंट थे। एक कैफ़ेनुमा रेस्तराँ जिसमें पिज़्ज़ा, बर्गर, पेस्ट्री जैसी चीज़ें थीं और उसके बग़ल में ही एक भूटानी नाम वाला भोजनालय था जिसमें टिपिकल भारतीय खाना और थाली उपलब्ध थे। किसी मारवाड़ी का यह भोजनालय सामान्य-सा ही था और हमें खानी भी दाल-चावल, रोटी-सब्ज़ी ही थी। बाक़ी तीनों टेबल पर बैठे और मैंने वाशरूम का रुख़ किया। फिर एक नया अनुभव। वह लेडीज़ वाशरूम था जिस पर बाक़ायदा भूटानी वस्त्र पहने एक महिला का चित्र था और दूसरा जेंट्स वाशरूम जिस पर एक भूटानी पुरुष मढ़ा था। मैं महिला वाशरूम के बाहर इन्तज़ार करने लगी। इसी बीच एक महिला आई और सीधे जेंट्स वाशरूम में चली गई। शायद जल्दी में थी और भूल से घुस गई। मैं उसे टोक भी न पाई थी कि इतने में लेडीज़ वाशरूम का दरवाज़ा खुला और ये क्या...? उसमें से एक अधेड़ पुरुष बाहर निकला। ग़ुस्सा तो आया मगर ग़ुस्से को ज़ब्त कर चुपचाप वाशरूम में घुस गई। बाहर निकली तो देखा कि एक पुरुष मेरे निकलने के इन्तज़ार में खड़ा है। अब मेरा दिमाग़ घूम गया। ये हो क्या रहा है?

रहा न गया तो एक वेटर से पूछ ही लिया तब उसने बताया कि दोनों बाथरूमों में स्त्री-पुरुष दोनों जा सकते हैं तो मैंने कहा कि ये महिला, पुरुष के चित्र क्यों लगा रखे हैं? वेटर ने इसका जवाब देना ज़रूरी नहीं समझा और बिना कुछ कहे आगे बढ़ लिया। अपने राम भी 'भाड़ में जा' स्टाइल में कन्धे उचकाते हुए अपनी टेबल पर आ गए। टेबल पर आकर देखा कि यहाँ का भोजनालय-पन कुश और गड्डू को रास नहीं आया और वे बग़ल के कैफ़े में लंच करने चले गए हैं। मैंने और देवेन ने खाना खाया और हम दो बजे से पहले ही ट्रैवेल एजेंट के ऑफ़िस पहुँच गए थे, जहाँ से हम निकले इमिग्रेशन ऑफ़िस के लिए।

यहाँ सोनम वांगमो नाम की कन्या हमारी पथ-प्रदर्शक थी, जिसने नीला किरा पहन रखा था। भूटानी स्त्रियाँ जो लुंगीनुमा फुल स्कर्ट पहनती हैं, उसे 'किरा' कहते हैं और पुरुषों का परिधान 'बक्कु' कहलाता है। यह भूटान की फ़ॉर्मल नेशनल ड्रेस है और किसी भी सरकारी ऑफ़िस या धार्मिक स्थल पर हर भूटानी को ड्रेस कोड का पालन करना होता है। इमिग्रेशन ऑफ़िस में हम सोनम के निर्देश फॉलो कर रहे थे। इमिग्रेशन ऑफ़िस ही वह पहली

जगह थी जहाँ भूटानियों से बातचीत करने का और उनके स्वभाव को समझने का पहला मौक़ा मिला। सोनम वांगमो ने हमारा नाम पुकारे जाने के इन्तज़ार में हमें एक लाइन में खड़ा कर दिया। तीखी धूप और उमस ने बेहाल कर रखा था। अभी तक सफ़र में हर जगह गर्मी ही गर्मी मिली थी। अलीपुरद्वार में उम्मीद बँधी थी कि अब शायद गर्मी से निजात मिल जाएगी लेकिन वहाँ भी यही तीखी धूप और ह्यूमिडिटी ने हाल बेहाल कर रखा था, यही हाल हाशिमारा का था। 5 बजे सूर्योदय हो जाता और 8 बजे तक बाहर खड़े होना भी मुश्किल। भूटान प्रवेश करने के बाद भी इसी मौसम ने थोड़ा परेशान भी किया कि कहीं पूरे भूटान में इसी मौसम से गुज़ारा तो नहीं करना पड़ेगा। इमिग्रेशन ऑफ़िस के बाहर एक शेड में खड़े-खड़े हम लोग मस्ती-मज़ाक़ करके अपना समय बिता रहे थे, वैसे यह कहना सरासर झूठ होगा कि उमस भरी प्रतीक्षा और ऊब से बचने के लिए हम हँसी-मज़ाक़ कर रहे थे, असल बात तो यह कि हम हँसोड़ और आदतन पागलपंथी में आनन्द प्राप्त करनेवाले लोग हैं। लेकिन अगर हम वहाँ खड़े पगला नहीं रहे होते तो हमें कैसे पता चलता कि ये भूटानी तो हँसी-मज़ाक़ करने में अपने ही भाई-बन्द हैं। किसी बात पर तामुल का ज़िक्र निकला और पास खड़े एक हँसमुख चेहरे वाले एजेंट ने अपने बक्कु से निकालकर पान पेश कर दिया जिसमें तामुल के कटे हुए टुकड़े थे। देवेन का मन था ताम्बूल खाने का तो उसने सहर्ष स्वीकार किया। हमने मज़ाक़ में उससे कहा कि यही हमारा ड्राइवर है, इसे नशा-पत्ती मत दो। तब वह और मस्ती के मूड में आ गया और बोला कि और एक पान खा लो, बढ़िया गाड़ी चलेगी। इसी हँसी-मज़ाक़ के आलम में अन्दर ऑफ़िस से बुलावा आ गया और हम सब भागे अन्दर अपना परमिट बनवाने। सोनम हमको उस काउंटर पर ले गई जहाँ पर पासपोर्ट वेरिफ़िकेशन और फिंगर प्रिंट्स लिए जाने थे।

सबसे पहले कुश का नम्बर आया, फिर गड्डू का, फिर देवेन का और सबसे आख़िर में मेरा। वहाँ चार काउंटर थे और हर काउंटर पर एक भूटानी लड़की बैठी थी। कुश कम्प्यूटर के सामने कुर्सी पर बैठा और जब उसका वेब कैम से फ़ोटो लिया जाना था तब भी हमारा मौज़-मस्ती का मूड फुलऑन शुरू था और हमने उसे हँसाने की कोशिश की जिससे फ़ोटो बिगड़ जाए

मगर पट्ठा नहीं हँसा और ठीक-ठाक फ़ोटो आ गया। कुश के बाद गड्डू का नम्बर आया। वह अपनी हँसी नहीं रोक पाई और उसे हँसता देखकर ऑफ़िस में सभी हँसने लगे। सोनम और काउंटर पर बैठी सारी लड़कियाँ ज़ोर-ज़ोर से हँसने लगीं। हँसी रोकने की कोशिश में गड्डू का फ़ोटो इतना मज़ेदार आया कि अब हमने ठान लिया कि देवेन के फ़ोटो की भी ऐसी-तैसी करानी ही है। उसे भी हँसाने की कोशिश की मगर वो ठहरा सख़्तजान। जब बिलकुल न हँसा तब गड्डू ने उसके पेट पर उँगली से गुदगुदी कर दी और हर काउंटर से हँसी का फ़ौआरा छूट पड़ा। तब मुझे याद आए भारत के सरकारी ऑफ़िस जहाँ आप कर्मचारियों से इतना कूल रहने की उम्मीद कर ही नहीं सकते। वहाँ किसी इमिग्रेशन ऑफ़िस में होते तो कोई खड़ूस ऑफ़िसर ऐसे घूरता कि आपकी हँसी अन्दर ही सटक जाती, फिर भी कहीं कोई मुस्कान बची रह जाती तो आपको शान्ति बनाए रखने का निर्देश दे दिया जाता। अव्वल तो इंडिया के सरकारी ऑफ़िसों में कुछ ऐसा माहौल रहता है कि आप हँसने की सोच ही नहीं सकते। बाय डिफ़ॉल्ट आप सीरियस या सूमड़े मोड में आ जाते हैं।

सोनम के पिता हमारी गाड़ी का परमिट बनवाने रवाना हो चुके थे लेकिन तीन बजनेवाला था और हमारी चिन्ता यह थी कि कहीं गाड़ी का परमिट बनने से न रह जाए क्योंकि 3 बजे के बाद गाड़ी का परमिट ऑफ़िस बन्द हो जाता है लेकिन ट्रैवेल एजेंट ने बड़े आश्वस्त भाव से हमें कहा कि अब आप टेंशन न लो, आपको थिम्फू पहुँचाना हमारा काम है तब हम भी आश्वस्त हो गए। अगर एजेंट कह रहा है कि वो काम कर देगा तो इसका मतलब है कि उसे यक़ीन है कि ऑफ़िस बन्द हो जाने पर भी वह बैक डोर से काम करवा लेगा। उसके यक़ीन पर यक़ीन कर लेने में ही समझदारी थी जबकि आपके पास और कोई विकल्प न हो। हमने वैसे भी सोच लिया था कि यदि आज परमिट न भी बन पाया तो फुन्शोलिंग में ही रुक जाएँगे, बस एक मलाल यह होता कि 5000 रुपये देकर थिम्फू में होटल बुक करवा चुके थे, वो पैसे बेकार चले जाते। ख़ैर, जाते तो जाते। लम्बे सफ़र में अप्रत्याशित लाभ और हानि दोनों ही बराबर मिलते हैं।

तीन बजनेवाले थे और हम इमिग्रेशन ऑफ़िस में थे।

हमारे परमिट तुरन्त ही बन गए और लास्ट काउंटर पर हम सबने भूटानी सिम इश्यू करवा लीं। सौ रुपये में सिम सौ रुपये के बैलेंस के साथ और उसमे दो सौ रुपये में सात दिन का 2 जीबी डाटा हमें मिल गया। फिर हम सब वापस ट्रैवेल एजेंट के साथ उसके ऑफ़िस पहुँचे और सोनम के पिता के आने का इन्तज़ार करने लगे। वे अभी गाड़ी का परमिट लेकर नहीं आए थे। इस दौरान दो-तीन भूटानी युवक-युवतियाँ भी उस ऑफ़िस में आकर बैठ गए। शायद वे सोनम के दोस्त थे। मैंने सोनम को पुकारा 'सोनम, ज़रा सुनो।'

सारे युवक-युवतियों के चेहरे मेरी ओर घूम गए।

"सोनम को बुलाया था मैंने।" उनकी नज़रों से अचकचाकर मैंने कहा।

"हम सबके नाम सोनम हैं।" सब मुस्कुरा रहे थे।

"हैं...सब सोनम!" मैं और गड्डू अचरज से भर उठे।

"यहाँ सबके कॉमन नाम सोनम, दोरजी, उग्येन और वांग्चुक मिलेंगे। सोनम लड़के-लड़की दोनों का नाम है और दोरजी लड़कों का।"

हम्म...मतलब हमारे यहाँ सोनू-मोनू की तरह। एक समय में कुछ ख़ास नाम बड़े फ़ैशन में होते हैं और हर तीसरे घर के बच्चों के वही नाम रखे जाते हैं। मेरा घर का नाम गुड़िया है और जब मैं छोटी थी तब हर घर में एक गुड़िया रहती थी। यहाँ तक कि अगर दो बहनें हैं तो बड़ी गुड़िया और छोटी गुड़िया कहलाती थीं। कॉमन होने के कारण मुझे मेरे घर का नाम कभी पसन्द नहीं आया। पिंकी, गुड्डन, रानी ये भी बहुत कॉमन नाम थे। लड़कों के मामले में पप्पू, बंटी, बबलू हर घर में विराजमान थे। फिर एक समय था जब रिया, दिया, सिया, चिया, पिया फ़ैशन में आए। अब शायद परी, पीहू और मिष्टी ख़ूब फ़ैशन में हैं। गड्डू के नाम का क़िस्सा एकदम अलग है क्योंकि ये मैंने रखा था। हुआ ये कि जब गड्डू पैदा हुई तो मैं एक साल की थी और बोलना सीखी ही थी। तब मेरे पास एक गुड्डा था जिसे मैं गुड्डा न बोलकर गड्डू बोलती थी। जब गड्डू आई तो अपनी छोटी सी बहन भी मुझे कोई गुड्डा ही लगी। तो उसे भी मैं गड्डू बुलाने लगी। फिर गड्डू का नाम ही गड्डू पड़ गया। ख़ैर...ये था भूटान के नामकरण सिस्टम से पहला परिचय।

थोड़ी देर में सोनम के पिताजी आ गए। उन्होंने गाड़ी का परमिट हमारे हवाले किया। उन्होंने होटल रिवर-साइड बुक करवाया हमारे लिए। बताया

गया कि थ्री स्टार होटल है। इंटरनेट पर फ़ोटो देखकर अच्छा लग रहा था। हमने अपने पहले भूटानी मित्रों से विदा ली और चल पड़े। चलते हुए गड्डू को मस्ती सूझी और उसने सोनम के पास जाकर उसके पेट में गुदगुदी कर दी। गड्डू कभी भी कुछ भी कर सकती है। उसकी मस्ती कभी भी कोई भी कांड करवा सकती है। उसकी इस हरकत पर एक ज़ोरदार हँसी ऑफ़िस में गूँज गई और खिलखिलाते हुए हम थिम्फू के लिए रवाना हुए। फुन्शोलिंग छोड़ने से पहले कुश ने उस कैफ़े में चलने को कहा, जहाँ उसने और गड्डू ने लंच किया था। उसे कैफ़े मालिक को सौ रुपये देने थे। जब खाना खाया था तब उसके पास कैश में सौ रुपये कम पड़ गए थे। कैफ़े मालिक को बताया तो उसने सहज भाव से कहा कि 'बाद में दे जाना'।

यह एक और अनूठी और सुन्दर बात थी जिसने दिल जीत लिया था और भूटान की ख़ुशहाली को समझने में थोड़ी और मदद हमें मिली थी। पैसे को लेकर बहुत ज़्यादा कंसर्न न होना। भूटानी लोग ग्राहक के लिए बहुत सत्कार भाव रखते हैं। सौम्यता, शिष्टता और एक मुस्कुराहट ग्राहक को बार-बार खींच लाने का काम बखूबी कर देती है।

फुन्शोलिंग छोड़ने से पहले गड्डू ने फिर कहा कि अभी जयगाँव के एटीएम से पैसे निकाल लेते हैं। हम सहमत हुए। मैं और देवेन वहीं गाड़ी में बैठे रहे। कुश और गड्डू पैदल बॉर्डर गेट क्रॉस करके जयगाँव के एटीएम से कैश निकालने चले गए। काफ़ी देर बाद दोनों लौटे तो गड्डू बीस हजार रुपये कैश निकाल पाई थी। एटीएम पर काफ़ी भीड़ थी और कुश के एटीएम से भी सिर्फ़ पाँच हज़ार रुपये ही निकल पाए। अब थोड़ी चिन्ता भी हुई क्योंकि शायद मेरे पास भी दस हज़ार के आसपास ही कैश था। हमारे पास कुल पैंतीस हज़ार कैश थे लेकिन अगर वाक़ई भूटान में कार्ड या नेट बैंकिंग का विकल्प न हुआ और वहाँ के एटीएम से भारतीय मुद्रा नहीं निकली तो इतने पैसों में सात दिन गुज़ारना मुश्किल था।

ख़ैर...अब जो होगा, निपटेंगे।

फुन्शोलिंग से थिम्फू 150 कि.मी. है और यह सफ़र क़रीब चार घंटे

का था, जैसा कि फुन्शोलिंग के लोकल लोगों ने हमें बताया था। हम 9 बजे तक पहुँच जाने की उम्मीद कर रहे थे लेकिन अब मैदानी रास्ता ख़त्म हो चुका था और पहाड़ी रास्तों पर चलना था। शाम में पहाड़ पर गाड़ी चलाना मतलब 25 कि.मी. प्रति घंटे से ज़्यादा की गति नहीं रख पाएँगे। 147 कि.मी. की दूरी चार घंटे में कैसे तय करेंगे? हम सशंकित थे। लेकिन अब चल दिए हैं तो जितने भी बजे पहुँचें...पहुँचना तो है ही।

फुन्शोलिंग से बाहर निकलते ही एक बेहद ख़ूबसूरत राह हमारा इन्तज़ार कर रही थी। मौसम अब ख़ुशगवार हो गया था और हरा-भरा हिमालय अपनी अनछुई सुन्दरता के साथ बाँहें फैलाए खड़ा था। पर्वतों से उतरकर मेघ भी रास्ते में हमसे गलबहियाँ करने चले आए थे और सारे रास्ते हमारे हमसफ़र बनकर साथ-साथ चलते रहे। पिछले 6 दिनों के मैदानी सफ़र के बाद अब हम पहाड़ों की गोद में थे। लगभग एक घंटे चलने के बाद हमें अन्दाज़ा हो गया था कि कैसे यह 150 कि.मी. का सफ़र मात्र 4 घंटों में तय होता है। बेहतरीन 2 लेन हाइवे जिस पर यातायात का कोई भार नहीं है। इक्का-दुक्का गाड़ियाँ जो बिना शोर मचाए हमारे आसपास से गुज़रती रहीं। कहीं-कहीं कोहरा इतना घना हो जाता कि दिखाई देना मुश्किल होता मगर उस घाटी को पार करते ही आसमान उजला हो जाता। सूफ़ी गानों के साथ चार घंटों का सफ़र कैसे कटा, मालूम ही न चला। ठीक 9 बजे हम थिम्फू में प्रवेश कर चुके थे। शहर अपने पूरे यौवन पर था। रोशन और गतिशील। शहर में प्रवेश करते ही होटल की लोकेशन डाली। थोड़ी मुश्किल हुई लेकिन होटल मिल गया। अब खाना खाकर बिस्तर पर गिर पड़ना था बस। होटल के बाहर गाड़ी रोकते ही दो युवा भूटानी लड़कियाँ हमारा लगेज लेने आ गईं।

"आप लोग ले जाओगी कमरे तक लगेज?" देवेन ने कन्फ़र्म किया।

"हाँ..." उनमें से एक मुस्कुराती हुई बोली।

हमें कहाँ आदत होती है कि लड़कियाँ होटलों में हमारा लगेज उठाकर चौथे फ़्लोर पर हमारे कमरे तक पहुँचाएँ। शारीरिक बल वाले काम मर्दों के ज़िम्मे आ गए हैं और उन्हें देखते-देखते हमारी नज़रें भी उसी की अभ्यस्त हो चुकी हैं। फिर भी एक-एक सामान हमने उठाया अपना। अगर उनकी जगह पुरुष पोर्टर होते तो हममें से कोई अपना एक भी लगेज नहीं उठाता,

यह तय था। थके हुए जिस्म ज़रा-सा भी बोझ उठाने की स्थिति में नहीं थे। दोनों लड़कियाँ हँसती हुईं होटल के गेट से सामान अन्दर ला रही थीं। हम रिसेप्शन पर खड़े उन्हें देख रहे थे। तभी गेट के पास एक लड़की को ठोकर लगी और बैग उसके हाथ से छूट गया। दोनों लड़कियों की हँसी छूट पड़ी।

"अब इसमें हँसने की क्या बात हो गई?" कुश बोला।

"पता नहीं।" हम तीनों ने कन्धे उचकाए।

दो क़दम आगे बढ़ी ही थीं कि उनमें से एक लड़की के ख़ुद के पैर पर बैग फिर गिर पड़ा। अब देवेन और कुश आगे बढ़े कि लाओ देवियो, हम ख़ुद ही ले जाएँगे। मगर फिर ही-ही की आवाज़ ने हमें ठिठका दिया। फिर से दोनों को हँसी का दौरा पड़ गया।

"ये ऐसे ही हँसती रहती हैं क्या हर बात पर?" गड्डू कह रही थी।

"अब समझ में आया। इसीलिए ये लोग ख़ुश हैं। कुछ भी हो जाए, बस दाँत दिखा दो।" कुश ने भूटान के हैप्पीनेस इंडेक्स के उच्च होने के बारे में निर्णय सुनाया। हम हँस दिए। वो दोनों बालाएँ भी हँसी का दूसरा राउंड हमारी हँसी के साथ पूरा करने लगीं।

कमरों में सामान पहुँचा। कमरे देखकर एकबारगी लगा कि ये थ्री स्टार होटल जैसा तो कहीं से नहीं लग रहा है। लेकिन अभी सिर्फ़ रात गुज़ारनी थी। कल हम दूसरा होटल देखकर शिफ़्ट करनेवाले थे इसलिए कमरे की साज-सज्जा और फ़र्नीचर के बारे में टीका-टिप्पणी करके अपना वक़्त हममें से कोई बर्बाद नहीं करना चाहता था। हमें सिर्फ़ आरामदायक बिस्तर और साफ़ बाथरूम चाहिए था। सामान नीचे टिकाकर जैसे ही बिस्तर पर बदन टिकाया तो कुछ गड़ा। उफ़! अब ये क्या है? कम्बल हटाकर पड़ताल की तो पाया कि स्प्रिंग मैट्रेस पुरानी हो गई हैं तो फोम पिचक चुकी है और स्प्रिंग अपने स्वभाव का परिचय देते हुए बाहर की ओर उछल आई हैं। पूरे गद्दे में स्प्रिंग पैर से गर्दन तक उभरी हुई महसूस हो रही थीं।

"कमरा बदलें क्या?" मेरे और गड्डू दोनों के दिमाग़ में आया लेकिन क्या पता कि सारे गद्दे ऐसे ही हों। दस बज चुके हैं। थकान के मारे नींद आ रही है तो मरने देते हैं। खाना खाकर जो सोएँगे तो कुछ पता नहीं चलेगा।

"नींद न देखे टूटी खाट।"

इसी बिस्तर पर सोने का फ़ैसला कर हम लोग रेस्टोरेंट पहुँचे। रेस्टोरेंट में शेफ और वेटर सभी लड़कियाँ ही थीं। देखकर एक सुखद आश्चर्य हुआ। भारत में होटल बिजनेस में सिर्फ़ रिसेप्शन पर ही लड़कियाँ दिखाई देती हैं, अन्यत्र नहीं। वहाँ भी लड़कियाँ आपस में चुहल करती, हँसती, खिलखिलाती अपना काम कर रही थीं।

"सही कह रहा था तू...ये इसीलिए ख़ुश हैं। इनके हँसी-मज़ाक़ ही ख़त्म नहीं होते।" मैंने कुश से कहा।

"अरे, मगर इनकी ख़ुशी के चक्कर में खाना मिलेगा या नहीं? आधा घंटा हो गया ऑर्डर किए हुए।" गड्डू के भूख से तड़पते पेट से आवाज़ आई।

वाक़ई बहुत देर हो गई थी और खाने में हमने सिर्फ़ राइस और चाउमीन मँगाया था। थोड़े और इन्तज़ार के बाद भोजन आया जो बस एवरेज ही था। लेकिन फ़िलवक़्त हममें से कोई उसकी गुणवत्ता पर चिन्तन करने की हालत में नहीं था। खाना ख़त्म होते-होते 11 बज गए थे और हम अपने कमरों में जाकर सोना चाहते थे। मगर नहीं साहब...इत्ती आसानी से सोने को मिल जाए तो ट्रिप कैसे पूरी होगी भला?

कमरे में पहुँचे तो देखा कि पानी नहीं था। अब पानी कौन-सी बड़ी चीज़ है कि जिसके न होने की परेशानी का बखान किया जाए। मगर पानी भी बखान करने का सबब बन गया। हुआ यूँ कि मैंने रिसेप्शन पर कॉल किया पानी मँगवाने के लिए। किसी पुरुष आवाज़ ने कहा 'भिजवाता हूँ'। हम इन्तज़ार करने लगे कि पानी आए तो सोएँ।

दस मिनट हो गए पानी न आया। फिर कॉल किया। अब के किसी ने फ़ोन भी न उठाया। दो बार, चार बार, छह बार पूरी-पूरी घंटी गई मगर फ़ोन न उठा। नींद से बोझिल आँखें और थकान से टूटते बदन ने खीज पैदा कर दी थी। मैं और गड्डू झुँझलाते हुए रिसेप्शन काउंटर पर पहुँचे। एक भूटानी नौजवान वहाँ विराजमान था।

"भाई, कितनी देर पहले पानी माँगा था, अब तक नहीं पहुँचा?" मैंने आवाज़ को भरसक संयत बनाते हुए कहा।

"आपने ये नहीं बताया था कि मिनरल वाटर चाहिए या सादा?"

"तो...?" अब खीज उतर आई थी मेरे स्वर में।

"अगर आपको मिनरल वाटर चाहिए तो रूम में भिजवाते हैं। सादा पानी आपको ख़ुद आकर रेस्टोरेंट से लेना पड़ेगा।" उसने बड़े आराम से जवाब दिया।

"ये कौन-सी बात हुई। एक तो आपने हमसे पूछा नहीं कि हमें कौन सा पानी चाहिए। दूसरी, आपने हमें यह बात भी नहीं बताई। और तीसरी और सबसे इम्पॉर्टेंट बात कि सादा पानी आप क्यों नहीं पहुँचाओगे रूम में? हम क्या बार-बार पानी लेने तीन मंज़िल नीचे आएँगे? ऊपर से आप फ़ोन भी नहीं उठा रहे हो।" मैं और गड्डू दोनों चिढ़ गए थे।

"यही नियम है। फ़ोन इसलिए नहीं उठाया कि मैं होटल के क्लब में करिओके की व्यवस्था देखने चला गया था।" उसका स्वर इतना शान्त जैसे सब ठीक तो है।

"अजीब होटल है। एक तो बिस्तर पुराना, दूसरे सर्विस बेकार। हम फीडबैक में लिखेंगे इस बात को।" रेस्टोरेंट से पानी की बोतलें उठाते हुए गड्डू लगभग चिल्ला पड़ी थी।

"ठीक है...लिख देना।" उसका यह ग़ैर ज़िम्मेदाराना और बे-परवाह रवैया बेहद झुँझलाहट पैदा कर गया था।

कमरे में पहुँचकर भी हम दोनों का दिमाग़ सटका हुआ ही था।

"अब समझी तू? ये लोग इसीलिए ख़ुश हैं। मस्तराम मस्ती में, आग लगे बस्ती में।" गड्डू बोली और हम दोनों की हँसी छूट गई।

"चल सोते हैं। इनकी ख़ुशी के स्तर पर खोज कल करेंगे।"

सचमुच थका बदन बिस्तर की स्प्रिंग से ज़्यादा इस बात को महत्त्व देता है कि कम-से-कम बिस्तर तो मिला। एक बार नींद लगी तो वे आड़ी-टेढ़ी स्प्रिंग एक बार भी रुकावट नहीं बनीं।

राजा-रानी की प्रेम कहानी और फ़ोर फ्रेंड्स

सुबह क़रीब 7 बजे आँख खुली। थोड़ी देर बिस्तर पर ही पड़े रहे। हल्की खुमारी बाक़ी थी। अगर घर होता और छुट्टी का दिन होता तो ऐसी खुमारी में अलसाते-अलसाते मैं पूरा दिन निकाल देती। छुट्टी के दिन नाश्ता करने के बाद एक झपकी लेने का अद्भुत आनन्द होता है। मगर यहाँ सम्भव नहीं कि अनमोल सात दिनों में से एक दिन सोते हुए गुज़ार दिया जाए। दस-पन्द्रह मिनट बिस्तर पर पड़े रहे। गड्डू ने चाय-कॉफ़ी ऑर्डर कर दी थी। कुश और देवेन को भी हमारे कमरे में ही बुला लिया था। रात का क़िस्सा-ए-पानी हमने दोनों को सुनाया और यह तय किया कि नहा-धोकर इस होटल को अलविदा कहा जाए और नाश्ता भी कहीं बाहर ही किया जाए। 9 बजे हमने उस हँसते हुए स्टाफ़ को हँसते हुए ही गुड बाय कहा। यहाँ यह अच्छा है कि भूटानी मुद्रा और भारतीय मुद्रा की दर भी समान है और वे लोग दोनों मुद्राएँ इस्तेमाल करते हैं। लेकिन भारतीय बैंक के एटीएम कार्ड यहाँ ले नहीं रहे थे। हमारे पास उतना कैश नहीं था कि सात दिन तक हमारा काम चल सके।

सातवाँ दिन : 11 जून, 2019
थिम्फू

देखा जाएगा...कुछ न कुछ तो रास्ता निकल ही आएगा।

होटल से बाहर निकलकर दिन के उजाले में थिम्फू को देखा तो अवाक् रह गए। इतना सुन्दर! ऊँचे-ऊँचे पहाड़ों के बीच घाटी में बसा थिम्फू एक हरे किनारे वाले कटोरे की तरह है। बाहर निकलकर हम अपने-अपने मोबाइलों पर होटल सर्च करने में लग गए। जो होटल ठीक दिखाई देता उसी ओर गाड़ी घुमा लेते। सात या आठ होटल घूमने के दौरान हमने आधे से ज़्यादा थिम्फू

शहर घूम डाला। कुछ पैदल तो कुछ गाड़ी से। ग्यारह बज गए थे और इतने होटल देखने के बाद भी हमें कोई पसन्द नहीं आया था। नाश्ता नहीं किया था सो भूख भी तगड़ी लग आई थी। अभी होटल ढूँढ़ना है, नाश्ता करना है और फिर थिम्फू के इमिग्रेशन ऑफ़िस जाकर पुनाखा का परमिट बनवाना है। उसके बाद बुद्धा पॉइंट जाना है। इतने काम!

सबसे ज़्यादा हैरत तो हमें इस बात की थी कि इतनी देर से होटलों की खोज में गाड़ी घुमाते रहने के बाद भी देवेन के चेहरे पर एक भी शिकन नहीं थी और न ही उसने एक बार भी नाश्ते की डिमांड की। देवेन और इतनी देर भूखा रह ले...असम्भव। उसे एकदम वक़्त पर नाश्ता, खाना चाहिए ही चाहिए। फिर चाहे जितनी गाड़ी चलवा लो, पैदल चलवा लो। कोई दिक़्क़त नहीं। पर आज तो कमाल ही हो गया था।

ग्यारह बजे एक सेंटर पॉइंट पर बढ़िया कैफ़े दिखाई दिया और हम सबसे पहले उस कैफ़े में ब्रेकफ़ास्ट करने घुस गए। नाश्ता करते हुए देवेन ने राज़ खोला कि वह सुबह जल्दी उठ गया था तो होटल के रेस्टोरेंट में पोहे खा चुका था।

कमीना है तू, तब से क्यों नहीं बता रहा था? हम तेरी चिन्ता में घुले जा रहे थे कि अपना बौना दादा भूखा है।

देवेन कुछ न कहकर सिर्फ़ मुस्कुरा दिया। यही उसकी अदा है।

नाश्ता करके बाहर निकले और सबसे पहले इमिग्रेशन ऑफ़िस की तरफ़ भागे। अगर लंच टाइम हो गया तो दोपहर तक इन्तज़ार करना पड़ेगा। इमिग्रेशन ऑफ़िस एक छोटा-सा ऑफ़िस था जो सड़क के किनारे अन्य सरकारी ऑफ़िसों के साथ बना हुआ था। वहाँ जाकर पुनाखा और फीब्जीरवा वैली के लिए परमिट के लिए एप्लाई किया। मुश्किल से दस मिनट में सारी औपचारिकताएँ पूरी हो गईं। यहाँ भी काउंटर पर भूटानी महिला अधिकारी ही बैठी हुई थीं। हमसे कहा गया कि अब 4 बजे आकर अपने परमिट कलेक्ट कर लें।

चलो...एक ज़रूरी काम हुआ। अब होटल तलाश किया जाए।

हम अब होटल 'कीसा विला' देखने चल दिए। अगर यह पसन्द आ जाता है तो ठीक वरना एक होटल हमने फ़ाइनल कर रखा था।

लिफ़ाफ़ा देखते ही मजमून भाँप लिया था हमने। सुन्दर स्वच्छ चौराहों, फूलों की क्यारियों के बीच ख़ूबसूरत सड़कों और राजा के पैलेस को पार करते हुए जिस होटल के बाहर जीपीएस हमें ले आया था वह बाहर से ही इतना सुन्दर था कि मन मचल गया। पत्थर के फ़र्श और पत्थरों की ही दीवारों के बीच लकड़ी का सुन्दर दरवाज़ा जिस पर चटख रंगों में भूटानी पेंटिंग्स बनी हुई थीं। गेट के अन्दर जाते ही बाईं ओर एक बहुत सुन्दर लॉन जिसमें सुर्ख लाल और सफ़ेद गुलाब की झाड़ियाँ थीं। एक हिस्से में लाल हॉलीहॉक अपनी पूरी छटा के साथ खिले हुए थे। हॉलीहॉक के नीचे पीले नन्हे कॉसमॉस एक क़तार में और लॉन के बीच में बॉटल ब्रश का एक बड़ा पेड़। बाउंड्री वाल पर बेलिया गुलाब के गुलाबी रंग के फूलों ने पूरी दीवार को ढक रखा था। होटल के भीतर मुख्य प्रवेश द्वार के बाहर एक छोटा-सा फाउंटेन और दीवारों पर भूटानी लोक कला चित्र।

“हे भगवान...यहाँ कमरे मिल जाएँ और कमरे भी अच्छे हों।” सबने मन-ही-मन दुआ माँगी।

और भगवान ने सुन ली। मैं नास्तिक दो पल के लिए आस्तिक हुई। यहाँ का मालिक भी बेहद सौम्य और हँसमुख था। और फिर से दो-तीनभूटानी बालाएँ प्रकट हुईं हमारा सामान ले जाने के लिए। अब तक हम भी सहज हो गए थे। उनकी हँसी से भी और उनके मज़े लेकर काम करने के अन्दाज़ से भी। कमरे बेहतरीन थे। बड़े, खुले, हवादार और सुरुचिपूर्ण ढंग से सुसज्जित। बड़ी-बड़ी खिड़कियों के सामने बादलों से ढके पहाड़, भूटान के राजा का पैलेस और होटल के सामनेवाली फूलों से घिरी स्ट्रीट दिखाई दे रही थी। वक़्त देखा तो क़रीब 1.30 बजा था। क़रीब आधा घंटा हम खिड़की के बाहर का नज़ारा देखते हुए भूटान की सुन्दरता, यहाँ के लोगों के सिविक सेंस और बेहतरीन यातायात व्यवस्था के बारे में बातें करते रहे।

मज़ाक़ से इतर हम अभी भी जानना चाह रहे थे कि ये लोग इतने ख़ुश क्यों हैं? और इनके लिए प्रसन्नता के मायने और मापदंड क्या हैं? अभी तक भूटानी नागरिकों से जो थोड़ा-बहुत शुरुआती वार्तालाप हुआ था वो केवल फुन्शोलिंग में इमिग्रेशन ऑफ़िस और ट्रैवेल एजेंट के ऑफ़िस में हुआ था। आज सुबह से हम थिम्फू की गलियों, चौराहों और सड़कों के चक्कर काट

रहे थे और यहाँ की पार्किंग व्यवस्था, यातायात व्यवस्था, करीने से सजी दुकानों और प्रदूषणमुक्त आबोहवा को देखकर मुग्ध हो गए थे। भारत में ऐसी सड़कों की कल्पना भी असम्भव है जहाँ कोई गाड़ी नो-पार्किंग ज़ोन में ना खड़ी हो, हमारे बाज़ारों में ऐसी कोई दुकान नहीं जिसके आगे अतिक्रमण कर दुकान को विस्तार न दिया गया हो, ऐसा कोई चौराहा नहीं जहाँ लाल बत्ती के हरा होने के तीन सेकेंड पहले ही चालक अपनी गाड़ी न बढ़ा देते हों। सब भाग रहे हैं हमारे यहाँ, सबको जल्दी है। किस बात की है? ये पता नहीं। यहाँ किसी को कोई जल्दी नहीं है। सब तसल्ली से अपना काम कर रहे हैं। कोई आपाधापी नहीं, कोई हड़बड़ाहट नहीं। क्या यही एक छोटी सी बात अन्दरूनी शान्ति और सुकून के लिए ज़रूरी नहीं?

भूटान का कुल क्षेत्रफल 38394 वर्ग कि.मी. है और यहाँ के संविधान के अनुसार देश के कुल भू-भाग का 60 प्रतिशत जंगल होना ज़रूरी है। जो कि वर्तमान में 70 प्रतिशत से भी ज़्यादा है। भूटान की कुल जनसंख्या 7 लाख है यानी भोपाल की कुल जनसंख्या की भी एक-चौथाई। और पूरे भूटान में कुल 20 ज़िले हैं। भूटान में कम जनसंख्या होना ही एक बहुत बड़ा वरदान है। कम लोगों का न केवल प्रबन्धन बेहतर तरीक़े से किया जा सकता है बल्कि नियमों का पालन भी बेहतर ढंग से सुनिश्चित किया जा सकता है। अगर यही देश इनसानों से पटा पड़ा होता तो शायद अव्यवस्था से जूझ रहा होता। लेकिन क्या सिर्फ़ अधिक जनसंख्या होने से हम अपने देश के भ्रष्टाचार, बदहाली, प्रकृति और देश के प्रति ग़ैर-ज़िम्मेदाराना रवैया, गन्दगी और हर जगह फैली अव्यवस्था को जस्टिफाई कर सकते हैं? उन करोड़ों लोगों का क्या जो अमीर हैं, सफल हैं, शिक्षित हैं लेकिन फिर भी अपने नागरिक कर्तव्यों से विमुख हैं, भ्रष्टाचारी, स्वार्थी और लोलुप हैं। इसका अर्थ है कि एक ख़ुशहाल देश बनाने में कम जनसंख्या मददगार ज़रूर साबित हो सकती है लेकिन यही सर्वोच्च घटक नहीं है। हम अपने देश की बदहाली का ठीकरा जनसंख्या के अलावा आसानी से अशिक्षा, बेरोज़गारी और ग़रीबी पर फोड़ देते हैं लेकिन भूटान भारत से भी ज़्यादा ग़रीब देश

है जहाँ संसाधन बेहद कम हैं और बेरोज़गारी यहाँ भी है।

तो फिर वह क्या चीज़ है जो भूटान को ख़ुशहाल देश बनाती है यहाँ की ग़रीबी, कठिन ज़िन्दगी और बेरोज़गारी के बावजूद?

हमें इसी प्रश्न का उत्तर तो अपनी ज़िन्दगी में भी चाहिए जिसे हम भूटान में तलाश करने चले आए हैं।

इन्हीं प्रश्नों से गुज़रते और सम्भावित उत्तर खोजते हुए ढाई बज गए। अब हमें लंच करना है, इमिग्रेशन ऑफ़िस से परमिट कलेक्ट करना है और फिर बुद्धा पॉइंट जाना है। हम चल पड़े।

सबसे पहले लंच किया और साढ़े तीन बजे तक इमिग्रेशन ऑफ़िस पहुँच गए। हमारा परमिट बना रखा था। फटाफट उठाया और निकल गए बुद्धा पॉइंट के लिए। बुद्धा पॉइंट शहर से क़रीब दस कि.मी. दूर है और गाड़ियाँ आसानी से ऊपर तक जाती हैं। मौसम एकदम आशिकाना बना हुआ था। पर्वतों पर ठहरे बादल शहर की ओर उमड़े चले आ रहे थे। हल्की बारिश में धुंध की एक महीन चादर ओढ़े शहर बला का ख़ूबसूरत लग रहा था। किरा और बक्कु पहने भूटानी स्त्री और पुरुष पैदल-पैदल सड़कों पर चले जा रहे थे। ये लोग पैदल ख़ूब चलते हैं। छोटे बच्चों को पीठ पर सावधानी से बाँधे ये मेहनतकश स्त्रियाँ एकदम मज़े में अपने सारे काम करना जानती हैं। और भूटान की एक ख़ास बात कि यहाँ हर जगह चौराहों और रास्तों पर यहाँ के राजा-रानी के बड़े-बड़े होर्डिंग्स लगे हुए हैं।

और यूँ नहीं कि राजा-रानी सिंहासन पर बैठे हुए हैं और अपने राजा होने का ऐलान कर रहे हों। राजा-रानी यूँ जैसे कोई भी आम इनसान होता है, अपने फ़ुरसत के पलों में। राजा-रानी नदी किनारे हाथों में हाथ डालकर टहलते हुए, पार्क में किसी सुन्दर बेंच पर एक-दूसरे के साथ बैठे हुए, अपने बच्चे को गोद में उठाकर दुलारते हुए। प्यार, परिवार और साथ को परिभाषित करते हुए। भूटानी मूल्यों को प्रदर्शित करते हुए, अपने ख़ुश होने को जताते हुए। इतने जवान और ख़ूबसूरत जोड़े को देखकर किसी फ़िल्मी जोड़े का आभास होता है।

इस बेहद हसीन रॉयल कपल राजा जिग्मे खेसर वांग्चुक और रानी जेटसन पेमा वांग्चुक की प्रेम कहानी भी किसी परीकथा की तरह है। जब

सत्रह बरस के प्रिंस जिग्मे पहली बार पेमा से मिले तब पेमा कुल सात बरस की थीं और भूटान के एक सामान्य परिवार की लड़की थीं। पेमा ने उन्हें एक पिकनिक में देखा और उनसे कहा कि वे उनसे शादी करेंगी। प्रिंस ने हँसते हुए बालिका पेमा से पूछा कि क्यों? तो पेमा ने जवाब दिया कि वे उन्हें अच्छे लगे। तब प्रिंस ने कहा कि जब वो बड़ी हो जाएगी और अगर दोनों में प्रेम हुआ तो वे उससे विवाह करेंगे। तब पेमा यह नहीं जानती थीं कि यह नौजवान भूटान का प्रिंस है। राजा बनने के बाद जिग्मे दुबारा पेमा से मिले तब तक पेमा एक ख़ूबसूरत, ज़हीन और प्रतिभावान युवती बन चुकी थीं। दोनों में प्रेम हुआ और 2011 में इकतीस वर्ष के राजा जिग्मे ने इक्कीस बरस की पेमा को अपनी रानी बना लिया। दोनों एक साथ भूटान की जनता को ख़ुशहाल बनाने में लगे हुए हैं और जनता के लिए बेहद सुलभ हैं। यही कारण है कि भूटान की जनता इन दोनों को बहुत प्रेम करती है। वैसे तो भूटान में राजा एक से अधिक विवाह कर सकते हैं और ख़ुद जिग्मे के पिता ने चार विवाह किए लेकिन जिग्मे ने वादा किया है कि पेमा ही उनकी एकमात्र पत्नी होंगी क्योंकि उनके हृदय में पेमा के स्थान को कोई और कभी नहीं ले सकता।

है ना ख़ूबसूरत प्रेम कहानी!

आगे चौराहे पर एक अद्‌भुत दृश्य दिखाई दिया। कुछ बच्चे स्कूल से घर जा रहे थे और उन सबके हाथ में पानी से भरा एक-एक डिब्बा था जिससे वे सड़क के किनारे लगे हुए पौधों को पानी डालते हुए घर लौट रहे थे। यह कोई छुट्टियों का प्रोजेक्ट वर्क नहीं था, यह उनकी परवरिश का एक हिस्सा था। उनकी जीवन-शैली थी, उनको अपने देश, अपने शहर और प्रकृति के प्रति परवाह करना सिखाने का एक तरीक़ा था। इन मूल्यों के साथ बड़े हो रहे हैं भूटानी बच्चे। धरती ख़ुश रहेगी तो हम ख़ुश रहेंगे। यह मंत्र जप रहे हैं भूटानी इसलिए क़ुदरत को ख़ुश रखने का पूरा जतन कर रहे हैं।

ओह...यह देश हर पल कुछ नया सिखा रहा है। कितने समृद्ध हो रहे हैं हम हर दिन।

इस दृश्य से प्रफुल्लित सुहानी रिमझिम में हम सब चले जा रहे थे बुद्ध की शरण में। क़रीब आधे घंटे में हम बुद्धा पॉइंट पहुँच गए।

सीढ़ियाँ पार करते हुए जब हम ऊपर पहुँचे तो वहाँ का नज़ारा देखकर अभिभूत हो गए। निर्बाध बहती साफ़, सुवासित हवा, हिमालय और उन पर चहकते, फुदकते बादल पाखी। इन पर्वतों के बीच विराजमान स्वर्ण और कांस्य रंगी विशाल बुद्ध। मानो कह रहे हों कि प्रकृति की विशालता का सिर्फ़ एक ही चीज़ मुक़ाबला कर सकती है और वह है ज्ञान और चेतना की विशालता। हमारे समक्ष ये दोनों थे। प्रकृति के सौन्दर्य के बीच भूमिस्पर्श मुद्रा में ध्यानमग्न चेतना का पुंज।

अहा, ये किस अवसर के साक्षी बन रहे हैं हम! मन समर्पण और कृतज्ञता भाव से झुक गया।

यह बुद्ध प्रतिमा विश्व की सबसे बड़ी प्रतिमाओं में से एक है। 2015 में तैयार हुई इस प्रतिमा को बनाने में सौ मिलियन डॉलर का ख़र्च आया और इसे भूटान के चौथे राजा जिग्मे सिंग्ये वांग्चुक के जन्मदिन पर बनवाया गया। 177 फ़ीट ऊँची यह प्रतिमा काँसे की बनी हुई है और इसके भीतर सवा लाख छोटी बुद्ध प्रतिमाएँ हैं जो आकार में 8 से 12 इंच हैं। एक बुद्ध को देखना सवा लाख बुद्ध को एक साथ देखना है।

बाहर से बुद्ध की प्रतिमा को जी-भर कर देखने के बाद हम इसके अन्दर मठ में पहुँचे। यहाँ भी बुद्ध ही बुद्ध मौजूद थे। यहाँ बुद्ध की हज़ारों छोटी प्रतिमाएँ मौजूद थीं। हर दीवार पर, हर कोने में। कण-कण में बुद्ध। हम चमत्कृत थे, जिज्ञासा से भरे हुए थे लेकिन भीतर से एकदम शान्त। इसी अवस्था में हम सब थोड़ी देर वहीं आँखें मूँदे फ़र्श पर बैठे रहे। आत्मा को कुछ पलों के लिए बुद्ध की शरण में छोड़ दिया। कुछ अलग-सा महसूस हो रहा था। ठीक यही अनुभव किया था जब पांडिचेरी के ओरोबिन्दो आश्रम में चन्द मिनटों के लिए यूँ ही एकान्त में आँखें बन्द करके बैठी थी। ध्यान लगाना मुझे नहीं आता। कोई मंत्र भी नहीं जानती। लेकिन अपने आप को उस पल को सौंप देना आता है। कुछ पिघलता है भीतर, कुछ बदलता है। शायद ब्रह्मांड की ऊर्जा से कुछ कनेक्शन होता है, शायद दुनियादारी में गले-गले तक डूबी आत्मा का कुछ शुद्धिकरण होता है।

थोड़ी देर यूँ ही बैठे रहने के बाद हम बाहर आए। यहाँ तक आए हैं तो थोड़ा टूरिस्टी भी कर ली जाए। कुश ने फ़ेसबुक लाइव किया। हमने ढेर

सारे फ़ोटोज़ लिए ध्यान मुद्रा में। मौज़-मस्ती मोड वापस शुरू हो गया था। गड्डू ने ज़ोर से हँसते हुए ध्यान-मुद्रा में तसवीर निकलवाई। वह सचमुच लाफ़िंग बुद्धा लग रही थी।

शाम घिरने लगी थी, आसमान पर सलेटी का एक शेड और चढ़ गया था। हम वापस चल दिए शहर की ओर। पीछे मुड़कर देखा तो तथागत को बादलों ने एक दुशाला ओढ़ा दिया था।

वापस शहर के भीतर पहुँचे तो चाय-कॉफ़ी की तलब हो आई थी। हमने एक जगह पार्किंग में गाड़ी खड़ी की और अब थिम्फू को पैदल ही टटोलने का निश्चय किया। बेहद हल्की फुहार थी, जो हवा के साथ इधर-उधर उड़ रही थी। इतनी हल्की फुहार जिससे बूँदों का एहसास भी पूरा हो और भीगें भी ना। ऐसे सुहावने मौसम में हम दोस्त एक साथ भूटान की ख़ूबसूरत धरा पर घूम रहे हैं, कितनी सुकून की बात है। दस दिन बाद सब अपने-अपने रोज़गार में लग जाएँगे। तब यही स्मृतियाँ मन से फ़िक्र पोंछने का काम करेंगी। एक ओपन रेस्तराँ में मैगी के साथ चाय-कॉफ़ी पी और फिर चल दिए यहाँ का बाज़ार एक्सप्लोर करने। हमें कुछ ख़ास शॉपिंग नहीं करनी थी। पिछले कई बरसों से यात्राएँ करते-करते अब इतना परिवर्तन तो आया है कि कहीं जाते हैं तो शॉपिंग हमारी लिस्ट में नहीं रहती। कहीं कुछ इतना ख़ास हो जो हमारे शहरों में बिलकुल ही न मिलता हो तो एक बार सोच लेते हैं वरना एक ट्रॉली बैग और एक बैकपैक से ज़्यादा सामान न ले जाते और न लौटाकर लाते। अगर किरा मिल जाएगा ठीक-ठाक दाम में तो वह ज़रूर ख़रीदूँगी और अगर भूटानी लोककला या हस्तकला का कोई नायाब आइटम मिला तो वह, बाक़ी कुछ नहीं। एक किताब की दुकान मुझे चाहिए थी जहाँ से भूटान से सम्बन्धित किताबें ख़रीद सकूँ। थिम्फू का बाज़ार छोटा ही है। घूमते हुए बार-बार एक ही जगह पर पहुँच जाते हैं। सड़क के बीच डिवाइडर के दोनों तरफ़ हस्तशिल्प की छोटी-छोटी दुकानें बेहद तरतीब में सजी हुई थीं। पीक ऑवर्स के यातायात के बावजूद ख़ाली सड़कें। हमें यह जानकर आश्चर्य हुआ कि भूटान में कहीं भी ट्रैफ़िक सिग्नल नहीं हैं, ट्रैफ़िक

पुलिस का एक जवान ही इसे रेगुलेट करता है। यहाँ कोई यातायात के नियमों को तोड़ने का न आदी है और न ही नीयत रखता है। भूटान से सम्बन्धित एक-दो वीडियो देखने से हमें यह अन्दाज़ा हो गया था कि कोई सामान यहाँ से नहीं ख़रीदना है क्योंकि थिम्फू में क़ीमत ज़्यादा हैं। अगर कुछ ख़रीदना ही हो तो पारो बेहतर विकल्प है। फिर भी हमने कुछ दुकानें देखीं जिससे सामान और उनकी दरों का अन्दाज़ा लग जाए। तीन-चार दुकानें देखने के बाद ऐसा कुछ आकर्षक नहीं लगा जिसे ख़रीदा जाए। भूटान के सुवनियर के रूप में फ्रिज मैग्नेट, की-रिंग और बुद्ध प्रतिमाएँ थीं। इसके अतिरिक्त बुद्ध के जीवन पर आधारित पेंटिंग्स, बीड्स और स्टोन की ज्वेलरी, ड्रैगन और लाफ़िंग बुद्धा की चित्रकारी वाली क्रॉकरी, कुशन कवर और अन्य इसी तरह के घरेलू सज्जा के सामान। ये सब बेहतर दामों पर भोपाल में ही मिल जाता है और हस्तशिल्प मेलों में नॉर्थ ईस्ट से आनेवाले कलाकार इन्हें हमारे शहर में समुचित दामों पर बेचते हैं। तो देखा भर, लिया कुछ नहीं। अगर कुछ लेना होगा तो परसों पारो से लेंगे।

एक जनरल स्टोर पर टूथपेस्ट और थोड़ा बेकरी का सामान लेने हम पहुँचे तो वहाँ ताम्बूल भी बिकने के लिए रखा हुआ था। यहाँ आए हैं तो इसे तो एक बार खाकर देखना बनता है। दुकानदार महिला से अपनी इच्छा व्यक्त की तो वह हँसते हुए बोली कि बिलकुल खाना चाहिए। और उसने चार पान बनाकर हमें पेश कर दिए। ताम्बूल वाला पान खाते हुए हम आगे तफ़री करने चल पड़े। पान ख़त्म हो गया पर कोई नशा जैसा तो हमें महसूस नहीं हुआ। शायद जो दिनभर खाते रहते हैं, उन्हें यह नशा देता होगा।

तीन-चार दुकानें देखने के बाद हम आगे बढ़े तो एक बुक शॉप नज़र आई। सुन्दर, सुव्यवस्थित किताबों की दुकान। वहाँ भूटान के जनजीवन और संस्कृति पर ढेर सारी किताबें उपलब्ध थीं। क़रीब आधा घंटा किताबों के साथ बिताने के बाद मैंने दो किताबें ख़रीदीं। पहली लिंडा लीमिंग की 'मैरिड टू भूटान' जो देवेन ने कुछ पेज पढ़ने के बाद सजेस्ट की और दूसरी ब्रीटा दास की 'बटरटी ऐट सनराइज़'। पूरे बाज़ार में लगभग दो घंटे फटियाने के बाद हम वापस अपने होटल की ओर निकले। (फोकटियों की तरह निरुद्देश्य घूमने को मैं और गड्डू 'फटियाना' कहते हैं)। रात हो चुकी थी और राजा

के पैलेस की सारी लाइटें जल उठी थीं, अँधेरी रात में जगमगाता भव्य श्वेत महल ऐसा लग रहा था मानो रंग-बिरंगे चिराग क़तार में सजा दिए गए हों। यह सचमुच अद्‌भुत था। भूटानी लोगों में सौन्दर्यबोध बेमिसाल है। घर, दुकान, सड़क, चौराहे, बग़ीचे, पार्क, महल सब सुसज्जित, आकर्षक और भूटानी संस्कृति को सहेजे हुए। चटख रंगों से यहाँ चित्रकारी की जाती है और ज़्यादातर बुद्ध के जीवन से सम्बन्धित कथाएँ चित्रों में उकेरी जाती हैं। कल से आज तक बहुत सारे चित्र देखे जिनमें दो चित्रों पर नज़र ठहरी और साथ ही उत्सुकता भी जागी इनके बारे में जानने की।

एक चित्र तो था चार दोस्तों का जिसे यहाँ फ़ोर फ्रेंड्स की कथा के नाम से जाना जाता है, जिसमें एक पेड़ के नीचे एक हाथी खड़ा हुआ है, हाथी की पीठ पर बन्दर सवार है, बन्दर की पीठ पर ख़रगोश और पेड़ की शाख पर एक बगुला समान पक्षी। बगुला फल तोड़कर दे रहा है जिसे नीचे हाथी तक पास किया जा रहा है।

और दूसरा चित्र है पुरुष लिंग का जिसे फैलस कहते हैं। घरों के बाहर दीवारों पर, दुकानों, रेस्तराँओं के बाहर अनेक सार्वजनिक स्थानों पर इसके चित्र बहुतायत में मिलते हैं और सुवनियर के रूप में भी लकड़ी, पत्थर और मेटल का फैलस अलग-अलग रंगों और आकारों में, अलग-अलग डिज़ाइन में। पहले-पहल अजीब लगा था देखना फिर सामान्य हो गया। हमारे यहाँ शिवलिंग को हम पूजते हैं लेकिन अगर किसी को पता न हो कि यह लिंग है तो कोई एकदम अन्दाज़ा नहीं लगा सकता कि यह पुरुष लिंग है लेकिन भूटानी फैलस एकदम असली लिंग की तरह होता है टेस्टिकल्स के साथ और कुछ में बाल भी चित्रित किए जाते हैं। अभी इनके पीछे की कथा पता नहीं है हमको। जानने की उत्सुकता है।

कितनी सारी कहानियों से मिलकर बनती है कोई भी संस्कृति। हज़ारों लोककथाएँ, मान्यताएँ किसी भी संस्कृति और धर्म का अटूट हिस्सा हैं। कई बार तो ये कहानियाँ जनजीवन का ऐसा हिस्सा बन जाती हैं कि सत्य और मिथक का फ़र्क़ करना भी कठिन हो जाता है। और सच कहें तो किसी को

इस बात की कोई फ़िक्र नहीं होती कि यह सत्य है या मिथक। वे जो भी हैं उसी रूप में जनमानस के हृदय में जगह पा जाती हैं और पीढ़ी दर पीढ़ी आगे बढ़ती रहती हैं। जो समाज और देश अपनी संस्कृति को सहेज लेता है, वहाँ ये कहानियाँ कभी अतीत नहीं बनतीं और जो समाज इन्हें पीछे छोड़ आगे बढ़ जाता है वहाँ ये इतिहास की कथाओं के रूप में दर्ज हो जाती हैं। सभी धर्मों की तरह बौद्धधर्म में भी अविश्वसनीय कहानियाँ हैं। लेकिन भूटानी लोग अपने धर्म के प्रति बेहद समर्पण भाव रखते हैं और उनके लिए उनके धर्म से जुड़ी सभी कहानियाँ सत्य हैं। धार्मिक मान्यताओं को तर्क की कसौटी पर नहीं कसा जा सकता। मान्यता का अर्थ ही है कि उन्हें मान लिया गया है। सारे देश में एक ही धर्म होने के कारण इनकी कथाएँ भी समान हैं, लोक देवता भी, आडम्बर भी और धार्मिक क्रियाएँ भी।

यही सब सोचते-गुनते होटल पहुँचे। रात के 9 बजे थे और पहुँचते ही हम डिनर के लिए रेस्टोरेंट पहुँचे। तीन ख़ूबसूरत लड़कियाँ वहाँ मौजूद थीं। भूटानी लड़कियाँ सचमुच बेहद ख़ूबसूरत होती हैं। गठा हुआ दुबला-पतला बदन, चिकनी फ़्लॉलेस दूध सी त्वचा, काले स्ट्रेट बाल, भौंहें और पलकें लगभग रोम रहित जिन्हें ब्लैक आइब्रो पेंसिल से घना दिखाया जाता है, आँखों में गहरा काजल और पतले होंठों पर डार्क लिपस्टिक। हमेशा परफ़्यूम से महकती हुईं। ये हमेशा सुन्दर और प्रेजेंटेबल दिखाई देती हैं। बस एक समस्या है...जैसे ही इन्होंने हँसने के लिए मुँह खोला, बदरंगी और टूटी हुई दंतपंक्तियाँ इनकी ख़ूबसूरती में एक नज़र-बट्टू लगा देती है। ताम्बूल ने इनके दाँतों का सत्यानाश किया हुआ है। बहरहाल...हमने सबसे पहले ख़्वाहिश व्यक्त की कि हम कोई भूटानी डिश खाना चाहते हैं। इस पर तीनों एक-दूसरे की तरफ़ देखने लगीं।

"आपके यहाँ की कोई ख़ास डिश होगी ना, जो आप लोग रोज़ खाते हो।" गड्डू ने समझाते हुए कहा।

"एमा दात्शी।" एक लड़की बोली।

"हाँ वही...कैसे बनाते हैं?" हमने पूछा, हालाँकि फुन्शोलिंग से थिम्फू के रास्ते में हम एक रेस्तराँ में चाय पीने रुके थे जहाँ हमने इस डिश के बारे में जानकारी ले ली थी। चीज़ और चिली को मिलाकर यह डिश बनाई

जाती है। सूखा पनीर हर दुकान पर मिलता है जिसे मेल्ट कर उसकी ग्रेवी में हरी मिर्च डालते हैं।

"चीज़ और चिली मिलाकर बनाते हैं।" उसने बताया।

"टेस्ट कैसा होता है?"

"उम्म...ठीक है। आप खा के देख लेना।" उसका सुस्त-सा जवाब इतना कन्विंसिंग नहीं था कि हम यह नई डिश ट्राय करते। पिछले कुछ बरसों में यह सीख लिया है कि किसी नई जगह की कोई स्थानीय डिश सिर्फ़ वहाँ के सर्वश्रेष्ठ रेस्टोरेंट या दुकान में ही ट्राय करो वरना वही हाल होगा कि कोई बन्दा किसी दूसरे देश से चाय के बारे में सुनता हुआ उसे पीने की चाह से भरा हुआ भारत आए और रेलवे स्टेशन पर ही अपने जीवन की पहली और आख़िरी चाय चखे।

भूटानी भोजन कहीं और के लिए आरक्षित कर हमने भारतीय भोजन ही ऑर्डर कर दिया।

"आधा घंटा लगेगा बनने में।" वह बोली और हँस दी।

अब तक हम इनकी बे-मौसम हँसी के आदी हो चुके थे। हम भी हँस दिए।

इस आधा घंटे में क्या किया जाए। मैं होटल मालिक से बात करने के इरादे से उसके पास जाकर बैठ गई। उसके हाथ में भूटानी बियर का एक ग्लास था। उसने मुझे भी ऑफ़र किया जिसे मैंने मुस्कुराकर मना किया।

"आपके रिसेप्शन एरिया में ये सुन्दर पेंटिंग्स किसकी बनाई हुई हैं?" मैंने उन भूटानी नेचर लैंड-स्केप की बेहद जीवन्त और ख़ूबसूरत पेंटिंग्स की तरफ़ इशारा करते हुए पूछा।

"ओह, ये पेंटिंग्स हमारे यहाँ के बहुत प्रसिद्ध पेंटर सुकबीर बिस्वा की बनाई हुई हैं। वो और उनका बेटा सलिल बिस्वा दोनों भूटान के प्रसिद्ध पेंटर हैं।"

"आप लोग अपने राजा को बहुत मानते हो ना?" रिसेप्शन पर लगी राजा-रानी की तसवीर को देखते हुए मैंने पूछा।

"यहाँ सब लोग उनकी बहुत रेस्पेक्ट करते हैं।"

"सिर्फ़ राजा हैं इसलिए या मन से रेस्पेक्ट करते हैं?"

"राजा तो बहुत होते हैं। लेकिन हमारे राजा जैसे राजा कोई हो नहीं

सकते। सारी जनता उनसे बहुत प्यार करती है।"

"क्यों, क्या अलग हैं इनमें दूसरे राजाओं से?" मैंने जानना चाहा। ये हम देख चुके थे पिछले दो दिनों में कि यहाँ के लोगों के मन में राजा के लिए बहुत आदर है।

"हमारे राजा जिग्मे खेसर वांग्चुक एकदम हम आम आदमियों जैसे हैं। राजा और रानी अपना बहुत-सारा वक़्त जनता के साथ बिताते हैं। उनकी समस्याएँ सुनते हैं और उन्हें हल करते हैं।"

"हम्म..."

"आपने सुना होगा कोई ऐसा राजा जिसने ख़ुद राजतंत्र को ख़त्म करवाकर लोकतंत्र की शुरुआत की हो? हमारे राजा ने भूटान में चुनाव करवाए। जनता ऐसा नहीं चाहती थी फिर भी लोकतंत्र लेकर आए।"

"मगर क्यों?"

"क्योंकि उनको लगता था कि अगर भविष्य में कभी कोई निरंकुश राजा गद्दी पर बैठ गया तो पूरे भूटान की ख़ुशहाली ख़त्म हो जाएगी। इससे बेहतर है कि जनता के प्रतिनिधि देश से जुड़े तमाम फ़ैसले लें।"

वाक़ई इम्प्रेसिव। मुझे विश्व इतिहास में ऐसा कोई दूसरा नज़ीर नहीं मिलता।

"और जानती हैं आप, राजा के पिता जिग्मे सिंग्ये वांग्चुक जब राजा थे तब वर्तमान राजा के 28 बरस के होते ही उन्होंने राजा की गद्दी छोड़ दी जबकि वे ख़ुद तब 60 साल के भी नहीं हुए थे। उनका सोचना था कि जब बेटा राजा की ज़िम्मेदारी सँभालने के लायक़ हो गया है तो उसे यह गद्दी सौंप देनी चाहिए।"

कमाल है! मन श्रद्धा से भर उठा। एक सम्मान की भावना ख़ुद-ब-ख़ुद मेरे मन में घर करने लगी। जब बाक़ी देशों के राजाओं का इतिहास पुत्रों और भाइयों द्वारा महाराजा को क़ैद करवा दिए जाने और मार दिए जाने के क़िस्सों से भरा पड़ा है तब कोई राजा ऐसा भी है जिसे गद्दी का मोह नहीं है और जिस बेटे को वह गद्दी दे रहा है वह भी ऐसा भला कि उसे राजतंत्र का ही मोह नहीं है। ऐसे राजाओं को कौन-सी जनता प्रेम नहीं करेगी। लोक-कल्याणकारी राज्यों को इससे सीखना चाहिए।

"आप लोग अपने कल्चर से भी बहुत प्यार करते हैं। क्या कभी ऐसा

महसूस नहीं करते कि सोशल मीडिया के इस दौर में जब विश्व की सारी संस्कृतियों का प्रभाव एक-दूसरे पर पड़ रहा है तो भूटानी संस्कृति, जीवन-शैली और मान्यताओं में भी थोड़ा बदलाव आना चाहिए?" मैंने बातचीत का सिलसिला आगे बढ़ाया।

"हमारे कल्चर और हमारी वैल्यूज़ ने हमें एक सुखी और ख़ुशहाल जीवन दिया है। हम क्यों इसे दूषित करना चाहेंगे? आधुनिक जीवन-शैली भौतिकवादिता से प्रेरित है। अगर हमारे बच्चों को पैसों से ख़ुशियाँ ख़रीदने का चस्का लग गया तो वे दुखी हो जाएँगे। क्योंकि हमारा देश एक ग़रीब देश है और हम कभी भी अमीर देशों की बराबरी नहीं कर सकेंगे। इसलिए हमने हमारे बच्चों को हमारे पास उपलब्ध धन और संसाधनों में सन्तुष्ट और ख़ुश रहना सिखाया है। हमारे बच्चे यही मूल्य अपने बच्चों को देंगे। इसलिए हम बहुत ज़ोर देते हैं अपनी संस्कृति को सहेजने पर।"

मैं एक सुखद हैरानी से उनकी बातें सुन रही थी। वे किसी से प्रतियोगिता न करके इस प्रतियोगिता को जीत लेते हैं।

"हालाँकि पिछले कुछ सालों में इंटरनेट, फ़ेसबुक और दूसरे सोशल प्लेटफार्म आ जाने से हमारे बच्चों पर इसका असर हो रहा है। और सबसे ख़राब असर यह है कि वे नशे के आदी हो रहे हैं।" उनके स्वर में एक चिन्ता उतर आई थी।

यही कारण है कि वे दूसरे देशों के लिए अपने देश को आसान पर्यटन नहीं बनने देते हैं पर्यटन व्यवसाय में काफ़ी पैसा होने के बावजूद। सिर्फ़ भारत के लिए उनके देश के दरवाज़े खुले हैं और उस पर भी वे पर्यटकों को मात्र 7 दिन की अनुमति देते हैं। वे नहीं चाहते कि कोई बाहरी उनके देश में ज़्यादा रुके और संस्कृति को प्रभावित करे।

हाल में ड्रग्स इस देश की सबसे बड़ी चिन्ताओं में से एक बनकर उभरा है।

"डिनर रेडी है..." डेमा की मुस्कुराती आवाज़ ने हमारी बातचीत पर विराम लगा दिया। डेमा इस होटल में सबसे ज़्यादा ज़िम्मेदारी से काम करनेवाली वर्कर है। हर जगह उसकी मौजूदगी दिखाई देती है।

"अच्छा...ये बताइए कि ये फ़ोर फ्रेंड्स की क्या कथा है? यहाँ हर जगह हमने उनके चित्र पाए हैं।"

"फ़ोर फ्रेंड्स में एक हाथी है जो एक पेड़ के नीचे खड़ा है, उसकी पीठ पर एक बन्दर है, बन्दर की पीठ पर एक ख़रगोश और पेड़ के ऊपर एक पक्षी बैठा हुआ है। पक्षी एक फल तोड़कर ख़रगोश और बन्दर को बाँटते हुए उनके माध्यम से हाथी तक पहुँचा रहा है। इसका अर्थ है कि समाज के हर वर्ग का व्यक्ति एक-दूसरे की मदद करे और उपलब्ध संसाधन को सबके पास पहुँचाए।"

हम्म...मीनिंगफ़ुल तसवीर है।

उनसे बातें ख़त्म कर हम रेस्तराँ पहुँचे तो गरमागरम दाल, चावल, रोटी, सब्ज़ी और सलाद वाला स्वादिष्ट खाना तैयार था। सलाद बड़ा मनोरंजक था। खीरे की पाँच स्लाइस, टमाटर की चार स्लाइस, प्याज़ की दो स्लाइस और नीबू की तेरह स्लाइस थीं। हम सबकी हँसी छूट पड़ी उस सलाद को देखकर। क्या ये लोग नीबू भी चबाकर खाते हैं? 'दाँत खट्टे करना' मुहावरा सलाद की इसी प्लेट के लिए बना है।

रेस्तराँ का एक दरवाज़ा किचन में खुलता था और दूसरा रिसेप्शन लॉबी में। दोनों दरवाज़ों पर दो लड़कियाँ खड़ी थीं और एक-दूसरे को इशारे कर मुँह छिपाकर हँस रही थीं। उन दोनों को देखकर हमारी हँसी फिर फूट पड़ी। अपने स्कूल और कॉलेज के दिन याद आ रहे थे जब क्लास के बाहर से लड़कियाँ अन्दर वाली लड़कियों को देखकर इसी तरह की मस्ती किया करती थीं।

"ग़ज़ब ही हँसते हैं ये लोग।" कुश फिर बोल पड़ा था।

"बढ़िया है...ख़ुशनुमा माहौल बना रहता है।"

आख़िर हम लाफ़िंग बुद्धा के देश में हैं। एक सवाल ज़ेहन में आया कि—

"ये ख़ूब हँसते हैं इसलिए ख़ुश रहते हैं या ख़ुश रहते हैं इसलिए ख़ूब हँसते हैं?"

खाना खाकर बाहर टहलने निकले। रात के दस बजे थे और मौसम बेहद ख़ुशनुमा था। सूनी सड़क पर सिर्फ़ फूलों की ख़ुशबूदार हवा में लिपटी स्ट्रीट लाइट की पीली रौशनी थी। झींगुरों की झन्न-झन्न का मधुर शोर और सामने अँधेरे में जगमगाता महल था। साँसों में भर लेने को थी विश्व की सबसे शुद्ध कार्बन नेगेटिव हवा। मैंने एक भरपूर साँस खींची।

"अरे मेरा चश्मा किधर गया।" कुश की थोड़ी बेचैन आवाज़ ने हम सबका ध्यान खींचा।

"क्या हुआ?"

"मेरे गॉगल्स नहीं मिल रहे। बना, गाड़ी में देखो एक बार।"

कुश के गॉगल्स गाड़ी में नहीं थे।

"कमरे में देख, वहीं होंगे। कहाँ जाएँगे।"

हम सब कमरे में पहुँचे और सब जगह तलाश किया मगर उसका चश्मा नहीं मिला। फिर रिसेप्शन, रेस्टोरेंट में देखा, हमारे हैंड बैग्स में ढूँढ़ा मगर चश्मा कहीं नहीं मिला।

कुश का चेहरा उतर गया था। उसको यह चश्मा बेहद प्रिय था। कई सालों से उसको केवल यही चश्मा लगाते देख रही हूँ।

"परेशान मत हो...मिल जाएगा।" मैंने दिलासा दिया।

अब तक गड्डू का जासूसी दिमाग़ सक्रिय हो उठा था। अगर यह जासूस होती तो आला दर्जे की जासूस होती। वह मज़ाक़ में ख़ुद को 'जाजूस 007' भी कहती है। बरसों पहले उसकी किसी सहेली ने 'जासूस' की जगह 'जाजूस' कहा था और तब से वह 'जाजूस' ही कहती है। उसने अपने मोबाइल से ली गई फ़ोटोज़ देखनी शुरू की ताकि यह पता लगाया जा सके कि आख़िरी बार चश्मा कहाँ देखा गया था। यह बेहद काम की एक्सरसाइज़ निकली। सुबह से ली गई हर फ़ोटो में चश्मा साथ था और नाश्ते के समय तक कैफ़े से निकलते वक़्त पहले टेबल पर और फिर कुश के हाथ में दिखाई दे रहा था।

"याद आया, इमिग्रेशन ऑफ़िस में छूटा होगा। मैंने फॉर्म भरते समय उतारकर काउंटर पर रखा था और फिर वहीं भूल आया।" कुश के दिमाग़ की बत्ती एकाएक जली।

"हाँ, वहीं छूटा होगा।" हम सब सहमत थे।

"कोई नहीं...कल सुबह हम पुनाखा निकलने से पहले इमिग्रेशन ऑफ़िस जाएँगे और चश्मा वहाँ से ले लेंगे।"

"कोई ले तो नहीं गया होगा?" कुश का मन आशंका से घिरा था।

"नहीं रे...यहाँ के लोग हमारे यहाँ के लोगों जैसे नहीं हैं। ईमानदार हैं।

वहाँ के किसी स्टाफ़ ने देखा होगा और सँभालकर रख लिया होगा।" गड्डू ने पूरे भरोसे से कहा।

हम सबने सहमति में सर हिलाया। कुश भी मान गया लेकिन उसके चेहरे की ख़ुशी ग़ायब हो चुकी थी।

"एक काम करते हैं। होटल के सीसीटीवी कैमरे के फुटेज देख लेते हैं। अगर यहाँ तक आया होगा तो पता चल जाएगा।" गड्डू जाजूस ने फिर आइडिया दिया।

कुश को जम गई बात। और वह नीचे रिसेप्शन पर सीसीटीवी फुटेज देखने चला गया।

देवेन अपने कमरे में चला गया कपड़े बदलने और मैं भी कपड़े बदलकर खिड़कियाँ खोलकर बैठ गई उन किताबों को उलटने-पलटने जो आज ख़रीदी थीं।

लिंडा लीमिंग की 'मैरिड टू भूटान' उठाई पहले क्योंकि इसके शुरुआती कुछ पेज देवेन ने पढ़कर कहा था कि इसे पहले पढ़ना, अच्छी रोचक भाषा में लिखी हुई है।

वाक़ई...पहले तीन पेजों में ही हँसते-हँसते भूटान के लोगों का अन्दाज़ा लग जाता है। लिंडा किताब की शुरुआत में भूटानियों की जीवन-शैली का जो चित्र खींचती हैं उसका सारांश यूँ है कि लेखिका भूटान में काफ़ी दिनों से रह रही है और उसका एक मित्र लन्दन से उसे फ़ोन करके शिकायती स्वर में कहता है कि उसे कुछ हफ़्ते बाद भूटान किसी असाइनमेंट के लिए आना है और सम्बन्धित कार्यालय से अभी तक मेरे मेल का कोई जवाब नहीं आया।

लिंडा कहती है कि भूटानी जनरली ई मेल्स का जवाब नहीं देते।

लेकिन किसी ने फ़ोन भी नहीं उठाया। मैंने कई बार कोशिश की। मित्र ने कहा।

वो इसलिए कि यह फरवरी का महीना है। सर्दियों में आपको कोई रिस्पॉन्स नहीं मिलेगा।

क्यों भला?

वो इसलिए कि सर्दियों में सारी गतिविधियाँ थम जाती हैं। राजधानी थिम्फू से पुनाखा शिफ़्ट हो जाती है।

लेकिन जब तक वे लोग ऑफ़िस में हैं तब तक तो काम करते होंगे।

"9 बजे ऑफ़िस पहुँचने का वक़्त होता है, वे लोग 9.45 पर ऑफ़िस पहुँचते हैं। फिर बाक़ी साथियों से गप्पें लड़ाते हैं, फिर चाय पीते हैं, फिर कम्प्यूटर पर सोलिटेयर खेलते हैं। फिर लंच के टाइम एक बजे से आधे घंटे पहले ही उठकर अपने दूसरे काम निपटाने या हवा खाने बाहर चले जाते हैं। 3 बजे वापस आते हैं। फिर चाय पीते हैं। फिर ऑफ़िस बन्द होने का वक़्त हो जाता है।" मित्र ने यह सुनकर फ़ोन पटक दिया।

तो ये थी एक झलक भूटानियों के मिज़ाज की जो सम्भवतः दस से अधिक वर्ष पुरानी रही होगी क्योंकि इमिग्रेशन ऑफ़िस का हमारा अनुभव ऐसा नहीं था। स्लो तो थे पर काम बराबर कर रहे थे। हम कितने जजमेंटल हो जाते हैं किसी की भी आदतों को लेकर। धीमापन हमारे लिए ग़लत है क्योंकि हम तेज़ काम को प्रमोट करते हैं। क्या पता उन्हें हमारी रफ़्तार पसन्द न आती हो। दरअसल धीमापन उनकी जीवन-शैली का अहम गुण है क्योंकि वे किसी काम की जल्दी में नहीं हैं। हमें उन्हें ऐसे ही स्वीकार करना होगा।

वे स्लो हैं या लापरवाह, इससे इतर इन तीन पेजों को पढ़ने से यह ज़रूर हुआ कि हमने यह स्वीकार कर लिया कि भूटानी ऐसे ही हैं, इसलिए अब ऑर्डर में देरी होने पर या काम द्रुत गति से न हो पाने पर न झल्लाना है और न ग़ुस्सा करना है। बस हँसते हुए एन्जॉय करना है। और इन तीन पेजों ने हमारे बाक़ी के सात दिन ख़ुशी-ख़ुशी हर सर्विस को स्वीकार कर लेने में अहम भूमिका निभाई। दो दिन बाद हम अपने अनुभव से जो सीखते, वह इस किताब से पहले ही दिन सीख गए।

क़रीब आधे घंटे बाद कुश लौटकर आया निराश और खीजा हुआ।

"क्या हुआ?"

"यार इन लोगों को आता ही नहीं है सीसीटीवी के फुटेज देखना। कुछ टेक्निकल प्रॉब्लम है और किसी को कुछ समझ नहीं आ रहा है। लगा लिया है सिस्टम, पर कभी ज़रूरत नहीं पड़ी देखने की तो कोई नहीं जानता कैसे देखते हैं।"

"कोई नहीं...कल इमिग्रेशन ऑफ़िस में देखते हैं। मिल जाएगा।"

"हम्म...अब इसके अलावा और कोई ऑप्शन भी नहीं है।" कुश के स्वर में उदासी थी।

अपनी प्रिय चीज़ खो जाने का ग़म बड़ा होता है। किसी चीज़ के प्रिय होने का सम्बन्ध उसकी क़ीमत से नहीं होता। दरअसल कोई चीज़ क्यों प्रिय होती है, उसका कोई सीधा-सीधा समीकरण नहीं होता। किसी अज़ीज़ का दिया हुआ तोहफ़ा हो तो वह प्रिय होता है, बड़ी खोजबीन के बाद वह वस्तु प्राप्त हुई हो तो वह दिल के बहुत क़रीब हो जाती है और कई बार तो हम ख़ुद नहीं जानते कि कोई चीज़ हमें क्यूँ प्रिय है। मुझे बचपन में अपना एक फाउंटेन पेन बहुत पसन्द था। वह सस्ता-सा पेन मैंने ख़ुद ही ख़रीदा था। जब उसमें चेलपार्क की रॉयल ब्लू इंक भरकर उससे लिखती थी तो चमकीले नीले मोतियों जैसे अक्षर उभरते थे। जब तक वह रहा उसके अलावा किसी और पेन से नहीं लिखा। हल्के नीले रंग पर गहरे नीले रंग की लहरिया जैसी डिज़ाइन का वह पेन खो जाने तक मेरे कम्पास बॉक्स में बना रहा। जिस दिन वह खोया था, मैं बहुत उदास हुई थी। सातवीं कक्षा का वह पेन आज भी मुझे जब-तब याद आ जाया करता है। गड्डू की बचपन में एक कत्थई रंग की बेहद प्रिय फ्रॉक थी मोटे से होजरी के कपड़े की, जिसमें से हमेशा सीलन जैसी गन्ध आती रहती थी। हम सब उसे मना करते उस फ्रॉक को पहनने को। मगर जाने क्यों वह उसे ढंग से सूखने भी नहीं देती और रोज़ ही पहन लेती। एक बार तो मम्मी ने छुपा भी दी वह फ्रॉक मगर गड्डू जाजूस उसे अगले ही दिन खोज लाई और फिर से लटका लिया।

"कुश का चश्मा मिल जाए।" मैंने मन में दुआ माँगी।

कल सुबह पुनाखा निकलना है। अब पहले इमिग्रेशन ऑफ़िस में चश्मा ढूँढ़ने जाएँगे, उसके बाद निकलेंगे। तो सुबह उठने की कोई जल्दी नहीं होगी क्योंकि ऑफ़िस तो दस बजे से पहले खुलना नहीं है। जब यह पता हो कि सुबह अलार्म नहीं लगाना है तो नींद में एक सुकून की भी मिलावट होती है। आज का दिन थकाऊ नहीं था इसलिए रात के ग्यारह बजे भी न तो नींद आ रही थी और न ही थकावट महसूस हो रही थी। हम सब एक ही कमरे में बैठे बातें कर रहे थे। भूटान और यहाँ की संस्कृति इस बातचीत का मुख्य बिन्दु था। हम अपने रोज़ की घुमक्कड़ी और लोगों से बातचीत के आधार पर

यह जानने की कोशिश कर रहे थे कि इनके ख़ुशहाल जीवन की कई सारी वजहों में से सबसे अहम वजह क्या है। प्रकृति प्रेम, अच्छी सरकार, नैतिक मूल्य और सीमित संसाधनों में सन्तुष्ट रहने का माद्दा यह सब निस्सन्देह बेहद वाजिब वजहें हैं ख़ुश रहने के लिए लेकिन अभी इसकी आत्मा तक पहुँचना बाक़ी था। हर बातचीत के अन्त में यही सवाल कि—

"ये लोग इतने ख़ुश क्यूँ हैं?"

खिड़कियों से ठंडी हवा भीतर आ रही थी और ब्लूटूथ स्पीकर पर मौसम का साथ दे रही थीं ग़ज़लें। थोड़ी देर बाद सब सोने चले गए और साइड लैंप जलाकर मैंने अपनी डायरी में आज का दिन दर्ज किया। डायरी लिखते हुए बुद्धा पॉइंट का ख़याल आता रहा और एक कविता उतर आई—

सदियों से पर्वत खड़े थे अविचल अपने हरे एकान्त में
प्रकृति के चेतन सौन्दर्य के समक्ष कौन सा सौन्दर्य टिक पाता भला।

तब बुद्ध विराजे पर्वतों के मध्य
भूमिस्पर्श ध्यान मुद्रा थी, होंठों पर बारीक स्मित रेखा
और अधखुले नेत्रों से झरती करुणा

प्रकृति के सौन्दर्य के समक्ष था
चेतन आत्मा का सौन्दर्य
और हम रुँधे कंठ समर्पित नत मस्तक दोनों के मध्य।

अपनी कहानी कहो...मोचू पोचू

आठवाँ दिन : 12 जून, 2019
थिम्फू से पुनाखा

सुबह जब नींद खुली तो सूरज चढ़ आया था। परदे खोलते ही रौशनी का एक टुकड़ा पालतू बिल्ली की तरह कूदकर बिस्तर पर आ गिरा। एक अँगड़ाई लेकर उस सुनहरी बिल्ली को छुआ और खिड़कियाँ खोल डालीं। अब रौशनी के साथ गुलाबों से लिपटकर आई ख़ुशबूदार हवा भी तितली बन बालों से खेलने लगी। बिल्ली, तितली और मैं...तीनों खेल रहे थे। आठ घंटे की बेसुध नींद के बाद तन और मन दोनों एकदम ताज़ा थे। बाहर झाँककर देखा तो बादलों की छुपन-छुपाई चल रही थी। आज भी बारिश होगी। भारत भीषण गर्मी से जूझ रहा है, यह ख़बरें बदस्तूर फ़ेसबुक से मिल रही थीं। हम जब तक वापस लौटेंगे तब तक भारत में भी मानसून आ चुका होगा। अब गर्मी नहीं झेलनी होगी। यह सोचकर ख़ुश हो जाते थे। जब से भूटानी सिम ली है तब से कोई फ़ोन नहीं आया है। सिर्फ़ घर के अलावा यह नम्बर किसी को दिया भी नहीं है। दिन में एक बार मैं और गड्डू घर पर वीडियो कॉल कर लेते हैं और यहाँ के नज़ारे मम्मी और मिन्नी को भी दिखा देते हैं। कुछ दिनों के लिए सबसे कटकर सिर्फ़ अपने साथ होना कितना सुकून दे रहा है। ये ख़ुद को ख़ाली करने जैसा है। आत्मा की बुहारी जैसा। एक बार सब धूल साफ़ कर दोबारा चमकाकर वापस रख देना। कुछ पुराना सामान हटाना और कुछ नया सामान सजा लेना। ये अभ्यास कुछ वक़्त के अन्तराल पर होते रहना चाहिए। और ये काम यात्राओं से बेहतर कोई नहीं कर सकता। कुछ दिन पहले तक दिन में पचास बार फ़ोन बजता था। कितने लोगों से कितनी बातें। लगता था कि मानो इन बातों के बिना दिन पूरा न होगा लेकिन

आज एक हफ़्ते से किसी से बात न हुई और फिर भी कुछ अधूरा नहीं लग रहा। सम्पूर्ण और सन्तुष्ट महसूस हो रहा है। ये जानना भी कोई कम बड़ी बात नहीं कि किसी के बिना कुछ नहीं रुकता। पीछे जो दुनिया छोड़ आए हैं, सब वैसी ही चल रही होगी। न वो दुनिया रुकती है और न ही हम रुकते हैं। वापस जाकर उसी दुनिया का हिस्सा बन जाना है और भागने लगना है।

दीवार साइज़ की खुली खिड़की के पास बैठी मैं कॉफ़ी पी रही थी और बाहर देख रही थी। रात में जगमगाते महल की लाइटें बन्द हो चुकी थीं और सफ़ेद रंग की ये इमारत सूर्य की रौशनी में खिल उठी थी। होटल के ठीक नीचे वाली सड़क कितनी सुन्दर दिखाई देती है ऊपर से। सड़क पर देर रात हुई बारिश ने अपने निशां छोड़े हुए थे। बीच-बीच में से कहीं-कहीं यह गीली थी और बाक़ी सूख चुकी थी। सड़क के एक ओर होटल के पत्थर की बाउंड्री वाल के ऊपर लोहे की रॉड लगी हुई हैं और उसके ऊपर गुलाबी रंग के गुलाब के सैकड़ों गुच्छों वाली बेलें फैली हुई हैं। पूरी दीवार को फूलों ने ढक रखा है और दूसरी ओर फुटपाथ के पीछे बने कुछ टिन के शेड वाले घर और क़तार में लगे हरे लम्बे पेड़। ये ऐसी स्ट्रीट है जिस पर टहलना किसी का भी सपना हो सकता है। इस सड़क की फ़ोटो ली और इन्स्टाग्राम और फ़ेसबुक पर पोस्ट की। यह यात्रा शुरू होने के बाद की पहली तसवीर है जो सोशल मीडिया पर पोस्ट की है।

ऐसी सुबहों को इत्मीनान का नाम दिया जा सकता है।

रात को ही डेमा ने पूछ लिया था कि हम नाश्ते में क्या खाएँगे, अभी से बता दें वरना सुबह तैयार होना मुश्किल हो जाएगा। हमने सब्ज़ी-पराँठा बोल दिया था कि यही सबसे आसान है बनानेवालों के लिए। सुबह 8.30 बजे हम रेस्तराँ पहुँच गए थे। हमारे अलावा वहाँ कोई नहीं था। हम दस मिनट बैठे रहे और जब लगा कि यूँ तो घंटे भर भी बैठे तो कोई नहीं आनेवाला और न ही रसोई में कुछ बनने की आहट नज़र आई तो रिसेप्शन तक गए ये बताने कि "महोदय हम आ गए हैं ब्रेकफ़ास्ट करने।"

रिसेप्शन पर बैठा लड़का चकित और कन्फ़्यूज़्ड नज़र आया।

"आपको रात को बोलना चाहिए था।" वह बोला।

"बोला था रात को। सब्ज़ी-पराँठा।" हमने मेनू भी बताया गर्व से।

"अच्छा, आप बैठिए। मैं भेजता हूँ किसी को।" लड़के को कुछ समझ नहीं आया तो उसने ऐसा बोलकर पीछा छुड़ाया।

हम बैठ गए रेस्टोरेंट में, मगर समझ गए थे कि क्या माजरा है।

तब डेमा आई। पीछे-पीछे एक और स्टाफ़ आई।

दोनों की निगाह में असमंजस था जिसे ताड़कर हम आनन्दित हो रहे थे। लिंडा का शुक्रिया कि अब हम खीजते नहीं हैं। कल रात ही लिंडा की पुस्तक के आगे के दो-चार पेज और पढ़कर यह भी जान लिया था कि भूटानी घड़ी के हिसाब से नहीं चलते। वे बहुत फ़्लेक्सिबल हैं समय के मामले में। अगर दस बजे कहीं मिलने का वक़्त दिया है तो मेज़बान और मेहमान दोनों को पता होता है कि यह एक घंटे जल्दी से लेकर तीन घंटे देरी से भी हो सकता है। देर से कहीं पहुँचना इनके लिए सामान्य बात है। खरामा-खरामा ज़िन्दगी जीते हैं ये लोग।

"आपने बोला था क्या रात को नाश्ते के लिए?" डेमा सकुचाई-सी पूछ रही थी।

"हाँ बोला था ना, सब्ज़ी-पराँठा।" हमने फिर वही राग आलापा।

दोनों ने एक-दूसरे को देखकर जिस तरह कन्धे उचकाए कि हम सब समझ गए।

"रहने दो अगर नहीं बना है तो। हम बाहर नाश्ता कर लेंगे।" कुश ने उन्हें इस भाव में आश्वस्त किया कि कोई बात नहीं बच्चो, हम नहीं डाँटेंगे।

"नहीं, नहीं...आप बैठो। अभी बन जाएगा।" डेमा अच्छे होस्ट का कर्तव्य निभाते हुए बोली।

"नहीं, हम सचमुच कह रहे हैं कि अगर आप भूल गए हो नोट करना और अब आप शुरू करोगे बनाना तो काफ़ी वक़्त लग जाएगा। हमें चैक आउट करना है तो हम बाहर ही खा लेंगे।"

"सचमुच?"

"सचमुच।" हम सब मुस्कुराकर बोले। भूटानियों की कैजुअल एप्रोच अब तक हम समझ चुके थे और उनके मुताबिक़ ख़ुद को ढाल चुके थे। लिंडा लीमिंग ने वाक़ई बड़ी मदद की थी हमारी।

उन दोनों के चेहरे पर जो सुकून था उसे वही बच्चा समझ सकता है जो

होमवर्क करके न गया हो और मास्टर जी बोलें कि "कोई बात नहीं बेटा, नहीं कर पाए तो क्या हो गया?"

इस सब पंचायत में 9 बज गए थे। हमने निश्चय किया कि तैयार होकर दस बजे तक होटल छोड़ देते हैं और इमिग्रेशन ऑफ़िस से कुश का चश्मा देखते हुए पुनाखा निकल जाएँगे।

एक घंटे बाद हमने इस ख़ूबसूरत बसेरे और इसके ख़ूबसूरत बाशिन्दों को गुड-बाय कहा और निकल पड़े अगले पड़ाव पुनाखा की तरफ़।

होटल छोड़ते ही गड्डू की चिन्ता जुबां पर आ गई 'अब अपने पास कैश बहुत कम बचा है, कार्ड ये लोग एक्सेप्ट कर नहीं रहे और अभी पाँच दिन बाक़ी हैं भूटान में। कैसे करेंगे?' गड्डू सही कह रही थी। वाक़ई यहाँ किसी जगह कार्ड स्वीकार नहीं कर रहे थे।

"हम्म...बात तो सही है। देखेंगे कुछ। नहीं होगा तो किसी दोस्त से बोलेंगे कि भारत होटल ऑनलाइन बुक कर दे। कुछ न कुछ तो हो ही जाएगा।" कुश ने जवाब दिया।

परदेश में पैसे कम पड़ जाएँ तो चिन्ता होना स्वाभाविक है और गड्डू का नाराज़ होना सबसे जायज़ क्योंकि वह हासीमारा से ही कहती आ रही थी कि भारत में ही कहीं एटीएम से पैसे निकलवा लो। और वही हुआ। जब आख़िर में निकलवाने चाहे तो उतने निकले नहीं। और अब अगर कहीं कैश की कमी की वजह से होटल की गुणवत्ता में समझौता करना पड़ा तो सबको बहुत अखर जाएगा। पर अब कुछ किया भी नहीं जा सकता। जो होगा देखा जाएगा।

दस बजे तक हम बाहर निकलकर नाश्ता कर चुके थे और साढ़े दस बजे इमिग्रेशन ऑफ़िस के सामने खड़े थे। ऑफ़िस खुल चुका था। हमने ऑल द बेस्ट कहते हुए कुश को अन्दर भेजा। हम दुआ माँग रहे थे कि लड़के का चश्मा मिल जाए। कल से उसका उतरा चेहरा देखकर अच्छा नहीं लग रहा था। दो-तीन मिनट बाद कुश बाहर निकला। हम सबकी नज़र उसके ऊपर ही जमी थी। उसका लटका चेहरा देख हम मायूस हो गए।

"क्या हुआ...नहीं मिला?"

"नहीं...वहाँ जो बन्दी बैठी है वो कह तो रही है कि कल आपका चश्मा

छूट गया था और हमने वहीं काउंटर पर रख दिया था। हमने सोचा आप आओगे तो ले जाओगे। और जब चश्मा नहीं दिखा तो हमें लगा कि आप ही आकर ले गए होंगे। मगर लगता है कि आपकी जगह कोई और उस चश्मे को ले गया।" कुश झुँझलाया हुआ था।

"यार, अगर चश्मा देख लिया था तो सँभालकर ही रख देती।"

"हम्म...बात तो सही है पर हो सकता है इनके यहाँ चोरी कोई करता न हो इसलिए काउंटर पर ही रहने दिया हो।" मैंने कहा।

"अरे, किसी के माथे पर थोड़े ही लिखा है कि वो ईमानदार है। मैंने उससे कहा भी कि आपको सँभालकर रख देना था तो बोली कि सर ये तो आपकी लापरवाही है। हम क्या कर सकते हैं?" कुश आगे बोला।

"बात तो सही है कि मेरी लापरवाही है पर फिर भी सँभालकर तो रखना था न!"

"हाँ, सँभालकर तो रखना था।" हम सबने कुश की बात का बिना शर्त समर्थन किया।

अब चश्मा मिलने की आस पूरी तरह से ख़त्म हो गई थी। हम कुश के उतरे चेहरे पर ख़ुशी लाने के लिए उसे बहलाने के लिए सनातन वाक्य कह रहे थे—

"अरे, एक चश्मा ही तो गया है, दूसरा ले लेना ऐसा ही।"

"लगता है किसी ने गिफ़्ट दिया है वरना एक चश्मे के लिए कोई इतना उदास नहीं होता। कोई नहीं, जिसने एक बार दिया है वो दूसरी बार भी दे देगा।"

"इन भौतिक वस्तुओं के पीछे सफ़र का आत्मिक आनन्द मत ख़राब कर। चीज़ें तो होती ही गुमने के लिए हैं।"

"अरे, सेम ब्रांड का सेम चश्मा ले लेना।"

कुश बोला—"अबे...सब समझ रहा हूँ। ज़रा टाइम दो, ठीक हो जाऊँगा।"

11 बज रहे थे और हम थिम्फू से पुनाखा हाइवे पर पहुँच गए थे। बिलकुल 'अहा' वाला मौसम था, नीले आकाश पर सफ़ेद बादल सूफ़ी की तरह रक्स कर रहे थे। सामने बड़े से होर्डिंग पर राजा और रानी अपने बच्चे को दुलरा रहे थे। पहाड़, घाटियों और सुन्दर चित्रों वाली दीवारों को देखते हुए हम चले जा रहे थे। हम एक नई जगह को देखने और जानने के लिए

पूरी तरह तैयार और उत्सुक थे। एक ऐसी जगह जिसे पहले कभी न देखा हो उसे देखने की उत्सुकता ठीक वैसी ही होती है, जैसे जन्मने से पहले किसी बच्चे का मुख देखना।

सड़कें ऐसी जैसे रेशम का खुला हुआ थान। गन्दगी, गड्ढे, भीड़-भाड़ सबसे मुक्त। गुलज़ार का वो गीत इन्हीं सड़कों के लिए एकदम मुफ़ीद है।

इन रेशमी राहों में इक राह तो वो होगी...

भूटान में हमने ग़ौर किया कि यहाँ सरकार ने इन्फ्रास्ट्रक्चर पर काफ़ी ज़ोर दिया है। प्रति व्यक्ति आय भले ही कम हो लेकिन एक नागरिक के तौर पर बेहतरीन सार्वजनिक सुविधाएँ देने का प्रयास किया गया है। चाहे सड़कें हों, बिजली या पानी। कोई इन सुविधाओं से वंचित नहीं है। शिक्षा और स्वास्थ्य यहाँ सबके लिए फ्री है। भारत में उलटा है। शिक्षा और स्वास्थ्य सुविधाएँ इतनी महँगी हैं कि एक आदमी की सारी पूँजी बच्चों को पढ़ाने में या एक बार कोई बड़ी बीमारी हो गई तो उसी में ख़र्च हो जाती हैं बल्कि क़र्ज़ माँगने की नौबत आ जाती है। सरकारी स्कूलों और अस्पतालों में कोई जाना नहीं चाहता और निजी शिक्षण और स्वास्थ्य संस्थान इतने महँगे हैं कि ग़रीब आदमी की हैसियत नहीं वहाँ तक पहुँच पाने की। यही कारण है कि एक बड़ा तबका अच्छी शिक्षा और अच्छे स्वास्थ्य से वंचित है।

रास्ते में बाईं ओर एक जगह बोर्ड और ऊपर की ओर जाता एक रास्ता नज़र आया—'रॉयल भूटान बॉटनिकल गार्डन।'

यहाँ जाने के लिए मेरा मन मचल उठा। लालच वही कि कुछ भूटानी परिन्दे दिख जाएँगे, कुछ नए तरह के फूल और पेड़ दिखाई देंगे। और ऊपर से मौसम ऐसा था कि उफ़...।

"नहीं, अभी नहीं। अभी रुके तो पुनाखा पहुँचने में लेट हो जाएँगे। हमें लंच तक पुनाखा पहुँचना है और सबसे बड़ी बात कि अभी होटल भी ढूँढ़ना है। लौटते वक़्त इसे देखते हुए जाएँगे।" देवेन ने कहा।

बात क़ायदे की थी। हम दो बजे तक होटल में पहुँच जाना चाहते थे। आश्वस्त थे कि कोई न कोई ढंग का होटल मिल ही जाएगा। पुनाखा पहुँचने के बीस किलोमीटर पहले तक हम एकदम अपने अन्दाज़े मुताबिक़ चल

रहे थे। डेढ़ बजनेवाले थे और हम 20 कि.मी. दूर थे पुनाखा से। और बस इसके बाद सब गड़बड़ होता चला गया और ढाई बजे भूख से कुलबुलाते हम कोई होटल तलाश कर रहे थे। ये सब गड़बड़ जीपीएस महोदय ने करवाई। जीपीएस कभी-कभी मनमानी भी करता है। कभी दाएँ घुमाता है तो कभी बाएँ। कभी किसी गली में घुसा देता है तो कभी किसी पहाड़ी पर चढ़ा देता है।

नहीं...नहीं। मैं कुछ ज़्यादा हार्श हो रही हूँ जीपीएस के बारे में बात करते हुए। दरअसल सारी ग़लती इसी की नहीं थी। पुनाखा इत्ते कि.मी., पुनाखा उत्ते कि.मी. तो लिखा रास्ते भर दिखता रहा लेकिन जब पुनाखा आया तो कहीं कोई माइल स्टोन नहीं था। तो पुनाखा पहुँचने के चक्कर में हम पुनाखा से काफ़ी आगे निकल गए। पन्द्रह-बीस मिनट बाद भी पुनाखा कहीं नज़र नहीं आया बल्कि जो आबादी और क़स्बाई एहसास थोड़ी देर पहले हुआ था वो भी इस सुनसान पर्वत प्रदेश में खो गया।

"लगता है, पुनाखा पीछे छूट गया।" मैंने कहा।

"हाँ...जहाँ नदी किनारे कुछ गाड़ियाँ खड़ी थीं, वही शायद पुनाखा था, कुछ रिज़ॉर्ट भी दिख रहे थे वहाँ।" गड्डू ने आगे जोड़ा।

"हम्म...लौटते हैं।"

देवेन ने गाड़ी वापस घुमा दी। अब ढाई बज चुके थे और हम भूख से बेहाल थे। लेकिन कोई रेस्टोरेंट नज़र नहीं आ रहा था। सब अपने-अपने फ़ोन में होटल ढूँढ़ने की कवायद में लग गए थे। वापस लौटते हुए अचानक दाईं ओर एक होटल नज़र आया। दूर से देखने पर वह होटल महँगा लग रहा था। मगर हमने जाने का निश्चय किया। महँगी जगह पर रुकने लायक़ कैश नहीं था हमारे पास। शायद अब ले-देकर पन्द्रह हज़ार रुपये बचे होंगे। फिर भी सोचा कि जाकर देखने में कोई बुराई नहीं है। एक तो इसलिए कि हो सकता है बड़े होटल्स कार्ड एक्सेप्ट करते हों और दूसरा यह कि कमरे नहीं भी मिले तो खाना तो मिल ही जाएगा।

होटल काफ़ी ऊँचाई पर स्थित था। ऊपर जाने पर घाटी का नज़ारा बेहद सुन्दर होता जा रहा था। रिसेप्शन पर पहुँचे तो पता चला कि होटल में कोई कमरा ख़ाली नहीं है। कोई डेलिगेशन आया हुआ है और उनके लिए पूरा होटल बुक है।

और खाना?

हाँ, वो मिल जाएगा। डाइनिंग हॉल में बुफे लंच लगा हुआ है। लेकिन आप चार लोग हो, कहीं कम न पड़ जाए आप लोगों को। रुकिए, मैं पूछकर बताती हूँ।

"हम तो कम-कम ही खाते हैं। हो जाएगा सबका।" हम इस बुफे लंच को मिस नहीं करना चाहते थे जिसकी एक लज़्ज़त भरी झलक हमें मिल चुकी थी।

"ठीक है, आप जा सकते हैं। 600 पर पर्सन।"

"ओके..."

हम सीधे डाइनिंग हॉल में पहुँचे जहाँ खाने की ख़ूब सारी वेरायटी हमारा इन्तज़ार कर रही थीं। जब वहाँ पहुँचे तो थोड़ी निराशा हुई क्योंकि आधे से ज़्यादा व्यंजन मांसाहारी थे और देवेन के अलावा हम तीनों शुद्ध शाकाहारी। लेकिन फिर भी हमारे लिए काफ़ी विकल्प थे। सबसे ज़्यादा ख़ुशी इस बात की थी कि यहाँ एमा दात्शी भी थी और इसके साथ अन्य भूटानी डिश भी थीं।

डाइनिंग हॉल में ज़्यादातर विदेशी ही थे। शायद यही वह डेलिगेशन था जिसके लिए पूरा होटल बुक था। हमें देखकर सब विश करते हुए मुस्कुरा रहे थे। विदेशियों की ये आदत तो क़सम से जान ले लेती है और एक हम हिन्दुस्तानी हैं जो किसी अजनबी को देखकर मुस्कराना जानते ही नहीं। बल्कि कोई जान-पहचान वाला भी हो तो दाएँ-बाएँ देखकर बचने की कोशिश करते हैं कि अभी देख लिया तो बात करना पड़ जाएगा। मुस्कुराने में कंजूसी करके जाने क्या बचा लेते हैं हम।

एक विदेशी लड़की अपना लैपटॉप लेकर कॉफ़ी पीते हुए बेहद तल्लीनता से अपना कोई काम कर रही थी। उसे देखकर लगा कि शायद वह भी अपनी ट्रैवेल डायरी लिख रही है या शायद भूटान पर कोई प्रोजेक्ट कर रही हो। बहरहाल हम अपना खाना लेकर हॉल से बाहर टेरेस पर आ गए और वहाँ से नीचे घाटी का नज़ारा देखकर मंत्रमुग्ध हो गए। निस्सन्देह यह हमारी ज़िन्दगी का मोस्ट सीनिक लंच था। नीचे घाटी में बहती हुई दो नदियाँ जो इतनी ऊपर से दूध की धारों-सी दिखाई दे रही थीं। ये एक पहाड़ी के पीछे से अलग-अलग बहती आ रही थीं और पहाड़ी के आगे आकर एक हो

गई थीं। वेटर ने बताया कि ये नदियाँ 'मोचू' और 'पोचू' हैं। यहाँ 'चू' का अर्थ नदी। 'मो' स्त्री का प्रतीक है और 'पो' पुरुष का। इस अर्थ में दो प्रेमी यहाँ मिलकर एक होते हैं। स्त्री और पुरुष के मिलन का प्रतीक। यह कथा जानने के बाद जब उन नदियों को दुबारा देखा तो सचमुच एक प्रेमी और प्रेमिका नज़र आए, जो जाने कितनी दूरी तय करके अलग-अलग दिशाओं से चले आ रहे हैं और आलिंगनरत हो आगे हमसफ़र बने चले जा रहे हैं। यहाँ हमारी आँखें उन्हें आते हुए और मिलते हुए एक साथ देख रही हैं। अहा, कितना सुन्दर दृश्य! प्रेम में विरह चाहे जितना लम्बा हो लेकिन अन्त मिलन पर ही होना चाहिए।

नदियों के किनारे दूर-दूर तक फैले हुए धान के खेत। और जहाँ तक नज़र जाए वहाँ तक जीवन का प्रतीक गहरा हरा रंग। आसमान साफ़ था और उसके गहरे नीले रंग के मेज़पोश पर सफ़ेद बादलों के फूल टँके हुए थे। प्रकृति से बड़ा कलाकार कोई नहीं। कुश फ़ेसबुक पर इस लोकेशन को लाइव कर रहा था और मेरे सामने मोबाइल लाकर कह रहा था कि कुछ कहूँ और मैं मुँह में कोई व्यंजन भरे सिर्फ़ इतना कह पाई कि बहुत भूख लगी है।

खाना बेहद स्वादिष्ट था और भूटानी ज़ायका भी हमें पसन्द आया। लेकिन यह भी था कि बार-बार इसे नहीं खा सकते। एक-आध बार के लिए ठीक है। और अपने इस निर्णय पर सन्तोष भी हुआ कि इन व्यंजनों को एक अच्छी जगह आकर ही खाया। शायद ये अच्छी तरह न बने होते तो पसन्द भी नहीं आते।

भोजन निपटाते-निपटाते साढ़े तीन बज चुके थे। अभी भी होटल ढूँढ़ना था पर अब पेट पूजा हो चुकी थी तो कोई टेंशन नहीं था। होटल से नीचे उतरते हुए हम घाटी को देखते हुए आए। ये नज़ारा अब देखने को नहीं मिलेगा क्योंकि हम नदी के किनारे किसी रिज़ॉर्ट में रुकने का मूड बना रहे थे और इस ऊँचाई पर पुनाखा में अब शायद ही आना हो। नीचे पहुँचे तो जीपीएस के बजाय लोकल व्यक्ति से पूछताछ की क्लासिकल मेथड पर भरोसा किया और एक पेट्रोल पम्प पर पहुँचे जहाँ पता चला कि पुनाखा इस पूरी

घाटी का नाम है इसलिए इसका कोई माइल स्टोन कहीं मिलेगा भी नहीं। यह जो क़स्बा है यही है जो है। यहीं पर्यटक आते हैं और यहीं काफ़ी सारे रिज़ॉर्ट भी हैं। तब तक कुश ने एक रिज़ॉर्ट सिलेक्ट कर लिया था जो उस स्थान से मुश्किल से एक कि.मी. दूर था। सबसे पहले उसी को देखने का इरादा किया। रिज़ॉर्ट का नाम था 'डेमचेन' और जब वहाँ पहुँचे तो बाहर से देखकर ही मन आनन्दित हो गया। मोचू-पोचू नदी के एकदम किनारे पर बना हुआ यह रिज़ॉर्ट रुकने के लिए एकदम मुफ़ीद था। लेकिन जब तक कमरे न देख लिए जाएँ तब तक कुछ नहीं कह सकते। और थिम्फू के अनुभव के बाद तो अब गद्दे भी दबाकर देखने होते हैं कि कहीं स्प्रिंग तो नहीं उछल रहीं।

होटल चकाचक था। कमरे ख़ूब बड़े और एक दरवाज़ा जो पीछे की ओर खुलता था वहाँ से सीधे नदी में दौड़ लगाई जा सकती थी। और क्या चाहिए दिन के चार बजे। अब अगर और वक़्त होटल ढूँढ़ने में बर्बाद किया तो शाम ख़राब हो जाएगी। अब असली समस्या आई। इसका टैरिफ़ क्या होगा और हमारे पास कैश कितना है। अभी ढाई हज़ार खाने का पे करके चले आ रहे हैं। रिसेप्शनिस्ट से बात की। उसने अपने मालिक से फ़ोन पर बात की और हमारे लिए एक राहत की ख़बर सुनाई कि उनका एक इंडियन अकाउंट भी है जिसमें कार्ड से पे कर सकते हैं। और साथ ही एक और ज़रूरी बात बताई कि पारो में हम एटीएम से कैश भी निकाल सकते हैं। अब संकट के बादल छँट चुके थे। दरअसल हम मन को ख़ूब समझा रहे थे कि जो होगा देखेंगे मगर अन्दर ही अन्दर घबराए हुए तो थे ही। कहीं कुछ भी न हो पाया तो? या हुआ भी तो बहुत तक़लीफ़ उठाकर तो?

ख़ैर आगे की यात्राओं के लिए बेहद ज़रूरी यह सबक गाँठ बाँध लिया कि आइंदा पैसों के मामले में कोई लापरवाही नहीं की जाएगी। जब सामान रखवाकर कमरे में गद्दे पर धप्प से बैठे तो फिर उठे नहीं आधे घंटे तक। जब तक चलते-फिरते रहो, थकान नहीं लगती लेकिन एक बार बिस्तर पर गिर जाओ, शरीर बाग़ी हो उठता है। मैंने और गड्डू ने एक-एक झपकी मार ली। यहाँ ट्विन बेड थे और कमरा इतना बड़ा था कि उसकी छत पर लगे एकमात्र पंखे से केवल उस पलंग पर हवा आ रही थी जो पंखे के ठीक

नीचे था। मेरा पलंग पंखे से दूर था तो गर्मी महसूस हो रही थी। गड्डू को कहा तो उसने अपना पलंग मुझे ऑफ़र कर दिया। जबकि घर में सब जानते हैं कि गर्मी उसे सबसे ज़्यादा लगती है। मैं तो उसके इस जेस्चर पर फ़िदा हो गई और बड़े होने का फ़र्ज़ अदा करते हुए मैंने ऑफ़र को शुक्रिया कहते हुए मना किया। पर एक बात ज़रूर बोली गड्डू से—

"अगली बार से होटल में ये भी देख लेंगे कि पंखे की हवा दोनों पलंगों पर आ रही है कि नहीं।"

हम दोनों हँसने लगे। होटल में कमरे की ज़रूरी चीज़ें चेक करने की हमारी लिस्ट बढ़ती जा रही थी।

आधे घंटे बाद देखा तो देवेन और कुश अपने कमरे में नहीं थे। बाहर निकलकर देखा तो दोनों नदी किनारे बैठे थे। हम दोनों भी कमरे से बाहर निकले और सीढ़ियाँ उतरकर सीधे वहीं पहुँच गए। कैसी जन्नत जैसी ख़ूबसूरत जगह थी ये। पारदर्शी नदी अपनी मंथर गति से बहे जा रही थी। हवा से जल में छोटी-छोटी लहरें बन रही थीं जो किनारे के पत्थरों से टकराकर मीठा शोर पैदा कर रही थीं। बादलों के झुंड के झुंड उस चाल से अपनी चाल मिला रहे थे। नदी का किनारा छोटे-बड़े गोल पत्थरों से बना हुआ था। इतने तरह के पत्थर, इतने तरह की आकृतियों और रंगों में कि लगता था मानो तराशे हुए पत्थरों को कोई कारीगर यहाँ बिछा गया हो। नदी का श्रृंगार यही पत्थर होते हैं। उन पत्थरों पर सँभलकर चलते मैं नदी किनारे एक बड़े से पत्थर पर बैठ गई। पानी में पैर डालते ही एक सिसकारी-सी निकल गई। पानी ख़ूब ठंडा था जो थोड़ी देर पैर डाले रहने से भला लगने लगा था। किनारे पर नदी उथली थी और बहाव भी कम था। हम चारों नदी से अपनी-अपनी तरह से रिश्ता बना रहे थे। चारों अपने में मगन। देवेन नदी किनारे धीमी वॉक कर रहा था, कुश फ़ोटो खींच रहा था, गड्डू भी घूम-घूम कर नदी के जादू को जी रही थी। मेरा मन कर रहा था कि आज चाँद को सूरज थोड़ी ज़्यादा रौशनी उधार दे दे और आज की रात इतनी उजली रहे कि मैं सारी रात यहाँ बैठकर अपनी पसन्दीदा कविताएँ पढ़ती रहूँ। आज शुक्ल पक्ष की नवमी है और चाँद को अपनी पूरी रौशनी कमाने के लिए पूनम तक का सफ़र तय करना है। जाने कब से मन में एक ख़्वाहिश पल रही है कि किसी शरद पूर्णिमा को

रात भर चाँद के तले जागकर किसी बेहद क़रीबी की सोहबत में दुनिया की सबसे सुन्दर कविताएँ और संगीत सुनूँ। मगर तमाम छोटी-छोटी ख़्वाहिशों की अधूरी लिस्ट में यह भी अपने पूरे होने के लम्हे का इन्तज़ार कर रही है। थोड़ी देर बस यूँ ही बैठी रही मैं अपने में मगन। विचारों और कल्पनाओं के ताने-बाने बुनते। नदी से कुछ कहते, कुछ उसे सुनने की कोशिश करते। अपने आसपास नज़र डाली तो कुछ अन्य पर्यटक भी किनारे पर खेलते नज़र आए। क्या ये सब इतने ही सुखी हैं जितने नज़र आ रहे हैं? कई बार दूर से देखने पर जो बहुत सुखी नज़र आते हैं उनके क़रीब जाओ तो उनके भीतर गहरे जमे दुखों की नमी महसूस होती है।

किसी को जानना हो तो उसे हमेशा उदासी के लम्हों में जानना चाहिए। मुस्कुराहटें तो छलती आई हैं सदा से, आँसू ही सच्चा पता बताते हैं मनुष्य के हृदय का। मैं भी तो मुस्कुरा रही हूँ। क्या मैं सचमुच सुखी हूँ? पता नहीं...हम ख़ुद को ही नहीं जान पाते ठीक से और दुनिया को जानने का दावा करते हैं। मेरा मन जाने क्या-क्या सोचे जा रहा है। सर झटककर इन विचारों से बाहर आई और किनारे के पत्थरों पर नज़र चली गई। नदी तो सुन्दर है ही लेकिन ये पत्थर कितने सुन्दर हैं। पत्थरों को देखकर अनीता दीदी की याद आ गई। वे यहाँ होतीं तो जाने कितने पत्थर बटोरकर ले जातीं और उनसे कहानियाँ रच देतीं। उनसे मिलने के बाद अब हम भी पत्थरों में आकृतियाँ ढूँढ़ने लगे हैं। एक पत्थर ठीक सामने पड़ा है और वह एक आँख वाले काने आदमी जैसा लग रहा है, उसी के पास एक पत्थर है जो गाजरी लाल रंग का है और किसी हैट की तरह दीखता है। एक रुचि उत्पन्न होने लगी हर पत्थर में आकृति ढूँढ़ने की। इतने में कुश की आवाज़ ने ध्यान तोड़ा। वह कॉफ़ी पीने के लिए पूछ रहा था।

अरे हाँ, आज शाम की कॉफ़ी तो पी ही नहीं।

हम सब उठे और सीढ़ियाँ चढ़कर वापस रिज़ॉर्ट के नदी किनारे वाले खुले हिस्से में बैठ गए। यहाँ बैठकर चाय-कॉफ़ी पीते हुए नदी का पूरा लुत्फ़ लिया जा सकता था। कॉफ़ी पीते हुए हम वापस अपनी मस्ती वाले मोड में आ चुके थे और एक-दूसरे की टाँग खिंचाई शुरू हो गई थी। शाम गहराने लगी थी। अचानक एक स्त्री आवाज़ ने ध्यान खींचा—

"इधर देखिए...इन्द्रधनुष।"

"कहाँ...कहाँ...?"

"इधर से देखिए।"

हम तुरन्त उठकर उनकी टेबल के पास गए तो आसमान देखकर मंत्रमुग्ध हो बस देखते ही रह गए। सामने नीले आकाश में सात रंगों का धनक खिंचा हुआ था एक सिरे से दूसरे सिरे तक। हमारी टेबल के सामने दो पेड़ लगे होने के कारण वहाँ से दिखाई नहीं दे रहा था। मुझे याद नहीं कि इसके पहले इन्द्रधनुष मैंने कब देखा था, शायद बचपन में कभी। अभी तो काफ़ी बरसों में नहीं देखा है। कितना सुन्दर लग रहा था आसमान। सामने एक हरी-भरी छोटी पहाड़ी के पीछे छितरे हुए बादलों के बीच साफ़ नीले रंग में बना हुआ इन्द्रधनुष। इसके तीन रंग ही अच्छे से दिखाई दे रहे थे। गुलाबी, नीला और हरा। बाक़ी रंग धुँधले थे। क़ुदरत की कलाकारी के समक्ष हमेशा ही सर प्रेम और आदर से झुक जाया करता है। इससे बड़ा रचयिता और कौन हुआ है। प्रकृति से ज़्यादा बेहतर सौन्दर्यबोध किसी के पास नहीं है। कैसा अद्‌भुत रचा है इस कायनात के कण-कण को। ज़र्रे-ज़र्रे में सौन्दर्य।

पास बैठी महिला का नाम दीप्ति वशिष्ठ था। वे क़रीब पचपन साल की एक हँसमुख महिला थीं। उनसे परिचय और बातों का सिलसिला शुरू हो गया। मैं और गड्डू उनसे भूटान के बारे में जानते रहे। वे और उनके पति गुड़गाँव में रहते हैं। दिल्ली से पारो की फ़्लाइट लेकर पारो आए और पारो घूमने के बाद आज ही पुनाखा आए हैं। हमें कल पारो जाना है तो उनसे पारो के बारे में पूछने लगे कि क्या-क्या देखना चाहिए। उन्होंने पारो की कुछ जगहों के बारे में बताया जिनमें जोंग, लोकल मार्केट शामिल थे पर हमारी दिलचस्पी टाइगर नेस्ट थी। टाइगर नेस्ट एक मोनेस्ट्री है जो सीधे खड़े पहाड़ पर स्थित है और एक कठिन ट्रेकिंग के बाद वहाँ पहुँचा जा सकता है। कुल मिलाकर अगर पारो जाना है तो पर्यटक अमूमन एक पूरा दिन सिर्फ़ टाइगर नेस्ट के लिए रखते हैं। हमारे दोस्तों ने टाइगर नेस्ट विज़िट को मस्ट बताया था और ये भी कि वहाँ नहीं गए तो एक बेहद ख़ूबसूरत जगह मिस कर देंगे। टाइगर नेस्ट तो जाना ही है, यह हम सोचकर आए थे।

"टाइगर नेस्ट होकर आए आप लोग?" गड्डू ने दीप्ति जी से पूछा।

"अरे बाप रे, मत पूछिए! बहुत ही बेकार अनुभव रहा। मैं तो सबको यही सलाह दूँगी कि कोई ज़रूरत नहीं है वहाँ जाकर एक दिन ख़राब करने का।" दीप्ति जी के चेहरे पर एक कसैला-सा भाव उभर आया था।

"अरे, ऐसा क्यों?" हम चकित थे यह सुनकर।

"इतनी कठिन ट्रेकिंग है कि पूरा शरीर अब तक दर्द कर रहा है। और उतनी वर्थ भी नहीं है। ऊपर जाकर ठीक वही नज़ारा है पारो घाटी का जो आप किसी भी पहाड़ी से आसानी से देख सकते हैं बल्कि रास्ते भर आपको यह नज़ारा देखने को मिलता है। ऊपर जाने में जितनी मशक़्क़त हुई, नीचे उतरने में उससे भी ज़्यादा मशक़्क़त थी क्योंकि तब तक घुटने जवाब दे चुके थे।"

"हाँ...ट्रेकिंग कठिन है, यह तो हम सुन चुके हैं और इसके लिए तैयार भी हैं मानसिक रूप से।" मैंने कहा और गड्डू की तरफ़ देखा। हम दोनों सोच रहे थे कि इनकी उम्र के कारण इन्हें यह तकलीफ़ हुई है क्योंकि इस उम्र में जो ट्रेकिंग नहीं करता उसके लिए इतनी ऊँचाई पर जाना और उतरना कष्टकारी होना स्वाभाविक है।

"जबकि मैं इतनी फिट हूँ और मैराथन भी दौड़ती हूँ, फिर भी ये खड़ी चढ़ाई परेशान कर गई। ऊपर जाकर भी सेम मोनेस्ट्री, सेम विवरण और सेम नज़ारा। कुछ अलग भी मिलता तो चढ़ाई करना बनता है। मैं तो किसी को सलाह नहीं दूँगी कि वहाँ जाए।"

अब हमने चौंककर दीप्ति जी को देखा। वे वाक़ई बहुत फिट थीं। दुबली-पतली मज़बूत क़द-काठी। मैराथन तो हम भी न दौड़ पाएँगे अभी। अगर ये इतनी परेशान हो गईं तो क्या सचमुच टाइगर नेस्ट जाना चाहिए?

एक क्षण को हम भी ऊहापोह में आ गए।

"बाक़ी आपकी मर्ज़ी। जाना है तो ज़रूर जाइए।" वे मुस्कुराती हुई उठीं और अपने कमरे की ओर चल दीं। जब वे खड़ी हुईं तब हमने फिर ग़ौर किया। वे वाक़ई बहुत फिट थीं।

हमने तुरन्त ये सारी वार्ता देवेन और कुश के साथ साझा की। यह सच है कि अब तक मन हमारा थोड़ा डावाँडोल होने लगा था। इसलिए नहीं कि चढ़ाई कठिन है बल्कि इसलिए कि इतने परिश्रम से ऊपर जाने के बाद भी

कुछ ख़ास नहीं मिलनेवाला है। और काफ़ी दिनों से कोई वर्क आउट भी नहीं कर रहे हैं तो मसल्स पेन अगले दो दिन और ख़राब कर देगा।

"चाहे कोई कुछ भी कहे, टाइगर नेस्ट तो जाएँगे।" देवेन ने निश्चयात्मक फ़ैसला सुनाया।

"हाँ...भूटान आए हैं तो यह भी देखकर ही जाएँगे। कौन आता है बार-बार भूटान। अगर नहीं गए तो ज़िन्दगी भर मलाल रहेगा कि पारो गए और टाइगर नेस्ट से होकर नहीं आए। इसलिए चलेंगे ही चलेंगे।" कुश ने भी देवेन का समर्थन किया।

"हाँ...सही कह रहे हो दोनों। चलेंगे।" अब गड्डू के स्वर में भी दृढ़ता थी।

"लेकिन किसी को हतोत्साहित नहीं करना चाहिए। ख़ुद नहीं चढ़ पाए तो दूसरों को भी मना करने लगे। अपन तो चलेंगे टाइगर नेस्ट।" मैंने भी समर्थन किया लेकिन दीप्ति जी के डिसकरेज करने को लेकर मन में जो खिन्नता थी वो शब्दों में उतर आई।

"सही है...ऐसे हतोत्साहित नहीं करना चाहिए। सबको अपना अनुभव ख़ुद करके देखना चाहिए।" हम सब सहमत थे और अब टाइगर नेस्ट जाने को लेकर एकदम प्रतिबद्ध।

"इतनी ऊँचाई पर ज़रूर वे दुर्लभ पक्षी देखने को मिलेंगे जो हिमालय के ऊँचे स्थानों पर पाए जाते हैं।" यह ख़याल टाइगर नेस्ट पर चढ़ने के ख़याल को और मज़बूत कर गया। मन में दो क्षण को जो शंका आई थी अब उसका नामोनिशान भी नहीं था।

साढ़े सात बज रहे थे। आसमान के कैनवस से चित्रकार ने अपने रंग समेटकर कलर बॉक्स में रख लिए थे और अब अँधेरा तेज़ी से घिरने लगा था। उस गहरे सलेटी झुटपुटे में नदी का आलाप सारे इलाक़े में गूँज रहा था और कहीं-कहीं किसी पक्षी की तेज़ सीटी या गौरैया की चुकुर-चुकुर सुनाई दे रही थी। मैंने अपनी आँखें बन्द कर एक गहरी साँस ली। कभी-कभी लगता है कि जैसे उस गहरी साँस के साथ सिर्फ़ हवा ही नहीं बल्कि आसपास के सारे माहौल को हम अपने भीतर उतार रहे हैं। वो सब कुछ जो आँखों से, कानों से और स्पर्श से छूटा रह गया वो सब कुछ साँस के साथ भीतर चला आएगा। शायद यही एक तरीक़ा है उसे जी लेने का जो हमारे सामने फैला

हुआ है। स्मृति में सिर्फ़ दृश्य, आवाज़ और शब्द दर्ज होते हैं, साँसें ख़ुशबू और एहसास भी दर्ज कर लेती हैं और ज़रूरत पड़ने पर उसे स्मृति को सौंप देती हैं। एक गहरी साँस सिर्फ़ साँस नहीं एक तार है जो हमें अपने आसपास से जोड़ देता है बेहद कोमलता और मज़बूती से।

"भूटानी बियर का टेस्ट लिया जाए?" मैंने प्रस्ताव रखा।

"मैं तो नहीं पियूँगा, तुम लोग पियो।" देवेन का जवाब आया जो कि अपेक्षित था।

"मैं भी सिर्फ़ चखूँगी।" गड्डू ने कहा।

"मैं भी नहीं पियूँगा।" कुश का उत्तर अनपेक्षित था, लेकिन खाने-पीने के मामले में कोई ज़बरदस्ती नहीं करते हम लोग। इसलिए कारण भी नहीं पूछा और मेरे लिए बियर और बाक़ियों के लिए कोल्ड ड्रिंक्स ऑर्डर कर दी।

बाहर का आलम यूँ ही बेहद रूमानी था और ग़ज़लों ने उसे और रूमानी बना दिया था। चार दोस्त, बेफ़िक्री की एक शाम। और क्या चाहिए। उस शाम हम क़रीब दो घंटे बेहद मुलायम एहसासों से भरी बातें करते रहे थे। सबके मन की परतें खुल रही थीं, सब एक-दूसरे को थोड़ा और जान रहे थे। मौज़-मस्ती, टाँग खिंचाई और हँसी के फ़ौआरों के बीच कहीं न कहीं कोई ऐसा वक़्त आता ही है जब सब दिल से बात कर रहे हों और वे बातें दिल से निकलकर दिल तक पहुँच रही हों। इन क़िस्सों में दिल जुड़ने से लेकर दिल टूटने के क़िस्से शामिल थे, कुछ पश्चात्ताप थे, कुछ कन्फेशन थे और कुछ अदृश्य आँसू थे। ये एक बेहतरीन वक़्त था।

क़रीब 9 बजे डिनर के लिए बुलावा आ गया। हम सब रेस्तराँ में पहुँचे। वही भूटानी पेंटिंग्स से सज्जित दीवारें और सुरुचिपूर्ण ढंग से सजी मेज़ें। सत्कार भाव में पगा स्टाफ़ और भूटानी बालाओं की वही मुस्कानें। सादा खाना ऑर्डर किया और खाकर अपने कमरे में आ गए।

"यार, आज हम लोगों ने कुछ नहीं किया। न कविताएँ रिकॉर्ड कीं, न गाना गाया और न कोई वीडियो बनाया।" मैंने कुश से कहा।

हम लोग प्लान करके चले थे कि भूटान की सुन्दर लोकेशंस पर मैं गाने या ग़ज़ल गाऊँगी, कुछ कविताएँ पढ़ूँगी और सम्भव हुआ तो एक शॉर्ट

फ़िल्म बनाएँगे। आज की लोकेशन एकदम परफ़ेक्ट थी मगर शाम हो जाने से कुछ नहीं कर सके।

"कल सुबह करेंगे, बॉस।" कुश ने थम्ब्स अप किया।

रात होने की वजह से ठंडक हो गई थी और पंखे से दूर होकर भी मेरे बिस्तर पर गर्मी महसूस नहीं हो रही थी।

एक दिन और बीत गया। मैं बिस्तर पर लेट ज़रूर गई थी मगर आँखों के सामने कभी इन्द्रधनुष आकर अपने रंग बिखेर देता तो कभी नदी और उसके सफ़ेद पत्थरों वाला किनारा आकर पुकारने लगता, कभी लगता कि ये वक़्त बस यहीं ठहर जाए। अभी कुछ दिन बाद ये सारे पल बस अतीत बनकर रह जाएँगे। अच्छे लम्हे इतनी जल्दी क्यूँ गुज़र जाते हैं और दुख के दिनों की चाल ऐसी धीमी क्यूँ होती है मानो आगे बढ़ना ही नहीं चाहते हों। जाने क्यों बेवजह ही जी एकदम उदास हो गया। पिछले कुछ वक़्त से उदासी मुसलसल दिल में घर किए हुए है। अकेली हुई नहीं कि सखी बनकर संगत देने चली आती है। थोड़ी देर कोशिश करने पर भी नींद नहीं आई तो मैंने मोबाइल उठाया और आज का दिन दर्ज करने लगी।

कुछ अनगढ़-सी पंक्तियाँ फिसल पड़ीं जो नदी किनारे बैठे-बैठे ही ज़ेहन में दस्तक दे चुकी थीं—

तुम कैसे मिले मोचू पोचू?
कितने दिन एक दूजे से दूर रहे?
कितने दिन (या फिर बरस या सदी) एक दूसरे का इन्तज़ार किया?
कहो...अपनी कहानी कहो।
कौन हूँ मैं?
बस चन्द पल तुम्हारे पानीदार हाथों को थामकर बैठी एक मुसाफ़िर।
मैंने आज जाना है तुम दोनों को।
लेकिन जानती हूँ जन्मों से
प्रेम को, विरह को, इन्तज़ार को।
कहो...क्या एक ही नहीं हम तुम?
क्या एक ही कथा नहीं हमारी?

तुम जहाँ पहुँच गए, अभी मेरा पहुँचना बाक़ी है
अभी मेरी प्रतीक्षा का तप बाक़ी है।
एक दुआ की बूँद अपने नेत्रजल से उठाकर
तुम्हारे प्रेमजल में प्रवाहित कर दी है

जो छुए तुम्हारा जल
उसे प्रेम में मिले मिलन।

क़ुदरत के साये में अतीत की सुन्दर गाथा

सुबह 7 बजे आँख खुली। गड्डू अभी नहीं उठी थी लेकिन मेरे उठने की आहट से वह भी उठ बैठी। एक अच्छी नींद के बाद की भरपूर अँगड़ाई के बाद सबसे पहले खिड़की खोली तो ठंडी हवा और नदी की कलकल का संगीत एक साथ कमरे के भीतर आ पहुँचा। कार्बन नेगेटिव हवा...अहा! जैसे ही यह याद आता है कि हम दुनिया की सबसे शुद्ध हवा में साँसें ले रहे हैं तो एक्स्ट्रा साँसें लेने का मन करने लगता है। हवा पूरी देह छू गई। पावस हवा का स्पर्श देह को तो कुछ अलग महसूस नहीं होता, शायद आत्मा को महसूस होता हो।

लड़कों के कमरे में जाकर देखा तो देवेन उठकर बाहर जा चुका था। कुश अभी सो ही रहा था। देवेन चाहे जितना भी थका हुआ क्यूँ न हो, वह हमेशा 6 बजे उठ जाता है और वॉक पर निकल जाता है। इसमें इतनी एनर्जी कहाँ से आती है। शायद चुप रहकर और कम-से-कम बोलकर ये अपनी ऊर्जा बचाता है और हम बकबकिए बकबक करके ही सारी एनर्जी ख़त्म कर डालते हैं। जो भी हो एनर्जी जाती है तो जाए, बकबक करना हम नहीं छोड़ सकते।

"मैं बाहर एक वॉक पर जा रही हूँ, तू चलेगी क्या?" मैंने गड्डू से पूछा।

"नहीं, तू जा। मैं चाय पियूँगी अभी।" गड्डू अभी हल्के आलस में थी।

नौवाँ दिन : 13 जून, 2019
पुनाखा से पारो

जूतों वाला बैग लड़कों के रूम में था। मैं स्लीपर पहने-पहने ही कैमरा लिये वॉक के लिए निकल पड़ी। होटल से बाहर निकलकर क़स्बे की तरफ़ चलना शुरू किया। भूटान की दैनिक ज़िन्दगी शुरू हो चुकी थी। सेब जैसे गालों वाले बच्चे बस्ते लटकाए स्कूल जा रहे थे। स्त्रियाँ, पुरुष भी अपने कामकाज में लग चुके थे। थोड़ी दूर चलते ही नदी पर बना एक पुल आ गया। पुल की रेलिंग पर ढेर सारे रंग-बिरंगे झंडे बँधे हुए थे। बौद्ध धर्म से जुड़े अन्य कई स्थानों की तरह भूटान में भी हर जगह प्रार्थना के प्रतीक रंग-बिरंगे झंडे हवा में लहराते हुए नज़र आते हैं। ये यहाँ के धार्मिक और सांस्कृतिक प्रतीक हैं। ये झंडे सामान्यतः पाँच रंगों के होते हैं। सफ़ेद (कर्म की शुद्धता के लिए), नीला (सेहतमन्द जीवन के लिए), लाल (मनोकामना पूर्ति के लिए), पीला (मुसीबतों पर जीत के लिए) और हरा (करुणा और दया के लिए)। इसके अलावा यह भी माना जाता है कि जितना ऊँचा इन झंडों को लगाया जाएगा हवाएँ प्रार्थनाओं को चेतना सम्पन्न आत्माओं की ओर उतनी ही दूर तक ले जाएँगी। पुल के दोनों ओर कलकल बहती नदी, ठंडी हवा में सुबह की कच्ची धूप का स्पर्श और चारों ओर बादलों की ओट से झाँकते मनोरम पर्वत।

या ख़ुदा...ये गाँव है या सपनों की कोई दुनिया।

पुल पार कर गाँव से बाहर जानेवाली सड़क की ओर मैं चलती जा रही थी, मुझे नहीं पता ये सड़क कहाँ जा रही है। कई बार हम मार्ग नहीं चुनते, मार्ग हमें चुन लेता है और इस मार्ग ने मुझे चुन लिया था कुछ पल के लिए। पहाड़ी रास्तों पर सड़क से काटकर दाएँ या बाएँ पहाड़ पर बने घरों की ओर जाते हुए मिट्टी के कच्चे रास्ते मुझे हमेशा बड़े लुभाते हैं। थोड़ी दूर चलने पर पैरों में खुजली महसूस हुई। देखा तो पैरों में लगातार मच्छर और बहुत छोटे कीड़े काट रहे थे। बिना जूतों के घूम रहे एक मूर्ख सैलानी के ख़ून का स्वाद क्यों छोड़ने लगे भला ये कीट? मेरा एक हाथ पैरों को खुजलाने के लिए बेचैन होने लगा। बार-बार नीचे झुकती और खुजलाती। कुछ सेकंड्स बाद ही फिर वही कीड़े काटने आ जाते।

ऐसे में आगे जाना बड़ा कठिन था। मैं पछता रही थी कि जूते पहनकर क्यों नहीं आई? मगर अब सोचने से कोई लाभ नहीं था तो ऐसे में वापस

होटल जाकर नदी किनारे वक़्त बिताना ज़्यादा बेहतर विकल्प था। वहीं से पीछे लौटी और वापस होटल की ओर रुख़ किया। लौटते हुए मैं मच्छरों को भगाने के लिए थोड़ा उछलकर चल रही थी ठीक वैसे ही जैसे बचपन में उछलते-कूदते स्कूल जाया करती थी। मन वापस बच्चा बन गया था। आज भी जब कहीं एकान्त सड़क देखती हूँ तो यूँ ही फुदकने लगती हूँ। आज मच्छरों की वजह से चाल ऐसी हो रही थी, वरना चहल-पहल वाले इलाक़े में मैं सभ्य बनकर ही रहती हूँ। एक हाथ में कैमरा झुलाती, उछलती और गुनगुनाती इस सैलानी को देखकर स्थानीय लोगों के चेहरे पर एक मुस्कान आ जाती। मेरे पास भी एक बड़ी-सी मुस्कान थी उन्हें बदले में देने को।

अगले दस मिनट में मैं होटल वापस पहुँच चुकी थी। जाकर देखा तो तीनों चाय-कॉफ़ी पीकर तसल्ली से गप्पें लगा रहे थे। अभी 8 बजे थे और हमारे पास अभी दो घंटे का वक़्त था। इसके बाद तैयार होकर चैक आउट करना था।

"चलो ना नदी किनारे चलकर वीडियो बनाते हैं।" मैंने बड़े उत्साह में कुश से कहा।

कुश झट से तैयार हो गया और अपना कैमरा निकाल लाया।

हम दोनों नदी किनारे पहुँचे और सबसे पहले एक कविता पढ़ने का निश्चय किया। नदी के साथ हैं तो नदी के प्रेम में ही कविता कहनी होगी। नदी को सुनानी होगी वह कविता जो उसके लिए लिखी गई है। ऐसे में केदारनाथ सिंह की कविता निकाली अपने मोबाइल में और पढ़ना शुरू किया—

अगर धीरे चलो
वह तुम्हें छू लेगी
दौड़ो तो छूट जाएगी नदी
अगर ले लो साथ
तो बीहड़ रास्तों में भी
वह चलती चली जाएगी
तुम्हारी उँगली पकड़कर अगर छोड़ दो
तो वही अँधेरे में
करोड़ों तारों की आँख बचाकर

वह चुपके से रच लेगी
एक समूची दुनिया
एक छोटे-से
घोंघे में

सच्चाई यह है
कि तुम कहीं भी रहो
तुम्हें वर्ष के सबसे कठिन दिनों में भी
प्यार करती है एक नदी
नदी जो इस समय नहीं है हमारे आसपास
पर होगी ज़रूर कहीं-न-कहीं
किसी चटाई
या फूलदान के नीचे
चुपचाप बहती हुई...

अहा, क्या ही ख़ूबसूरत एहसास था नदी के जल में पैर डालकर बैठना और नदी को उसी की कविता सुनाना! पत्थरों से टकराकर पानी के ठंडे छींटे चेहरे पर फुहार बनकर बरस रहे थे और उसका संगीत बैकग्राउंड में साथ बज रहा था। कुश वीडियो बना रहा था। कविता पूरी हो जाने के बाद भी मैं थोड़ी देर वहीं बैठी रही। मन तरल हो नदी के जल के साथ बहने लगा था। नदी के दूसरे किनारे पहाड़ों के पीछे सूरज उग आया था।

"गाना गाओगी?" कुश कैमरा थामे पूछ रहा था।

"हाँ...गाऊँगी" और मेरे होंठों पर अनायास आ गया था ये गीत—

हुस्न पहाड़ों का...क्या कहना कि बारहों महीने यहाँ मौसम जाड़ों का

अपने हाथों से पानी उछालते हुए मैं ये चाशनी जैसा मीठा गीत गा रही थी। अबके नदी के अलावा पहाड़, पेड़ और सूरज भी श्रोता थे। मैं गीत नहीं गा रही थी बल्कि क़ुदरत के इस दृश्य को सजदा कर रही थी। इस गीत का संगीत देनेवाले संगीतकार रवीन्द्र जैन को और इस गीत में अपनी आवाज़ का शहद भरनेवाली हमारी स्वर कोकिला लता को सौ बार सजदा। गला है

कि काँच का मर्तबान जिसमें संगीत के किसी देवता ने अपने हाथों से शहद भर डाला है। क्या लता जी जानती होंगी कि उन्होंने कितने मरते हुओं को ज़िन्दगी दी है, कितने पत्थर दिलों को पिघलाकर मोम बना डाला है, कितने लोग फूट-फूटकर रोये हैं उन्हें सुनते हुए, कितने लोग एक ही गाना सुनते हुए रात भर जागे और मुझ जैसे कितने ही हज़ारों बार मरे होंगे उन्हें सुनते हुए। कैसे उतारा जा सकेगा इस एहसान को एक जीवन में?

कुश वीडियो बना रहा था। अब यह सुबह ऐसी की ऐसी स्मृति में हमेशा के लिए क़ैद हो गई थी। बरसों बाद जब स्मृति साथ छोड़ने लगेगी तब यह वीडियो अतीत को हूबहू पेश कर देगा। याद करेंगे मृत्यु के सिरहाने बैठकर कि कभी एक सुबह एक पहाड़ी नदी के किनारे कविता और संगीत की सोहबत में गुज़री थी। मुझे कई मर्तबा ख़ुद समझ नहीं आता कि क्यों हर जंगल, हर नदी, हर पहाड़, हर खेत और हर समन्दर किनारे मैं गाने गाती हूँ, नृत्य करती हूँ। शायद कारण यही कि क़ुदरत के बीच गीत गाना, नाचना क़ुदरत के साथ मनुष्य के आदिम रिश्ते को सेलेब्रेट करना है। बढ़ती तकनीक की वजह से यह सुविधा भी मिल गई है कि हम इस सेलेब्रेशन को रिकॉर्ड कर सकते हैं जीवन भर के लिए, तो वीडियो भी बना लेते हैं।

गड्डू और देवेन भी नदी किनारे आ गए थे और गड्डू कुछ पत्थर इकट्ठे कर रही थी। उसने कुछ बड़े साइज़ के बेहद ख़ूबसूरत पत्थर इकट्ठे किए थे। बोली कि इन पर चित्र बनाकर पेपरवेट बनाएगी।

हम सबने यहाँ ख़ूब सारी तसवीरें लीं और चल दिए अपने कमरे की ओर। कमरे के बाहर बगिया में भूटानी गौरैया रसेट स्पैरो फुदक रही थीं, जिन्होंने एकदम से नज़रों को बाँध लिया। जब तक गड्डू तैयार होने बाथरूम में गई तब तक मुझे मौक़ा मिल गया कि मैं इनकी कुछ तसवीरें ले लूँ। ये छोटी चिड़िया बहुत भगाती हैं अपने पीछे। जब तक कैमरा फोकस करो तब तक फुर्र हो जाती हैं। फिर भागो इनके पीछे-पीछे। लेकिन मेरी क़िस्मत अच्छी थी कि पेड़ पर बैठे हुए कुछ शॉट्स मिल ही गए बल्कि इनके घास में कीड़े चुगते समय लेटकर फ़ोटो लेने से मुझे इनके आई लेवल शॉट भी मिल गए। किसी नए पक्षी का अच्छा और क्रिस्प फ़ोटो मिल जाने की ख़ुशी केवल एक बर्ड फ़ोटोग्राफ़र ही समझ सकता है। बर्ड फ़ोटोग्राफ़ी करने का एक बड़ा

फ़ायदा यह मिला कि जब हम इनके पीछे भागते हैं या घंटों इन्तज़ार करते हैं इनके एक बढ़िया शॉट पाने का, तो अनजाने ही इन पक्षियों के व्यवहार से परिचित होने लगते हैं। इनकी बोली पहचानने लगते हैं, इनका आपसी प्रेम, ग़ुस्सा, अपने बच्चों के प्रति परवाह, इनके भय सब हमारे सामने खुलते चले जाते हैं। इन परिन्दों से ऐसा लगाव हो जाता है जैसे ये आत्मा से हमसे किसी धागे से जुड़े हुए हों। अगर मुझे अपने ढेर सारे शौक़ों में से किसी एक शौक़ को शुक्रिया कहना होगा तो वह फ़ोटोग्राफ़ी ही होगी क्योंकि इसने मुझे परिन्दों की दुनिया में प्रवेश दिलाया। उन्हें मेरी ज़िन्दगी का अहम हिस्सा बनाया।

चिड़ियों की तसवीरें लेने के बाद एक इत्मीनान के साथ कमरे में वापस पहुँची तो गड्डू तैयार हो चुकी थी। मैं भी झटपट तैयार हुई और हम लोग सामान पैक कर नाश्ता करने रेस्तराँ चले गए। नाश्ता करते वक़्त दीप्ति वशिष्ठ मिल गईं जो एक टी-शर्ट के साथ किरा पहने हुई थीं और बेहद सौम्य और फिट लग रही थीं। हमने उन्हें कॉम्प्लिमेंट दिया तो उन्होंने पारो में एक दुकान का पता बताया जहाँ सस्ते किरा मिलते हैं।

"तो क्या इरादा किया टाइगर नेस्ट जाने के बारे में?" उन्होंने पूछा।

"कल जाएँगे हम वहाँ।" हमारे उत्तर में एक दृढ़ता थी।

"ऑल द बेस्ट" उन्होंने थम्ब्स अप किया और चैक आउट करने चली गईं।

रेस्तराँ से निकलते वक़्त फ़ोर फ्रेंड्स की एक पेंटिंग पर नज़र पड़ी। पूरी दीवार पर चार दोस्त मिल-बाँटकर फल खाते हुए। क़रीब साढ़े दस बजे हमने होटल छोड़ा और चल दिए अगले पड़ाव पारो की ओर। आज हमें कोई जल्दी नहीं थी और हम रास्ते का पूरा मज़ा लेते हुए जाना चाहते थे। मेरी इच्छा थी कि भूटान में दो जगह ज़रूर विज़िट करूँ। एक तो यहाँ का कोई पुलिस स्टेशन जिससे जान सकूँ कि इतने शान्ति प्रिय और ख़ुशहाल देश में अपराधों की क्या स्थिति है? और दूसरा कोई स्कूल जहाँ जाकर उनका सिलेबस और पढ़ाने का तरीक़ा जान सकूँ कि आख़िर इतने ख़ुश बच्चे कैसे तैयार कर रहा है ये देश? देवेन को मेरी दोनों इच्छाएँ पता थीं। होटल से निकलकर थोड़ी दूर चलते ही पेट्रोल डलवाने जहाँ रुके वहाँ देवेन ने मुझे इशारा किया—

"जा, होकर आ वहाँ।"

सामने देखा तो पुलिस थाना था। 'रॉयल भूटान पुलिस'। मैं और गड्डू तुरन्त कार से उतरकर थाने पहुँचे। थाना एक छोटा-सा साफ़-सुथरा भवन था जिसमें चार-पाँच सीढ़ियाँ चढ़कर प्रवेश किया जा सकता था। हम दोनों थाने के भीतर पहुँचे जो बहुत कुछ भारत के छोटे थानों से मिलता-जुलता था। सबसे पहले बड़ा कमरा जिसमें अलग-अलग पुलिस स्टाफ़ के लिए क्यूबिकल बने हुए थे और वहाँ सामने केवल एक पुलिस मैन बैठा हुआ था। शायद यह रोज़नामचे पर बैठनेवाला हैड-कॉन्स्टेबल होगा। मैंने अन्दाज़ा लगाया। हम दोनों को देखकर उसकी निगाहों में कई सवाल तैर गए। विदेशी पर्यटकों का थाने आना कोई शुभ संकेत नहीं होता। पर्यटकों के साथ अपराध का होना किसी देश में अच्छा नहीं माना जाता। और कौन बिना किसी कारण थाने का भ्रमण करने जाता है भला?

मैंने उसके पास जाकर अपना परिचय दिया और अपने आने का प्रयोजन बताया। भारत के एक पुलिस अधिकारी को देखकर उसने सम्मान प्रदर्शित किया और राहत की साँस ली। चौबीस-पचीस बरस के युवा पुलिस अधिकारी से हमने पूछा।

"आपके स्टेशन इंचार्ज से मुलाक़ात हो सकती है?"

"वो अभी किसी काम से बाहर गए हैं।"

"ओके, आप ही हमारी कुछ बातों का जवाब दे दीजिए?"

"ज़रूर, बताइए।"

"आपका नाम क्या है?"

"सोनम..."

हम दोनों मुस्कुरा उठे और अगला सवाल पूछा—"भूटान में किस तरह के क्राइम होते हैं? कौन से क्राइम ज़्यादा हैं यहाँ?"

"बहुत कम हैं यहाँ क्राइम। ज़्यादातर बहुत छोटे अपराध होते हैं।"

"मर्डर, डकैती, लूट?" मैंने जघन्यता के घटते क्रम में हीनियस ऑफेंसेज़ के नाम लिए।

"नहीं...यहाँ ये सब नहीं होते। बरसों में एक-आध एफ़.आई.आर. होती है मर्डर या लूट की।"

"और चोरियाँ?"

"नहीं, चोरियाँ भी नहीं। यहाँ लोग दूसरे के सामान पर नज़र नहीं डालते।"

"तो फिर किस तरह के अपराध हैं यहाँ?" मैं उत्सुक हुई।

"पिछले कुछ सालों में यहाँ लोगों में नशे की लत बढ़ रही है और ख़ासकर युवा ड्रग्स के आदी हो रहे हैं तो ज़्यादातर अपराध उसी से सम्बन्धित हैं।"

"हम्म..." यह भूटान की बढ़ती चिन्ता है।

"और इसके अलावा?"

"इसके अलावा पति-पत्नी के झगड़े हैं। सबसे ज़्यादा शिकायतें उन्हीं झगड़ों की हैं।"

"अरे, ऐसा क्यों? सब ख़ुश रहते हैं तो पति-पत्नी क्यों लड़ते हैं।"

"दिनभर यहाँ के औरत और मर्द मेहनत करते हैं और शाम के बाद दारू पीकर मारपीट करते हैं।"

शराब ने जाने कितने परिवार बर्बाद कर दिए हैं और भारत की तरह भूटान में भी शराब गृहक्लेश का कारण बन रही है। मैंने सोचा। और पति-पत्नी के झगड़े...माने सबसे ख़ुश देश में भी पति-पत्नी झगड़े बिना बाज़ नहीं आ सकते। मियाँ-बीवी की लड़ाई यूनिवर्सल ट्रुथ है। देश, काल और परिस्थितियों से परे।

मैं और गड्डू एक दूजे की तरफ़ देखकर मुस्कुराए। शायद हम दोनों एक ही बात सोच रहे थे।

इसी के साथ हमने सोनम जी से विदा ली और थाने से बाहर निकल आए। ख़ुशी-ख़ुशी हम अपने अगले गन्तव्य की ओर बढ़ चले। पारो पहुँचने के पहले पुनाखा का जोंग देखना है, डोचुला पास देखना है, और हाँ, रॉयल भूटान बोटानिकल पार्क भी देखना है जो आते समय छोड़ आए थे।

सबसे पहले हम पहुँचे पुनाखा के जोंग में। जोंग यानी क़िला जो इनके धार्मिक और प्रशासनिक स्थान भी होते हैं। यहाँ के जोंग की तारीफ़ दीप्ति वशिष्ठ भी कर चुकी थीं। यह वाक़ई अद्‌भुत था। इसके अन्दर प्रवेश करने से पहले टिकट लेना होता है और तब हमें एक गाइड मिलता है जो एक ग्रुप को जोंग के बारे में बताता है। नदी के ऊपर बना हुआ इसके अन्दर पहुँचने का पुल

जैसा मार्ग जो ऊपर से कवर्ड था यानी छत वाला पुल कह सकते हैं इसे। इसके किनारे लोहे की ऊँची रेलिंग थी जिस पर पवित्र झंडे लगे हुए थे। गाइड का इन्तज़ार करते हुए हमने इस पुल पर खड़े होकर नदी के सौन्दर्य का ख़ूब लुत्फ़ लिया। नदी के पानी में बड़ी-बड़ी मछलियाँ एक-एक फ़ीट तक हवा में उछल रही थीं। मैंने आसपास नज़र घुमाई कि शायद किंगफ़िशर भी यहाँ हो। आख़िर भोजन ख़ुद उछलकर शिकारी को दावत दे रहा है। मगर कोई किंगफ़िशर वहाँ मौजूद न था। पन्द्रह मिनट बाद एक गाइड आया। उसका इन्तज़ार हमारे अलावा आठ-दस लोग और कर रहे थे। हम सबको लेकर वह भीतर चला। भूटान में जोंग में या किसी भी मोनेस्ट्री में प्रवेश करने के कुछ नियम हैं। भूटानी नागरिकों के लिए प्रॉपर ड्रेस कोड है। भूटानी पुरुष बक्कु और स्त्रियाँ किरा पहनकर ही इसमें प्रवेश कर सकती हैं। पर्यटकों के लिए भूटानी ड्रेस पहनना ज़रूरी नहीं है लेकिन उन्हें स्लीवलेस ड्रेस पहनने की अनुमति नहीं है और साथ ही पैर भी पूरी तरह ढके रहने चाहिए तभी वे आपको जोंग में प्रवेश की अनुमति देंगे। शॉर्ट्स, बरमूडा या छोटी स्कर्ट यहाँ नहीं पहन सकते हैं। हमें यहाँ प्रवेश के नियमों का ज्ञान था इसलिए जीन्स और बाँहों वाली टी-शर्ट पहनकर आए थे।

हमारा गाइड था—पासंग। "भूटानी भाषा में पासंग का अर्थ है—गुरुवार।" पासंग ने अपने नाम का अर्थ बताया। छोटे क़द के दुबले-पतले कुछ अलबेले से पासंग के चेहरे पर एक कठोरता थी। वह कठोरता अब तक हमने किसी भूटानी के चेहरे पर नहीं देखी थी। यह भी एक सुखद आश्चर्य ही था कि पिछले चार दिनों में हमने भूटान में किसी को खीजते, ग़ुस्सा करते, चिल्लाते या गाली-गलौच करते नहीं देखा था। ये लोग एक सरलता में जीते हैं और वही सरलता उनके चेहरों पर दिखाई देती है। सभी के चेहरों पर एक मुलायमियत है। इसीलिए जब पासंग के चेहरे पर एक क़िस्म का तनाव देखा तो हमें आश्चर्य हुआ। यही कठोरता उसकी बोली और व्यवहार में भी थी। वह अपना काम एकदम सपाट भाव के साथ कर रहा था।

आठ-दस पर्यटकों के इकट्ठे होते ही पासंग हमें अन्दर की ओर ले चला। पुल से भीतर जाते ही जोंग के पहले एक बड़ा खुला परिसर था जिसमें फूलों के पौधे और बड़े-बड़े पेड़ लगे हुए थे। इन पेड़ों पर बहुत-सारे मधुमक्खी

के छत्ते नज़र आए जिनके बारे में पासंग ने बताया कि भूटान में मधुमक्खी के छत्तों को गुडलक साइन माना जाता है। बाईं तरफ़ एक पर्पल फूलों वाले पेड़ की ओर इशारा करके उसने उसका नाम जकरांदा (Jacaranda) बताते हुए इसे ऑस्ट्रेलिया का राष्ट्रीय पेड़ बताया। जकरांदा को नीला गुलमोहर भी कहते हैं। गूगल करने पर पता चला कि यह ऑस्ट्रेलिया में बहुतायत से पाया जाता है मगर वहाँ का राष्ट्रीय वृक्ष यह नहीं है। वहाँ का नेशनल ट्री गोल्डन वैटल (Golden Wattle) है। पर ठीक है, गाइड के कहे में काफ़ी कुछ एकदम सही होता भी नहीं है। फ़ैक्ट्स चेक करने पड़ते हैं। क़िस्से-कहानियाँ जैसी की तैसी स्वीकार कर ली जाती हैं। इसके बाद दाहिनी ओर लगे हिमालयन साइप्रस के पेड़ में विशेष रुचि लेकर उसने बताया कि यह भूटान का राष्ट्रीय वृक्ष है। यह जानकारी एकदम सही थी। हिमालयन साइप्रस के बड़े पेड़ भूटान के सभी मन्दिरों, मोनेस्ट्री और धार्मिक स्थानों के पास अवश्य लगे मिलेंगे क्योंकि इसकी कम उर्वर और पथरीली ज़मीन पर सर्वाइव करने की विशेषता के कारण इसे यहाँ मज़बूती और सादगी का प्रतीक माना जाता है।

आगे चलने पर पासंग ने पुनाखा के जोंग (क़िले) के बारे में बताना शुरू किया। पुनाखा का क़िला 1637 में बनवाया गया था। 1907 में भूटान के पहले राजा उग्येन वांग्चुक को इसी जोंग में राजमुकुट पहनाया गया था। यह क़िला मिट्टी, पत्थर और लकड़ी से बनाया गया है और पाइन की लकड़ी से बने होने के कारण कई बार आग की चपेट में आ चुका है। यह जोंग मोनेस्ट्री होने के साथ पुनाखा का प्रशासनिक मुख्यालय भी है जहाँ शासन के सभी प्रमुख कार्यालय बने हुए हैं। 1995 तक पुनाखा ही भूटान की राजधानी रही है। इसके बाद थिम्फू भूटान की राजधानी बनी। इस ख़ूबसूरत जोंग की हर दीवार पर भूटानी शैली में रंगीन बौद्ध चित्र कथाएँ उकेरी हुई हैं। भूटान के हर प्रमुख धार्मिक, सांस्कृतिक स्थान पर यही चित्र देखने को मिलेंगे। जोंग के भीतर मोनेस्ट्री होने के नाते यह एक महत्त्वपूर्ण स्थल है।

यहीं पासंग ने मोनेस्ट्री के अन्दर भूटान का धार्मिक इतिहास बताया जो जानना बेहद ज़रूरी है। भूटान में बौद्धधर्म की शुरुआत से लेकर आज तक का सफ़र मैं यहीं पर संक्षेप में बता देती हूँ। आगे चलकर हर मोनेस्ट्री में

यही जानकारी हमें दी गई। यहाँ एक ही धर्म होने से हर मन्दिर में इतिहास और कहानियाँ भी एक समान हैं।

भूटान का इतिहास शुरू होता है 747 ई. से। तिब्बत से धार्मिक गुरु और संत पद्मसम्भव अपने साथ यहाँ बौद्धधर्म लेकर आए। पद्मसम्भव को गुरु रिम्पोचे के नाम से भी जाना जाता है। माना जाता है कि गुरु रिम्पोचे एक टाइगर की पीठ पर बैठकर, उड़कर भूटान आए थे। पारो का एक खड़े पर्वत की क्लिफ पर बना प्रसिद्ध टाइगर नेस्ट इसी टाइगर के लैंड करने का स्थान है और यहाँ बनी मोनेस्ट्री का नाम तत्कशंग मोनेस्ट्री है। भूटान में इन धार्मिक कथाओं को मिथ के रूप में नहीं बल्कि सत्य घटना की तरह लिया जाता है। गुरु रिम्पोचे के बाद कई आध्यात्मिक गुरु इस धार्मिक परम्परा को आगे बढ़ाते गए और फिर सोलहवीं सदी में गुरु झब्द्रुंग रिम्पोचे ने भूटान के सुदृढ़ीकरण में बहुत बड़ी भूमिका निभाई। वे एक आध्यात्मिक संत होने के साथ ही कुशल नेता और वास्तुकार भी थे। उन्होंने ही भूटान में अलग-अलग स्थानों पर जोंग बनवाए। आधुनिक भूटान का निर्माता उन्हीं को माना जाता है। भूटानी जनजीवन में धर्म का अत्यधिक प्रभाव होने के कारण यहाँ दो शासक होते हैं। एक प्रशासनिक प्रमुख (ड्रुक या राजा) और दूसरा आध्यात्मिक प्रमुख (जे खेन्पो)।

भूटान में वर्तमान में राजा जिग्मे खेसर नामग्याल वांग्चुक हैं। युवा और सुदर्शन नामग्याल भूटान के पाँचवें ड्रुक हैं। इन्होंने ही भूटान में राजतंत्र ख़त्म कर लोकतंत्र की स्थापना की है।

सचमुच इस देश में ऐसा बहुत कुछ है जो इसे अन्य देशों से अलग करता है।

उसने जोंग के बारे में सब कुछ बताया मगर अन्त तक उसके चेहरे पर एक मुस्कान नहीं आई। इतनी झल्लाहट क्यों इसके मिज़ाज में? क्यों यह अन्य भूटानियों की तरह ख़ुश नहीं दीखता? क्यों है ये इतना खड़ूस?

"नहीं...नहीं। इतना जजमेंटल नहीं होना चाहिए, पता नहीं किन परिस्थितियों से गुज़र रहा हो अभी ये।" मन-ही-मन सोचा।

जब पासंग अपना काम पूरा कर हमसे विदा लेने लगा तब सामने की दीवार पर फ़ोर फ्रेंड्स का चित्र नज़र आया। मैंने पासंग को रोककर पूछा, "प्लीज़...चार दोस्तों की कथा भी बताइए।"

पासंग रुका और सामने दीवार पर बनी फ़ोर फ्रेंड्स की तसवीर के सामने खड़ा होकर इसकी कथा बताने लगा जो यूँ है—

यह एक पेड़ है जिसके नीचे ज़मीन पर हाथी खड़ा हुआ है। हाथी की पीठ पर बन्दर बैठा है और बन्दर की पीठ पर ख़रगोश। सबसे ऊपर वृक्ष की शाख पर एक पक्षी बैठा हुआ है। हाथी के हाथ में एक फल है जो पेड़ पर बैठे पक्षी से ख़रगोश और बन्दर के हाथ से होता हुआ उसके पास आया है। हाथी कहता है कि मैं उम्र में इतना बड़ा हूँ कि इस पेड़ को तब से देख रहा हूँ जब ये मेरी ऊँचाई का था। तब बन्दर ने कहा कि मैं इस पेड़ को तब से देख रहा हूँ जब यह मेरी ऊँचाई का था। ख़रगोश मुस्कुराया और बोला कि मेरी उम्र इतनी है कि मैंने इस पेड़ को अपनी ऊँचाई के बराबर देखा है। तब पक्षी उन तीनों की ओर देखकर मुस्कुराया और बोला कि मैंने ही इस वृक्ष का बीज यहाँ गिराया था जिससे यह वृक्ष पैदा हुआ है।

इस कहानी का तात्पर्य यह कि व्यक्ति के क़द से उसकी उम्र अर्थात उसकी परिपक्वता का पता नहीं चलता है। क़द में छोटा भी ज्ञान में सबसे बड़ा हो सकता है इसलिए छोटे से छोटे का भी आदर करो।

अच्छी बोध कथा है। सारी बोध कथाएँ कितनी सरल दिखती हैं लेकिन अपने भीतर कितना गूढ़ अर्थ समेटे होती हैं। हालाँकि इस तसवीर को प्रथम दृष्ट्या देखने पर यही लगता है कि यह आपसी सहयोग की भावना की ओर ज़्यादा इशारा करती है जैसा कि थिम्फू में होटल मालिक ने हमें बताया था। लेकिन एक बोध कथा के भीतर कई आशय छुपे होते हैं और एक तसवीर की एकाधिक कथाएँ भी हो सकती हैं।

पासंग को हमने शुक्रिया कहा और उससे विदा ली। जोंग से बाहर निकलकर हम उसके वास्तु को देख रहे थे। भूटानी वास्तु प्रकृति को परे हटाकर भवन निर्माण नहीं करता। चकाचौंध करती भव्यता से परे इसकी दीवारों में एक सादादिली है। यह चमत्कृत नहीं करता बल्कि मोहता है। जैसे नदियाँ, पहाड़ और जंगल मोह लेते हैं। इसलिए मुझे भूटानी आर्किटेक्चर

बहुत पसन्द आया। किफ़ायत और नफ़ासत से बनाया हुआ और पवित्रता इसका स्थायी एहसास। एक ही रंग किस तरह अलग-अलग लोगों के मन में अलग-अलग प्रभाव छोड़ता है। निर्मल वर्मा मास्को के एक सफ़ेद पत्थरों से बने गिरजे को देखकर लिखते हैं—

"बिलकुल सफ़ेद पत्थरों से बनी इमारत जिसमें कोई आत्मीयता या मानवीय उदात्त नहीं है—उसमें एक तरह की पवित्र रुक्षता है। एक कठोर सादगी जो केवल रूस के निर्मम विस्तार में ही सम्भव हो सकती थी...यहाँ इनफिनिट स्पेस है, लैंड स्केप नहीं।"

इस गिरजे पर तातारों ने हमला किया था। किसी स्थान का इतिहास और भूगोल उसके बारे में राय कायम करते वक़्त हावी रहता ही है। हम सिर्फ़ इमारत या वास्तु को पसन्द या नापसन्द नहीं करते बल्कि उसके पूरे प्रभाव को सम्मिलित कर अपनी राय बनाते हैं। सोमनाथ के मन्दिर के बारे में बताते समय एक करुणा का भाव अपने आप चला आता है। इस मन्दिर ने कितने हमले सहे, कितनी बार टूटा, बिखरा। एक करुण गर्व का बोध होता है उसके समक्ष बैठे हुए।

अगर निर्मल वर्मा भूटान के किसी जोंग या म्यूज़ियम में आए होते तो यही सफ़ेद इमारत उन्हें कदाचित् कठोर नहीं लगती।

जोंग के परिसर में एक ओर बौद्ध लामाओं के लिए एक भवन बना हुआ है जिस तक पहुँचने के लिए पत्थर की बनी कुछ सीढ़ियाँ हैं और सफ़ेद पत्थरों की ही दीवारें जो सीढ़ियों के दोनों ओर बनी हुई हैं। उन दीवारों के हर स्टेप पर फूलों के गमले रखे हुए हैं। ऊपर जाकर ये सीढ़ियाँ दाहिनी ओर मुड़ जाती हैं जिससे सामने आकाश दिखाई देता है और ऐसा महसूस होता है कि ये सीढ़ियाँ सीधी आकाश में खुल रही हैं। कई बार जो नज़ारा हम देख रहे हैं और वो इतना सुन्दर और अलौकिक हो कि वह अपने आप में परिपूर्ण है तो हम उसके आगे जाकर उस छवि को भंग नहीं करना चाहते और ठीक यही इस समय मेरे साथ हो रहा था। उन सीढ़ियों से आगे जाकर मैं इस नभ में जाती सीढ़ियों के दृश्य को उस यथार्थ से भी भंग नहीं करना चाहती जो सत्य है। ये सीढ़ियाँ याद दिलाती हैं मुझे एक गहरे दोस्त की जिसके साथ ड्राइव पर जाते हुए हम कभी ऐसी सड़क पर पहुँच जाते थे

जो चढ़ाई वाली होती थी और उस सड़क के आख़िरी ऊँचे बिन्दु पर ऐसा लगता था कि आगे बस आसमान है और हम ड्राइव करते हुए आसमान में पहुँच जाएँगे। यह कल्पना कुछ ही पलों के बाद उस बिन्दु से नीचे ढलान वाली सड़क दिखाई देते ही ख़त्म हो जाती थी पर उसकी स्मृति बहुत देर तक मन को गुदगुदाती रहती थी।

कौन साथी किस मोड़ पर पीछे छूट जाए या हमें छोड़ आगे बढ़ जाए, कोई नहीं जानता। मगर ये स्मृतियाँ ही हैं जो उनके साथ बिताए गए पलों को गाहे-बगाहे स्मृति-पटल पर सबसे आगे रख देती हैं। इसलिए अच्छे पलों की स्मृतियों को कभी विस्मृत नहीं करना चाहिए और न ही उन स्मृतियों को किन्हीं कटु स्मृतियों के प्रभाव में आकर मलिन करना चाहिए। आख़िर में सिर्फ़ अच्छा याद रह जाएगा, सारी कटुताएँ पीछे छूट जाएँगी। तब शायद हम मलाल करें कि क्यों इन सुखद यादों को बेवजह ही दूर रखा ख़ुद से? ऐसे वक़्त में प्रिय कवि भगवत रावत की एक कविता याद आती है जो मेरे हृदय के बहुत निकट है—

धरी रह जाएँगी सारी की सारी
घृणाएँ, कटुताएँ
जलकर राख हो जाएँगी
रस्सी की तरह ऐंठी हुई
सारी की सारी
ईर्ष्याएँ, अहम्मन्यताएँ

बचा रहेगा
सिर्फ़ एक
प्यार के लिए पछाड़ें खाता
उठता गिरता, स्मृतियों का समुद्र।

इन सीढ़ियों पर मैंने कुश के कुछ फ़ोटो लिये और अपनी भी कुछ तसवीरें खिंचवाईं। हम एक ख़ूबसूरत दृश्य में क़ैद हुए और दृश्य भी तो क़ैद हुआ कैमरे और ज़ेहन में।

तभी देवेन का फ़ोन आया। वह जोंग के बाहर बरामदे में खड़ा था और हमें बुला रहा था क्योंकि जोंग में आज राजपरिवार की कोई रानी आई हुई हैं और वे बाहर निकलनेवाली हैं। उन्हें देखने के लिए लोग इकट्ठे हो गए थे। हम भी बाहर पहुँचे और सबके साथ जोंग से नीचे आती सीढ़ियों की ओर देखने लगे। जोंग में प्रवेश करने के लिए लम्बाई में सीढ़ियाँ हैं जिन्हें तीन भागों में बाँटा गया है। दाहिनी और बाईं ओर से सामान्य जनता प्रवेश करती है और मध्य में दोनों ओर मेटल रेलिंग लगाकर पृथक् किया गया है जिससे मध्य भाग अलग हो गया है और मध्य भाग की सीढ़ियाँ सिर्फ़ राजपरिवार के लोगों के लिए हैं। आम जनता यहाँ से नहीं जा सकती।

"क्या भूटान के राजा की पत्नी रानी पेमा आ रही हैं?"

"नहीं...उनके परिवार की सभी स्त्रियाँ रानी कहलाती हैं और कोई वृद्ध रानी यहाँ आई हुई हैं पूजा करने।" पास ही खड़े एक भारतीय पर्यटक ने जवाब दिया।

राजा-रानियों के प्रति आम जनता की सहज ही उत्सुकता होती है। वे हम आप से अलग हैं। किस तरह अलग हैं?

शायद अपने ओहदे से, कपड़ों, जेवरों से, उन्हें मिलनेवाले अतिरिक्त सम्मान और सुविधाओं से। इसके अतिरिक्त क्या है जो हमें उस रानी के दर्शनों के लिए इन्तज़ार करवा रहा है जिसका कि न हम नाम जानते हैं और न ही सूरत। कैसे आकर्षित करता है आम लोगों को वो सब जो उन्हें नहीं मिला है। अप्राप्य के प्रति एक सहज आकर्षण होता ही है। तभी तो निदा फ़ाज़ली ने लिखा है—

दुनिया जिसे कहते हैं जादू का खिलौना है
मिल जाए तो मिट्टी है खो जाए तो सोना है

बहरहाल, मुझे सिर्फ़ रानी के वस्त्रों को देखने की उत्सुकता थी और दस मिनट बीत गए पर रानी नहीं निकलीं। इसी बीच एक भारतीय लड़की अनभिज्ञता में बीच वाली सीढ़ियों से जोंग में प्रवेश करने लगी। आधी सीढ़ियाँ चढ़ने के बाद उसे गार्ड द्वारा वापस भेजा गया और जनता सीढ़ी से आने को कहा। क्या बिगड़ जाए अगर जनता वी.आई.पी. सीढ़ी से चढ़ जाए तो। रानी

की और प्रतीक्षा करने का न तो अब हमारे पास वक़्त था और न ही ख़्वाहिश, तो हम लोग भी जोंग से बाहर निकल आए। अब हमें डोचुला पास जाना था और बोटानिकल पार्क देखते हुए शाम तक पारो भी पहुँचना था। रानी के लिए अधिकतम दस मिनट थे हमारे पास जो हमने उनकी प्रतीक्षा में दे दिए थे।

साढ़े ग्यारह बज रहे थे और हमने बाहर आकर नदी के किनारे बने ख़ूबसूरत जोंग को आख़िरी बार देखा और चल दिए अपनी आगे की यात्रा पर। सुनहली धूप बिखरी हुई थी और मौसम बेहद ख़ुशनुमा था। पुनाखा से पारो की दूरी 125 कि.मी. है। आधा रास्ता तो हमारा देखा हुआ ही था और उसके बाद एक रास्ता पारो की तरफ़ चला जाता है और एक थिम्फू की तरफ़। हम परसों देखे हुए रास्तों पर दूसरी बार जा रहे थे। लेकिन वही रास्ता, वही पहाड़, वही नदी आज नए क्यों लग रहे थे। कदाचित् मौसम की वजह से। परसों हम शाम को इन रास्तों से गुज़रे थे जब आकाश में बादल थे और हल्की बूँदाबाँदी थी। जिससे पहाड़ों का रंग हरा न होकर श्याम वर्ण प्रतीत हो रहा था। आज सूरज की रौशनी से पहाड़ एकदम हरे दिखाई दे रहे थे। सारा दृश्य ऐसा था मानो किसी ने काँच पर जमी धुंध को पोंछ दिया हो और सब कुछ साफ़ नज़र आने लगा हो। रास्ते में एक ओर ताज़े भुट्टे सिंकते हुए दिखाई दिए और देवेन ने फ़ौरन गाड़ी रोक दी। भुट्टे देवेन की कमज़ोरी हैं। हम सब उतरे तो देखा उस भुट्टे वाली के पास़ सब्ज़ियाँ व फल भी थे जैसे खीरा, तरह-तरह की मिर्ची, कुछ कच्ची खानेवाली फलियाँ और एक पूड़ी के आकार की फूली हुई टिकिया। ये टिकिया ठीक हमारे यहाँ के गोलगप्पे का बड़ा रूप थी। इन्हें सूखी ही खाते हैं और ये सफ़र के लिए भूटानी लोगों का बड़ा पॉपुलर स्नैक है। हमने भी खाई। स्वाद भी लगभग वैसा ही जैसा गोलगप्पे को सूखा खाने पर आता है। भुट्टे वाली के पास पहुँचकर चार भुट्टे सेंकने को कहा। भुट्टे वाली लड़की बहुत ख़ूबसूरत थी। उसने नीली टी-शर्ट और ग्रे कलर का कॉटन मिक्स कपड़े का किरा पहन रखा था। चेहरे पर ग़ज़ब की दृढ़ता। हाथों में, गले में, कानों में कोई ज़ेवर

नहीं। मेहनत और आत्मविश्वास से दमकता चेहरा। खुद्दारी उसके चेहरे पर चार चाँद लगा रही थी।

सचमुच मेहनतकश सौन्दर्य की छटा ही अलग होती है। हमने एक-एक भुट्टा खाया। देवेन ने दो भुट्टे खाए। हमें देवेन को छेड़ने की एक बढ़िया वजह मिल गई थी।

"हम्म...हम सब समझते हैं। तेरा दिल आ गया उस भुट्टे वाली पर।"

"अबे, तुम लोग कुछ भी बोलते हो। वैसे है तो बहुत सुन्दर और मेहनती।" देवेन ने पहली बार में ही ना-नुकर के बाद यह स्वीकार किया कि उसे लड़की अच्छी लगी।

"रुक जा यहीं। भुट्टे बिकवाने में मदद कर उसकी। फिर प्रपोज भी कर देना।"

"अबे, तुम लोग बकवास बन्द करो। मुझे मेहनती लड़कियाँ वैसे भी अच्छी लगती हैं।" देवेन ब्लश कर रहा था।

भुट्टे खाकर हम चल दिए आगे डोचुला पास के लिए। डोचुला पास जो थिम्फू से पुनाखा के बीच स्थित है। और प्रसिद्ध है वहाँ स्थित 108 मेमोरियल चोर्टेन्स के लिए। ये चोर्टेन्स 2003 में मिलिट्री ऑपरेशन में शहीद हुए 108 भूटानी सैनिकों के सम्मान और उनकी स्मृति में बनाए गए हैं जिन्हें द्रुक वांग्याल चोर्टेन भी कहते हैं। यह भारतीय मिलिटैंट्स के ख़िलाफ़ रॉयल भूटान सेना का किया हुआ पहला ऑपरेशन था, जिसे 'ऑपरेशन ऑल क्लियर' का नाम दिया गया था।

जल्दी ही हम डोचुला पास पर पहुँच गए। इस पास के एकदम टॉप पर बने हुए ये चोर्टेन्स शहीदों का स्मारक होने के साथ भूटानी वास्तु की ख़ूबसूरती का उत्कृष्ट नमूना है। यहाँ से 360 डिग्री का ख़ूबसूरत प्राकृतिक व्यू भी दिखाई देता है।

बारह बज रहे थे और इस मेमोरियल के सामने ही एक ख़ूबसूरत और शान्त रेस्तराँ हमें लंच के लिए आमंत्रित कर रहा था। भूटान की एक बहुत ख़ास बात जो मुझे नज़र आई वो ये कि यहाँ की हर जगह ख़ूबसूरत और शान्ति देनेवाली है। चाहे कोई छोटा-सा ढाबा हो या कोई मकान या फिर कोई रेस्तराँ। सारे के सारे स्थान कोई पर्यटक स्थल ही लगते हैं। इसका पहला कारण

है कि उन्हें प्रकृति के मध्य बनाया गया है, दूसरा कारण ये कि पेड़-पौधों और भूटानी चित्रों और कलाकृतियों से उन्हें सजाया गया है और तीसरा हर जगह एक इत्मीनान है। न तो कहीं चिल्ल-पों है और न ही किसी तरह की हड़बड़ी। किसी रेस्तराँ में मैंने ये बदहवास पुकार नहीं सुनी कि 'लड़के... जल्दी फलानी टेबल पर चाय लेकर जाओ' आनेवाले भी तसल्ली से आए हैं और परोसनेवाले भी अपनी गति में अपना काम कर रहे हैं।

लंच कर हम लोग चल दिए रॉयल भूटान बोटानिकल पार्क जो यहाँ से एकदम नज़दीक था। मुश्किल से दस मिनट में वहाँ पहुँच गए हम लोग। आसमान ने फिर से बादलों की पोशाक पहन ली थी और धूप का रास्ता रोक दिया था। सद्य:स्नाता हवा बीच-बीच में अपने केश झटकती तो धरती भीग जाती और पत्ते सिहर उठते। एकदम मुफ़ीद मौसम किसी भी खुले स्थान में समय बिताने के लिए। 3300 फ़ीट की ऊँचाई पर चारों ओर पहाड़ियों से घिरे इस पार्क में प्रवेश करते ही मानो साँस थम-सी गई। पक्षियों और पेड़ों की अनेक दुर्लभ प्रजातियाँ ख़ासकर ऑर्किड्स की ऐसी प्रजातियाँ जो अन्यत्र आसानी से उपलब्ध नहीं हैं। टिकट काउंटर से टिकट लेकर गेट के अन्दर प्रवेश करते ही एक साँभर दिखाई दिया जो बेख़ौफ़ और स्वच्छंद विचरण कर रहा था। सम्भवत: वह आनेवाले पर्यटकों की उपस्थिति का आदी है जैसे कि किसी भी अन्य पार्क में ये जानवर हो जाते हैं। मध्य में ढेर सारे ऑर्किड्स के पेड़ करीने से लगे हुए थे जिन पर उनकी प्रजातियों के नाम लिखे हुए थे। यदि यह फूलों के खिलने का मौसम होता तो कितनी तरह के रंग-बिरंगे फूल देखने को मिलते, इस कल्पना मात्र से रोम-रोम झंकृत हो उठा। ऑर्किड्स के फूल मुझे बेहद प्रिय हैं। ख़ासकर वर्षा वनों में बड़े वृक्षों पर परजीवी की तरह उग आए ऑर्किड्स उन वृक्षों का शुकराना उन्हें अपने मन मोह लेनेवाले पुष्पों से सज्जित कर करते हैं। एक बार एक सेंचुरी में आम के पेड़ पर लगे हुए ऑर्किड की एक छोटी-सी जड़ मैं ले आई थी अपने साथ और उसे अपने घर के आम के पेड़ पर गीले बोरे में लपेटकर बाँध दिया था। रोज़ जाकर उस जड़ को देखती कि आम के पेड़ ने इसे अपने भीतर जम जाने की इजाज़त दी अथवा नहीं। दो-तीन महीने हो गए लेकिन जड़ वैसी की वैसी रही। कुछ-कुछ निराशा हो चली थी और अब मैंने

उसे देखना बन्द कर दिया था। फिर आ गया बारिश का मौसम और सावन के किसी बरसते दिन मैंने उसे जाकर देखा और ख़ुशी से पागल हो उठी। ऑर्किड आम के तने में धँस चुका था और उससे नन्ही-नन्ही हरी जड़ें और नई पत्तियाँ निकलकर विशाल तने पर फैलने लगी थीं। उस दिन मैंने जाना प्रतीक्षा का सौन्दर्य और यह कि कभी भी क़ुदरत के जादू से भरोसा न उठने दो। देर से ही सही तुम्हारी आस ज़रूर फलित होगी।

यहाँ एक नेचर इंटरप्रीटेशन सेंटर भी था। यहाँ पाए जानेवाले फ़्लोरा और फ़ौना की जानकारी इस सेंटर से ली जा सकती थी। यहाँ तसवीरों के साथ ऑडियो और वीडियो के रूप में भी जानकारी उपलब्ध थी। हमने इसका एक चक्कर मारा और बाहर निकल आए। निजी तौर पर मुझे इसके अध्ययन में समय ख़र्च करना ज़्यादा नहीं रुचता जबकि वक़्त बहुत कम हो। यहाँ सिर्फ़ सूचनात्मक ज्ञान प्राप्त होता है जो आत्मा तक अनुभूत नहीं होता। इसके बजाय फूलों और पत्तों के नाम जाने बिना उन्हें महसूसना, उनके निकट समय बिताना ज़्यादा सन्तुष्टि देता है। तो हम अन्दर एक चक्कर मारकर बाहर पार्क की सैर पर निकल पड़े।

नेचर इंटरप्रिटेशन सेंटर के पिछले हिस्से से हमने पैदल चलना शुरू किया। बाहर से हरे-भरे लॉन जैसे दिखाई देते इस पार्क के इस हिस्से में ऐसा मनमोहक और अद्‌भुत जंगल होगा, इसकी कल्पना भी नहीं की जा सकती थी। गगनचुम्बी घने वृक्ष जिन पर तरह-तरह की ख़ूबसूरत और अनोखी लताएँ झूल रही थीं। कई लताएँ तो वृक्षों को पूरी तरह से ढककर उनके अस्तित्व पर छा गई थीं। घने और ऊँचे पेड़ों वाला यह वन किसी परिकथा का हिस्सा लग रहा था और इसे देखकर मुझे जेम्स कैमरून की 'अवतार' फ़िल्म का जंगल स्मरण हो उठा था। मैंने कुश को बताया तो वह भी बोला कि सचमुच यह 'अवतार' की दुनिया है। उस जादुई दुनिया में हम इतना खो गए थे कि एक तसवीर भी लेने की सुध न रही।

आगे जाकर जंगल से एक राह छोटे से सरोवर की ओर मुड़ गई। हम उस ओर चल दिए। यह एक अलग ही सौन्दर्य था। यहाँ सारा लैंड-स्केप मानव निर्मित है। एक छोटा-सा तालाब जो कि किसी शिल्प में नहीं ढाला गया था और बेतरतीब लगी घास और पत्थरों के किनारों और शेप के कारण

प्राकृतिक तालाब जान पड़ता था। तालाब के आसपास दूर तक हरी घास का मैदान और उसमें लगे छोटे-बड़े अनगिनत वृक्ष। घास के बीच नन्हे जंगली पौधे भी अपनी उपस्थिति दर्ज कराते हुए अपने रंग-बिरंगे फूलों के साथ मुस्कुराकर आनेवालों का स्वागत कर रहे थे। कई जगह झाड़ियों के बीच छोटी जंगली स्ट्रॉबेरी भी लगी हुई थीं और नन्हे लाल मोतियों की तरह चमक रही थीं। आँखें घूम-घूमकर इस मनोहारी जगह का मुआयना कर रही थीं और मन यहीं कहीं इन्हीं घास, पत्तों और पेड़ों के बीच जा बैठा था उनसे बतियाने। तालाब के पास घास के मैदान में एक बड़ा पेड़ खड़ा था अपने आसपास अपनी ही गिराई पीली पत्तियों से घिरा। जैसे देह से निकल जाने के बाद भी मोह में उलझी आत्मा वहीं देह के क़रीब बनी रहे। पतझर विदा का करुण सौन्दर्य है। इस दृश्य का सौन्दर्य और अनुभूति हूबहू वर्णन करने के लिए मेरे पास शब्द नहीं होंगे। सौन्दर्य तो वर्णन कर भी दूँ तब भी इस अनुभूति को नहीं बता पाऊँगी। बस इसके नीचे जब सर टिकाकर बैठी तो लगा कि यह पिछले जनम का गहरा नाता रहा है। यह ऐसी जगह थी जहाँ आकर बदन और ज़ेहन के कसे हुए तारों को ढीला छोड़ा जा सकता था, उन पीली पत्तियों के गलीचे पर बैठ ख़ुद के भीतर उतरा जा सकता था, उस मज़बूत तने से लिपटकर रोया जा सकता था और दिमाग़ से पूरी तरह कटकर सिर्फ़ दिल को उन लम्हों की बागडोर सौंपी जा सकती थी। और मैंने यही किया। अभी चुप रहने का मन था। मैंने अपने तीनों साथियों को देखा। सभी अपने-अपने एकान्त में इस बाग़ में विचर रहे थे। दरअसल यही यहाँ का एहसास था। सब चुप थे। सभी इस पल में अपने-अपने तरीक़ों से अपने साथ थे। अमूमन होता यह है कि जब भी मैं प्रकृति के नज़दीक किसी ऐसी जगह पर गई हूँ तो पूरी तरह सन्तुष्ट, प्रसन्न रही हूँ। इतनी सन्तुष्ट कि हमेशा सुख से भर आई आँखों के साथ उस पल में मृत्यु की कामना की है मैंने। पूर्ण तृप्ति के एहसास के साथ ही मृत्यु की इच्छा जन्म लेती है जब कुछ पाने को शेष न हो। ऐसा बार-बार हुआ है, हर बार हुआ है। सामने विशाल पर्वत हों, आत्मा तक रँग जाए ऐसा हरा हो प्रकृति का, कल-कल बहती कोई नदी हो, बाँहों में झुलाने को आतुर रुई से बादल हों। ऐसे में मृत्यु आए और अपना चुम्बन मेरी आँखों पर रखकर उन्हें सदा के लिए बन्द कर दे इन्हीं दृश्यों के साथ।

मगर यहाँ ऐसा महसूस नहीं हो रहा था। मैं यहाँ एक अतृप्त भाव के साथ मौजूद हूँ। एक मुसलसल बेचैनी और उदासी मन में मचल रही है।

'यहाँ किसी और को भी होना चाहिए था...' मन कहीं बीते हुए में भटक रहा था। कौन कब याद आ जाए इस पर अपना कोई वश नहीं। स्मृतियों की बेशुमार तितलियाँ एक अधूरी ख़्वाहिश की ख़ुशबू पाते ही आकर मँडराने लगीं। स्मृतियाँ प्रेम की, साथ की, वादों की, बिछड़ जाने की...।

बार-बार आँख भर आ रही है। लग रहा है कि कुछ अधूरा है अभी। अभी मैं नहीं मरना चाहती। क्या ही अजीब बात है कि कोई इसलिए नहीं मरना चाहता कि वह दुखी है और परम आनन्द की स्थिति में मरने की कामना करता है। पर यही होता आया है मेरे साथ और यही होता रहेगा। असहनीय पीड़ा जीवन को कठिन तो बनाती है लेकिन क्या यही पीड़ा हमें थोड़ा और अधिक मनुष्य नहीं बनाती? सुख का पर्दा आँखों पर पड़ा रहे तो संसार के दुख अजनबी नज़र आते हैं। दुख दुख से जोड़ता है। हर जीव का दुख अपना बन जाता है।

थोड़ी देर बैठी रही यूँ ही। फिर कुश आया और पूछने लगा कि गाना गाओगी? मैं वीडियो बना रहा हूँ?

उसी पीले कालीन पर बैठे-बैठे मैं गाने लगी—

अभी ना जाओ छोड़कर कि दिल अभी भरा नहीं...

एक अन्तरा गाया और फिर अचानक जुबाँ पर टैगोर का एक गीत आ गया जो कुछ वक़्त से मेरे साथ ही चल रहा था—

बेकार जला कर रखा है सिंगार दिया
जैसी हो वैसी ही आ जाओ...सिंगार को रहने दो।

अधूरा गाकर छोड़ दिया। मन कुछ उचाट ही था। या यूँ कहो कि थोड़ा उदास। ना ना...थोड़ा नहीं, बेतरह उदास। आँखें भर आई थीं और गला रुँधने लगा था। क्यों इस क़दर ख़ूबसूरत जगह पर फूट-फूटकर रोने को जी चाह रहा है? अकेले आई होती तो यक़ीनन मैं किसी पेड़ से लिपटकर अपने सारे आँसू ख़ाली कर देती। एक पेड़ रोने के लिए अपना कन्धा दे रहा है और मैं

अभी रो नहीं सकती। न रो सकने की विवशता भी कैसी वेदना से भरी होती है। रुलाई को रोकना हृदय के साथ एक यातना है।

"नहीं, मैं अपना सारा वक़्त यूँ उदास बैठकर नहीं बिता सकती।" मैंने ख़ुद से कहा और मैं अपना कैमरा लेकर निकली इस अरण्य में परिन्दे ढूँढ़ने। यहाँ बड़ी आस से आई थी कि शायद कुछ नए परिन्दे ज़रूर मिलेंगे। अब तक सिर्फ़ गौरैया के अलावा कोई नया परिन्दा मुझे नहीं मिला था। घूमते-घूमते एक ऐसी जगह पहुँची जहाँ से पक्षियों की आवाज़ें आ रही थीं। यह घने पेड़ों से ढका एक छोटा-सा इलाक़ा था। यहाँ आकर आवाज़ की दिशा में एकाग्र होने का प्रयत्न किया लेकिन इतने लम्बे और घनी शाखों वाले वृक्षों में चिड़िया को ढूँढ़ निकालना बेहद मुश्किल है और उस पर आज धूप भी नहीं खिली है। बादलों से ढका आसमान जो रौशनी देता है वह रंग पहचानने के लिए अनुपयुक्त होती है। सारे रंग काले या स्लेटी नज़र आते हैं। खुला आसमान और सुबह या शाम की तिरछी पड़ती गोल्डन लाइट फ़ोटोग्राफ़ी के लिए सबसे मुफ़ीद होती है। यहाँ तो मैं एक अच्छे फ़ोटो नहीं बल्कि सिर्फ़ एक नए परिन्दे के लिए बेकरार हूँ। कोई थ्रश या कुक्कू या यलो बिल्ड, ब्लू मैगपाई या कोई और हिमालयन पक्षी मिल भर जाए। अच्छा फ़ोटो नहीं होगा तब भी कोई बात नहीं। मगर यहाँ कोई आसार नहीं दिखाई दे रहे थे। परिन्दों की ओर लगातार ऊपर गर्दन किए मेरी गर्दन में दर्द हो आया था। कैमरे को पास ही रखकर मैं घास में बैठ गई और गर्दन की पेशियों को नीचे की ओर झुका लिया। नीचे गर्दन करते ही घास में एक रंगों से सजा हुआ एक कीट नज़र आया जो घास के एक तिनके से दूसरे तिनके पर धीरे-धीरे रेंग रहा था। परिन्दा ना सही यह नन्हा कीट सही। घास पर घुटनों के बल बैठकर मैंने साँस रोककर कीड़े के ठीक ऊपर अपना लेंस स्थिर किया। एक अच्छा मैक्रो शॉट लेना सबसे मुश्किल होता है। मेरे पास अभी मैक्रो लेंस नहीं था बल्कि डीएसएलआर कैमरा भी नहीं था। सोनी के कैमरे से मैक्रो शॉट लेने के लिए उसे सब्जेक्ट के यथासम्भव क़रीब लाना होता है। लगभग कुछ मिमी. दूरी पर। और सावधानी यह कि उसे महसूस तक न हो वरना वह तुरन्त चला जाएगा। मैंने अपनी पूरी कोशिश से चार-पाँच शॉट लिए उस रंगीन कम्बल कीड़े के। जब घास से उठी तो पैरों में खुजली होने लगी थी।

मच्छर या घास में रहनेवाली भुनगी होगी। यह सोचकर इग्नोर किया और लौट पड़ी इन तीनों के पास। कुश रास्ते में ही मिल गया।

"यार, योग दिवस आनेवाला है।"

"तो?"

"तो क्या? योगा करूँगा यहाँ। फ़ोटो खींचो मेरा।"

"हाँ...हाँ, शौक़ से।" मैंने उसका आईफ़ोन लिया और फ़ोटो खींचने को तैयार हुई।

तालाब के किनारे कुश ज़मीन पर सर रखकर शीर्षासन में उलटा खड़ा हो गया।

इस बन्दे को कई बार मैंने अंडर-एस्टीमेट किया है। जबकि अक्सर ये हैरान करता है। कोई रेगुलर फ़िज़िकल एक्सरसाइज ना करनेवाले कुश को एक बार मैंने चैलेंज किया था कि वह शीर्षासन नहीं कर सकता। और उसने तत्काल इस चैलेंज को स्वीकार करते हुए ना केवल यह आसन करके दिखाया था बल्कि काफ़ी देर तक सन्तुलन बनाए रहा था।

अभी भी लगभग दो-तीन मिनट तक वह हवा में पैर और धरती पर सर रखकर बेहतरीन सन्तुलन के साथ इस आसन को साधे रहा था। गड्डू और देवेन भी सुखद हैरानी के साथ उसे देख रहे थे।

इस पार्क में आए हुए हमें लगभग दो घंटे से ऊपर हो चुके थे और अब वक़्त की माँग थी कि पारो की ओर बढ़ा जाए। यह विचार दिमाग़ में आते ही मैं फिर उदास हो गई। यह जगह ऐसी है जहाँ से जाने का मन ही नहीं हो रहा था। मैंने कुश और गड्डू से यह बात कही तो दोनों भी ठीक यही बात सोच रहे थे।

"सचमुच यहाँ से जाने का मन नहीं कर रहा है। यहाँ देर तक चुपचाप बैठना चाहता हूँ।" कहते हुए कुश के चेहरे पर अनिच्छा साफ़ दिखाई दे रही थी।

"मन तो मेरा भी नहीं कर रहा। जाने क्या है इस जगह में कि ये बाँध रही है।" गड्डू बोली।

इतनी देर से गड्डू और कुश घास में बैठे इस जगह के फील के बारे में बातें कर रहे थे और दोनों ही महसूस कर रहे थे कि अगर स्वर्ग में कोई

बाग़ होता होगा तो ऐसा ही होता होगा। कुश बोला कि यह वह जगह है जहाँ पहुँचने के लिए मरना भी मंज़ूर है।

कुश ने फ़ेसबुक पर यहाँ के तालाब का फ़ोटो पोस्ट करते हुए लिखा—

"इस जगह पर आकर लगा जैसे सब कुछ यहीं रुक गया हो। अब यहाँ से न कोई सफ़र शुरू हो सकता है और न अन्त। जहाँ पर सिर्फ़ मरकर ही पहुँचा जा सकता है।"

मतलब एक जगह ऐसी भी है जहाँ सबको एक जैसी अनुभूति हो रही है।

"चलो अब...पारो पहुँचकर होटल भी ढूँढ़ना है।" देवेन की आदेशात्मक आवाज़ आई। ये बन्दा एकदम व्यावहारिक है। कोई जगह, कोई चीज़ इसे ऐसे नहीं बाँधती जैसे हमें बाँधती है। ना ये कहीं से जाने पर बहुत प्रफुल्लित होता है और न कहीं से लौटने पर उदास। कई बार लगता है कि यही ठीक एप्रोच है जीवन जीने की। कोई अटैचमेंट नहीं, एकदम मध्य मार्ग। पर फिर लगता है कि हर व्यक्ति यूनिक है। और यही विविधता इस सृष्टि को सुन्दर और रोचक बनाती है। अगर सभी एक जैसे हो जाएँगे तो कितना बोरिंग हो जाएगा ये जीवन और ये संसार। सब अपनी जगह सही हैं। जो भी सहज है वह सुन्दर है और सत्य है।

क़दमों को लगभग घिसटाते हुए हम बेमन से पार्क के बाहर की ओर बढ़ने लगे। बाहर निकलने से ठीक पहले गेट के पास झाड़ियों में एक नई चिड़िया नज़र आई। हम सबने उसे देखा। मैंने अपना कैमरा सँभाला और झाड़ियों से बाहर किसी खुली शाख पर उसके बैठने का इन्तज़ार करने लगी। मगर शरारती चिड़िया सताने के मूड में थी। झाड़ियों के अन्दर ही अन्दर फुदक रही थी। उसकी एक पूरी झलक मैं देख चुकी थी और यह कोई थ्रश थी जिसे मैंने अब तक पहले कभी नहीं देखा था। पाँच मिनट बाद वह निकली और बिना तसवीर खींचने का मौक़ा दिए दूर उड़ गई। देवेन अब जल्दी में नहीं था। यह बात उसकी बहुत अच्छी है। अगर मैं फ़ोटो खींच रही हूँ तो जितना चाहे उतना वक़्त लगा सकती हूँ। तब वह इत्मीनान से प्रतीक्षा करता रहता है।

जाने से पहले एक बार भरपूर निगाहों से इस जगह को मुड़कर देखा। इसे आख़िरी बार निगाहों से विदा कहा और गाड़ी में बैठ गए।

गाड़ी में बैठते ही पैरों में फिर से खुजली हुई। अब के पैर उठाकर सीट पर रखा और एक छोटी चीख़ निकल गई।

"ये किसने काटा है मुझे?" पैर के दोनों पंजों पर लाल-लाल निशान थे जिनके ऊपरी सिरे पर ख़ून की बूँद का लाल थक्का जमा हुआ था। ये निशान मच्छर के या भुनगी के काटने के नहीं थे। ये कुछ अलग ही निशान थे जो दो-दो बिन्दुओं के जोड़े में थे। जैसे किसी कीड़े ने अपने दो डंक चुभोये हों। गड्डू और कुश भी देखकर हैरत में थे। तभी कुश ने अपने पैर देखे और चौंक गया। उसके पैरों पर भी ठीक यही निशान थे। अब गड्डू ने भी अपने पैरों पर निगाह डाली और इन निशानों को अपने पैरों पर भी पाया।

देवेन, तू देख...तेरे पैरों पर भी कीड़े ने काटा होगा।

"मैंने अपने जूते नहीं उतारे थे।" देवेन ने गाड़ी चलाते हुए संक्षिप्त जवाब दिया।

कौन सा कीड़ा होगा? ज़हरीला तो नहीं होगा? इन्फ़ेक्शन तो न हो जाएगा? खुजली एक-दो दिन में ठीक हो जाएगी?

इन्हीं सब चिन्ताओं से दो-चार होते हुए हम आगे बढ़ रहे थे। हम सब निरन्तर अपने पैरों को खुजला रहे थे। यह भीषण खुजली थी। जितना खुजलाओ, उतना ही ज़्यादा बढ़ती थी। यूँ ही खुजलाते और उस अनाम कीट को याद करते हम पारो पहुँच गए।

ढलते सूरज की सुनहरी, नारंगी रौशनी में लिपटी पारो घाटी में प्रवेश किया तो एकबारगी मुँह खुला का खुला रह गया। धान की ताज़ी रोप लगे ढलवाँ खेतों, घाटी के बीच दूध धार-सी बहती नदी और चारों ओर पर्वतों से घिरी घाटी को जब नज़र ने पहली बार छुआ तो मंत्रमुग्ध हो बस एकटक देखती ही रह गई। ऐसा मुस्कुराता हुआ मोहक सौन्दर्य कि जी जुड़ा जाए। पारो घाटी जैसे कोई प्रफुल्लित किशोरी हो, जो सूर्यास्त के उजास से नहाती मुस्कुरा रही हो। किसी पर्यटक का ब्लॉग पढ़ा था पारो के बारे में। उसने लिखा था कि पारो मनाली जैसा है। तब से रास्ते भर मेरे मन में लगातार मनाली की ही छवि बसी हुई थी। लेकिन जब पारो पहुँचे तो लगा कि सिर्फ़ किसी पहाड़ी क़स्बे से नदी का गुज़रना और आसपास पहाड़ होना उसे मनाली नहीं बना देता। प्रकृति का सौन्दर्य सापेक्ष नहीं होता, हर स्थान का सौन्दर्य विशिष्ट होता

है और वही उसे यूनीक बनाता है। नहीं...पारो मनाली जैसा क़तई नहीं लगा मुझे। हर जंगल, हर नदी, हर पहाड़ अलग और नवीनता से भरपूर होता है।

हम पारो पहुँचे। 6 बजनेवाले थे और सबसे पहले वही होटल ढूँढ़ने की रोज़ की मशक़्क़त। कई बार तो लगने लगता था कि वही लोग सही हैं जो प्लान करते हैं यात्रा को और होटल पहले से बुक कर लेते हैं। शाम के बहुमूल्य दो घंटे होटल खोजने में ख़र्च करने के बजाय शाम का आनन्द उठाते हैं और हम अब दिन भर का सफ़र करने के बाद होटल ढूँढ़ेंगे। ख़ैर... फटाफट ट्रैवेल साइट्स पर पारो के बेस्ट रेज़ॉर्ट्स सर्च करना शुरू किया। यहाँ हमें दो दिन रुकना था इसलिए पहले से ही मूड था कि यहाँ एक बेहतरीन प्रॉपर्टी पर ही रहना है जिससे उस स्टे को भी एन्जॉय कर सकें।

और पहला होटल...दूसरा होटल...तीसरा होटल...सब फ़ुल। कभी पहाड़ी पर तो कभी खेतों में तो कभी बीच शहर में, हर जगह हम होटलों की खोज में गाड़ी भगा रहे थे और अब तक निराशा ही हाथ लगी थी। एक रिज़ॉर्ट ऑनलाइन ख़ाली दिखाई दे रहा था। मैं और कुश गाड़ी से उतरकर फ़िंगर क्रॉस कर उस रिज़ॉर्ट के लिए चल दिए। उस रिज़ॉर्ट का रास्ता चावल के खेतों के बीच से होकर जाता था। पता चला कि यह सारे खेत रिज़ॉर्ट मालिक के हैं और यहाँ चावल के अलावा सारी सब्ज़ियाँ भी उगाई गई हैं और मेहमानों को ताज़ी सब्ज़ियाँ बनाकर खिलाई जाती हैं। उस रिज़ॉर्ट में कमरा मिलेगा या नहीं, इस जगह की सुन्दरता देखते हुए हम एकबारगी भूल चुके थे और यह भी कि गड्डू और देवेन गाड़ी में हमारा इन्तज़ार कर रहे हैं। नारंगी रौशनी में नहाए हुए धान के ताज़े रोपाई वाले खेत जिनमें मिट्टी में भरे पानी में धान की नन्ही रोप की परछाईं दिखाई दे रही थी। चारों तरफ़ पहाड़ और खेत के बीच के रास्ते में घंटी टनटनाती लौटती गायें। आह, गोधूलि बेला! पक्का रास्ता बना होने से धूल तो नहीं उड़ रही थी किन्तु पारो की इस अपूर्व ग्राम्य तसवीर का हिस्सा बनकर हम आह्लादित थे। कुछ तसवीरें लेने के बाद हम झटपट रिज़ॉर्ट पहुँचे और पता चला कि यह भी पूरा बुक है। निराश होकर वापस पहुँचे और फिर अगले होटल की ओर चल दिए। क़रीब पाँच होटल देखने के बाद सात बज चुके थे और अब थकान और चिड़चिड़ाहट हावी होने लगी थी। छठे होटल शिंचुला विला पहुँचे। यह

होटल एवरेज ही था। छोटा लेकिन साफ़-सुथरा। जब होटल स्टाफ़ कमरा दिखाने ले गया तो कमरा देखकर गड्डू की बेसाख़्ता हँसी छूट पड़ी। हम तीनों ने आश्चर्य से उसकी तरफ़ देखा तो बोली कि तुम लोगों को याद है थिम्फू में पारो के होटल्स सर्च करते हुए एक होटल दिखा था जिसके कमरों की दीवारों पर भड़कीली पेंटिंग बनी हुई थीं और हमने पहली नज़र में ही उसे रिजेक्ट कर दिया था।

"हाँ, याद है।" कुश बोला।

तब गड्डू ने दीवारों की तरफ़ इशारा किया और हम सबकी हँसी छूट गई। दीवारों पर भड़कीले ड्रैगन की पेंटिंग वाला वह रिजेक्टेड होटल यही था। हम इसी कमरे में ठहरनेवाले थे। वाह री क़िस्मत...वह भी कहीं हँस रही होगी अपने इस कारनामे पर। कमरे में वाशरूम देखा, मैट्रेस भी दबाकर सन्तुष्टि कर ली और साफ़-सफ़ाई पर भी नज़र डाल ली फिर मैंने और गड्डू ने इस होटल को फ़ाइनल कर दिया। कुश इस निर्णय से बिलकुल सन्तुष्ट नहीं था लेकिन हम लोग अब और भटकने के मूड में नहीं थे और हम तीनों की इच्छा देखकर कुश भी बेमन से तैयार हो गया। हमें नीचे का वही पेंटिंग वाला रूम मिला और कुश और देवेन को ऊपर जाकर एक साधारण-सा कमरा मिला। आख़िर सामान लिया और टिक गए पारो के अपने ठिकाने पर। मन को समझाया कि कल तो सुबह टाइगर नेस्ट के लिए निकल जाना है, शाम को थके हुए लौटने के बाद सो जाना है। परसों बदल लेंगे होटल।

रिसेप्शन पर पहुँचे तो सबसे पहले ध्यान गया कैश पर। शायद तीन या चार हज़ार कैश ही बचा हुआ था। क्या होगा अगर यहाँ कार्ड नहीं चला और कैश भी नहीं निकला तो? आशान्वित होने के बाद भी एक घबराहट तो थी हम सबके मन में। जाते ही सबसे पहले अपनी दुविधा उस भूटानी रिसेप्शनिस्ट के सामने रख दी। उसने हमारी सारी चिन्ताओं का उन्मूलन कर दिया।

"पारो मार्केट में एक्सिस बैंक का एटीएम है जहाँ से आप कैश निकाल सकते हैं।"

उफ़...यह सुनने के बाद जो पहली साँस आई उसे ही राहत की साँस कहते हैं। अब तो हम रईस हैं। थोड़ी देर कमरे में जाकर आराम किया और

क़रीब साढ़े आठ बजे निकल पड़े पारो का बाज़ार घूमने और डिनर करने। और ऑफ़कोर्स पैसे निकालने।

कॉफ़ी पीकर एक झपकी मार लेने के बाद हम सब तरोताज़ा हो चुके थे। फिर से वही उत्साह दिल में भर गया था जो सुबह पुनाखा से निकलते समय था। होटल एक ऊँची पहाड़ी पर स्थित था और बाज़ार नीचे घाटी में। होटल से बाज़ार की ओर उतरते वक़्त शहर की रौशनी बेहद लुभावनी दिखाई दे रही थी। दूर-दूर बने भवन और मकान यूँ लगते थे जैसे काली रात में कहीं-कहीं तारे चमकते हों। यह हमारे बड़े शहरों की रौशनी से मुख़्तलिफ़ था जहाँ रौशनी की चौंध ऐलान करती है जोश खरोश का, शहर के जश्न मनाने का। यहाँ रौशनी का मिज़ाज कोमल और काव्यात्मक है जैसे धरती पर धीमे क़दमों से आती हुई रात्रि के स्वागत में कहीं-कहीं दीप जलाकर छोड़ दिए हों। एक शान्ति बिछी हुई है सारे शहर पर। नीचे उतरते-उतरते नदी की आवाज़ सुनाई देने लगती है। यह यहाँ का सिग्नेचर साउंड है किसी भी नदी वाले शहर की तरह। रात होते ही यह स्वर और भी मुखर हो उठता है जैसे सारे शहर को नदी लोरी गाकर सुना रही हो।

इस क़स्बे पर उतरती रात की ख़ुशबू लेते हम मुख्य बाज़ार में पहुँचे। ठीक थिम्फू के बाज़ार की तरह का ही यह बाज़ार था। पर उससे थोड़ा ज़्यादा हैपनिंग। सड़क के दोनों ओर व्यवस्थित क़तारों में दुकानें जिनमें मुख्य रूप से रेस्टोरेंट और सुवनियर शॉप्स थीं। यह बाज़ार पर्यटकों के लिए ही है। व्यवस्थित पार्किंग, ट्रैफ़िक बेहद कम और पैदल घूमते स्थानीय नागरिक और पर्यटक। एक-एक दुकान देखते हुए हम आराम-आराम से आगे बढ़ रहे थे। एक सुवनियर शॉप से मैंने और गड्डू ने एक-दो फ्रिज मैग्नेट ख़रीदे और दीप्ति वशिष्ठ द्वारा बताई गई दुकान पर किरा ख़रीदने चल दिए। यह थोक कपड़ों की दुकान जैसी थी, जहाँ ढेर सारे कपड़े आपस में गड्डमड्ड एक टेबल पर रखे थे। छाँटो-बीनो स्टाइल में कपड़े ख़रीदने थे। साइज़ भी सारे एक-दूसरे में मिले-जुले थे। यानी जो पसन्द आ जाए उसे खींचो और साइज़ देखो। अगर साइज़ दूसरा चाहिए तो कपड़ों के इस समन्दर में फिर हाथ डालकर खँगालो, फिर जो साइज़ हाथ में आ जाए उसे खींचो। दो-चार बार में मिल ही जाएगा सही साइज़। लेकिन यहाँ किरा हमें पसन्द नहीं आए।

सूती और सूती मिक्स कपड़े के एकदम सामान्य से किरा थे जिन्हें अगर भोपाल में पहना जाए तो साधारण-सी लुंगी की तरह दिखेंगे। कहीं पहनकर जाने का तो सवाल ही नहीं उठता। हमें भूटानी दिखनेवाले किरा चाहिए थे। भूटानी डिज़ाइन के।

थोड़ी देर कपड़े उलटने-पुलटने के बाद हम आगे बढ़े। अब हमारी मंज़िल एटीएम था। मुख्य बाज़ार की पिछली वाली गली में ही एटीएम नज़र आ गया और अगले दस मिनट बाद हमारे हाथ में करकरे भूटानी रुपये थे। किल्लत दूर हो गई थी। अब हम कहीं भी रुक सकते थे, कहीं भी खा सकते थे।

पैसे हाथ में आते ही भूख से पेट में कुलबुलाहट शुरू हो गई। हम भागे किसी अच्छे रेस्टोरेंट की तलाश में। मुख्य बाज़ार में ढेर सारे रेस्टोरेंट के बीच एक अच्छे रेस्तराँ का चयन करना बड़ा मुश्किल काम है। सामान्यत: अनजान जगहों पर बाहरी सुन्दरता से आकर्षित होकर रेस्टोरेंट में घुस जाया करते हैं लेकिन कई बार इस चमक-दमक के भीतर खाने का ख़राब स्वाद छुपा होता है। इसलिए अब ग्राहकों की ज़्यादा संख्या देखकर चयन करना उचित लगता है। कई बड़े-बड़े रेस्टोरेंट्स के बीच में छोटा मगर बहुत प्यारा-सा एक कैफ़े कम रेस्टोरेंट दिखाई पड़ा जो ग्राहकों से भरा हुआ था। बिना ज़्यादा सोचे उसी में घुस गए और बेहद स्वादिष्ट खाना खाकर रिसेप्शन पर बैठी उस हँसमुख भूटानी लड़की को कॉम्प्लिमेंट देकर बाहर निकले।

वापस होटल पहुँचे तो दस बज गए थे और नींद ने ज़ोरों से आ घेरा था। दिन भर की थकान चेहरों पर दिखाई देने लगी थी। होटल के बाहर से ही एक-दूसरे को गुडनाइट बोला और अपने-अपने कमरों की ओर चल दिए। आज रात अच्छी नींद लेनी है क्योंकि कल का दिन टाइगर नेस्ट की चढ़ाई के नाम रहेगा और इस यात्रा का सबसे थकानेवाला दिन भी कल होगा। गड्डू और मैं अपने रंग-बिरंगे कमरे में पहुँचे। कमरे में एसी नहीं था क्योंकि यहाँ एसी की ज़रूरत नहीं होती है, पंखे में ही काम चल जाता है। पंखा चलाया मगर गर्मी और उमस थी। थोड़ी देर हम दोनों बेड पर करवट बदलते रहे और फिर खिड़कियाँ खोलने का निर्णय लिया जिससे ताज़ी हवा आए। खिड़की के बाहर होटल की पार्किंग थी और खिड़की खोलते ही ड्राइवर्स की दुनिया हवा के साथ भीतर दाख़िल हो गई। सभी ड्राइवर इकट्ठे

होकर बातें कर रहे थे और साथ में सुन रहे थे नब्बे के दशक के हिन्दी फ़िल्मों के गाने—

हम जितनी बार जिएँगे, हम जितनी बार मरेंगे...

♫

तूने प्यार की बीन बजाई, मैं दौड़ी चली आई...

♫

तू शायर है, मैं तेरी शायरी...

शायद दिन का कोई और वक़्त होता तो हम लोग ड्राइवरों की बातों के साथ इस संगीत का रस लेते और हँसते मगर इस वक़्त नींद से बोझिल पलकों के साथ यह हँसी, बातें और गानों का मिश्रण बेहद भयानक असर कर रहा था। नींद लगने को होती और एक ठहाका इसे उचटा देता। पंखा भी कमबख़्त बिना शोर के चल रहा था कि उसी की घें-घें की रिद्म से बाहर की आवाज़ें दब जाएँ। उसी वक़्त हम दोनों ने डिसाइड किया कि अगली बार होटल देखते वक़्त इस बात का भी ध्यान रखेंगे कि कमरा पार्किंग के ठीक क़रीब न हो। दो बार नींद खुलने के बाद पैरों में कीड़ों के काटनेवाले स्थान पर भयानक खुजली चलने लगी। थोड़ी देर खुजलाने से ख़ून भी छलछला आया। परेशानी बढ़ी तो मैंने गड्डू को उठाया तो उसके पास एक एंटी-एलर्जिक क्रीम मिली जिसने पाँच मिनट में ही राहत दे दी।

गड्डू द जिन्न...हर समस्या का हल।

खुसु जांगपो-खुसु जांगपो ला

रात नींद टूटती रही। कभी बाहर की आवाज़ों से, कभी गर्मी और पसीने से तो कभी अकारण ही। लेकिन जब सुबह 6.30 बजे उठे तो तरोताज़ा ही थे। कई बार टूटी नींद के बावजूद सुबह ताज़ी होती है और कभी घंटों की बेहोशी वाली नींद के बाद भी ताज़गी महसूस नहीं होती। नींद का गणित कभी मेरे पल्ले नहीं पड़ा। हुँह, जैसे बाक़ी सारे गणित की तो मैं मास्टर हूँ। गणित में बचपन से ही कमज़ोर रही, दसवीं में गणित में ठीक 33 प्रतिशत नम्बर लाकर भी जो ख़ुशी से फूला न समा रहा हो कि अब गणित से मुक्ति मिली तो उसे क्या कहेंगे। आज भी जीवन के बहुत सारे गणित समझ नहीं आते। गणित लगाकर जीवन जीना नहीं आया। इसके अपने नुक़सान तो हैं ही, पर फ़ायदा यह कि ज़्यादा दिमाग़ नहीं लगाना पड़ता। दिल अपनी मनमानी करता रहता है और कम-से-कम एक सन्तुष्टि रहती है कि कुछ ग़लत नहीं हुआ है।

दसवाँ दिन : 14 जून, 2019
टाइगर नेस्ट, पारो

बाहर से रात भर आती आवाज़ें अब बन्द हो गई थीं। शायद ड्राइवर्स फ्रेश हो रहे होंगे या अपने यात्रियों को लेकर निकल गए होंगे। टाइगर नेस्ट की चढ़ाई को लेकर उत्साह भी है और थोड़ा भय भी है। बार-बार दीप्ति वशिष्ठ की बात याद आ जाती है 'बेकार है इतना ऊपर जाना और ख़ुद को थका देना।'

जो भी हो, थकें तो थकें मगर इस थकान और शरीर दर्द के एवज़ में एक नया अनुभव एकदम घाटे का सौदा नहीं है। तैयार होकर हम लोग नाश्ते के लिए पहुँचे। देवेन और कुश अभी तक

नहीं आए थे। उन्हें कॉल किया और नाश्ता ऑर्डर किया। तभी रिसेप्शन पर लगे एक ब्रोशर पर नज़र गई। किसी बॉडी स्पा सेंटर का ब्रोशर था। मालूम हुआ कि टाइगर नेस्ट से आनेवाले पर्यटकों को थकान और पैरों के दर्द से निजात दिलाने के लिए इसे यहाँ लगाया गया है। और ज़्यादातर सभी लोग इस सेवा का लाभ लेते हैं।

"ये तो बढ़िया है...लौटकर सोचा जा सकता है। मसाज कराना किसे अच्छा नहीं लगता और दर्द से भरे शरीर को मसाज मिल जाए, ये तो सोने पे सुहागा वाली बात हुई।"

दस मिनट बाद कुश और देवेन भी आ गए और नाश्ता करके हम सभी चल पड़े टाइगर नेस्ट की ओर। टाइगर नेस्ट की दूरी पारो से लगभग 12 कि.मी. है। हम जब निकले तब आठ बज रहे थे। अभी तक मिली सलाहों के अनुसार हमें साढ़े आठ बजे तक चढ़ाई शुरू कर देनी थी क्योंकि जैसे-जैसे धूप चढ़ती है, चढ़ाई मुश्किल हो जाती है। जितनी चढ़ाई ठंडे में निपट जाए उतना बेहतर। हम तय समय से थोड़ी देरी से थे पर इस बारे में ज़्यादा सोचना बेकार था। सुबह की सुहानी धूप में लिपटी पारो घाटी के सौन्दर्य के दर्शन करते हुए हम टाइगर नेस्ट की ओर चल पड़े। लगभग आधे घंटे बाद दूर पहाड़ पर बहुत ऊपर एक छोटा-सा स्ट्रक्चर बना दिखाई दिया जिसे देखकर हमने अन्दाज़ लगाया कि यही टाइगर नेस्ट होगा वरना यहाँ कौन इतने खड़े और दुर्गम पहाड़ पर घर बनाने जाएगा। इसे देखकर हम चारों ने एक-दूसरे की ओर देखा। एकबारगी सबके हलक़ सूख गए थे। अभी इतना ऊपर चढ़ना है। सोचकर ही दम फूल गया। फिर से दीप्ति वशिष्ठ सामने आ खड़ी हुई—'सोच लो, अब भी वक़्त है। इसकी बजाय तो पारो घूम लो।'

दीप्ति वशिष्ठ की बात को अनसुना करते हुए हमने जीपीएस पर टाइगर नेस्ट के बेस पर पहुँचने का रास्ता देखा। उफ़...हम शायद आगे निकल आए थे। कहीं कोई माइल स्टोन नहीं लगा हुआ था और ना ही कोई बोर्ड या साइन था। फिर से इस जीपीएस ने भटका दिया। फिर से परम्परागत तरीक़ा काम में लेते हुए एक राहगीर से रास्ता पूछा। उसने बताया कि पीछे जाकर लगभग पाँच कि.मी. बाद बाईं ओर रास्ता जाता है बेस कैम्प के लिए। उसके बताए रास्ते से जब हम बेस कैम्प पहुँचे तो पौने नौ बज रहे थे।

बेस कैम्प पर रंग-बिरंगे झंडे तेज़ हवा में फहरा रहे थे। बहुत से झंडे आधे फटे हुए थे। टाइगर नेस्ट पर जानेवाले पर्यटकों की मामूली भीड़ थी। एक ओर प्रसाद, बुद्धिस्ट आर्टिफ़ैक्ट्स और तरह-तरह के खिलौने और शिल्पकारी के गृहसज्जा के सामान बेचनेवाले बैठे थे। वहीं एक ओर लाठी किराए पर देनेवाले भी तरह-तरह की लाठियाँ लेकर बैठे थे। कुल मिलाकर किसी भी धार्मिक पर्यटन स्थल पर जैसा मेला लगा होता है, ठीक वैसा ही दृश्य था। मोनेस्ट्री के टिकट्स भी यहीं से मिलते हैं। देवेन टिकट्स लेने गया, तब तक मैंने और गड्डू ने वाशरूम की ओर रुख़ किया। और यहाँ हमने जीवन की सबसे महँगी सूसू की। बीस रुपये आज तक कहीं भी नहीं दिए थे। उस लिहाज़ से वाशरूम कोई इतना ख़ूबसूरत भी नहीं था कि उसका ज़िक्र भी किया जाए। शुल्क वसूलनेवाले से मैंने कन्फ़र्म भी किया—

"भैया, एक नम्बर के ही हैं ना बीस रुपये?"

"हाँ जी..."

"फिर दो नम्बर के कितने?" मुझे हँसी आई।

"उसके भी इतने ही। सारे नम्बर बराबर।" वो भी मुस्कुरा दिया।

मुझे हँसी के साथ स्मरण हो आई 2005 की मसूरी के मॉल रोड की वह शाम जब मैं और मेरी एक दोस्त घूमते-घूमते मॉल रोड पर बने एक वॉशरूम में गए। मैं बाहर निकली तो मुझसे पाँच रुपये माँगे जो मैंने दे दिए। दो मिनट बाद मेरी दोस्त बाहर निकली तो उससे दस रुपये माँगे। मैंने तनिक ग़ुस्से में कहा कि अभी तो मुझसे पाँच रुपये लिये अब क्यों दस रुपये माँग रहे हो?

दोस्त ने भी भृकुटी टेढ़ी कर उसे देखा।

तो बन्दा बोला कि मैडम आपको थोड़ी ज़्यादा देर लगी।

"तो?" दोस्त झुँझला उठी।

"तो क्या? दो नम्बर के दस रुपये ही लगते हैं।"

हम दोनों ने एक-दूसरे की ओर देखा और ज़ोर से हँस पड़े। उसे दस रुपये दिए और चल दिए।

एक बार दो नम्बर में लगनेवाले समय में दो बार एक नम्बर हो सकता है इसलिए इसकी दोगुनी क़ीमत वसूलता होगा।

और अगर किसी को दो नम्बर में आधा घंटा लगता हो तो क्या सौ रुपये रखवा लेगा? हम हँस-हँस के दोहरे हुए जा रहे थे।

बीस रुपये देकर बाहर निकली तो बारिश शुरू हो गई थी और मौसम एकदम ख़ुशगवार हो गया था। क़दम ख़ुद-ब-ख़ुद थिरकने लगे। गड्डू बाहर आई तो वह भी इस नृत्य चाल में शामिल हो गई।

देवेन और कुश लाठी वाली दुकान पर थे। हम सबने विभिन्न लाठियों को उठाकर चार क़दम चलकर देखा। क़द के मुताबिक़ सबसे बेहतर कौन-सी रहेगी। फिर एक-एक लाठी सबने अपने लिए पसन्द कर ली। अब सारे लठैत आगे बढ़े अपनी लाठियों के साथ लेकिन पास ही एक पुंगे की रेहड़ी लगाए खड़ा था जिसे देखकर लठैतों के मुँह में पानी आया और सबने अपने लिए बचपन की याद ताज़ा कराते पीले-पीले पुंगे ख़रीद लिए। मैंने और गड्डू ने अपनी पाँचों उँगलियों में उन्हें फँसा लिया। ठीक बचपन की तरह।

हमारा पिट्ठू बैग कुश की पीठ पर टिका दिया था हमने। मेरे एक हाथ में लाठी और एक हाथ में कैमरा था। बड़े उत्साह में आगे बढ़े जा रहे थे हम सब। ठीक वैसे ही जैसे बचपन में स्कूल की किसी पिकनिक पर जाने का उत्साह हुआ करता था। एक छोटे से जंगल से गुज़रते हुए हम उस जगह पहुँचे जहाँ से चढ़ाई शुरू होनी थी। और यहाँ पहुँचते ही डस्टबिन के ऊपर बैठी यलो बिल्ड ब्लू मैगपाई के दर्शन हो गए। मेरी ख़ुशी की सीमा नहीं थी। यही चिड़िया है जिसके पीछे मैं हिमाचल और उत्तरांचल की हर ट्रिप में कैमरा उठाए भागी हूँ और अब तक एक भी अच्छा चित्र नहीं ले पाई हूँ। ये मौक़ा नहीं जाने देना है हाथ से। इस वक़्त डस्टबिन पर बैठी कचरे में से अपने काम का भोजन छाँट रही है। परफ़ेक्ट लाइट, परफ़ेक्ट डिस्टेंस, परफ़ेक्ट फ़ोकस...बैकग्राउंड और अच्छा होता तो मज़ा आ जाता। दो-तीन फ़ोटो लिये, इतने में मैगपाई का एक और पार्टनर आ गया। एक साथ दो-दो! और अब तो ज़मीन पर बैठ गई हैं। लाठी एक किनारे पटक तसल्ली से आठ-दस शॉट लिये और प्रसन्न भाव से लाठी उठा आगे बढ़ी। तीनों पहले ही थोड़ा आगे बढ़ चुके थे।

दौड़कर इन लोगों के पास पहुँची तो हाँफने लगी थी। अभी तो आग़ाज़ है। सिर उठाकर देखा तो टाइगर नेस्ट उस खड़े पहाड़ पर छोटा-सा दिखाई

दे रहा था। पीली धूप ऐसे खिल रही थी अपने पूरे सौन्दर्य के साथ जैसे गुड़हल के हरे पौधे पर पीला गुड़हल का फूल खिला हो भरपूर। थोड़ी देर बाद थके हुए शरीर को यही धूप काटने लग जाएगी। थोड़ा चढ़ते ही हमारी रफ़्तार धीमी पड़ने लगी थी। मैंने तो पिछले कई महीनों से वॉक भी बन्द कर रखी थी तो पैरों की मांसपेशियाँ बिलकुल आदी नहीं थीं चढ़ाई की। चढ़ते-चढ़ते ही मैं हिमालय की इस ऊँचाई पर मिलनेवाले पेड़ों और फूलों को ध्यान से देखती जा रही थी और साथ में उनकी तसवीर भी लेती जा रही थी। आकार में बहुत छोटे तरह-तरह के रंग-बिरंगे जंगली फूलों से वृक्ष लदे हुए थे। जब इनकी तसवीर बहुत क़रीब से ली जाती है तब इनकी असली ख़ूबसूरती अवाक् कर जाती है। इन फूलों और वनस्पतियों की अनोखी गन्ध से हवा गमक रही थी। जैसे-जैसे हम ऊँचाई पर पहुँचते जा रहे थे, वैसे-वैसे नीचे झाँकने पर घाटी का भी बड़ा इलाक़ा नज़र आने लगा था। घने जंगल के बीच कच्ची राह पर हम लाठी टेक चढ़े जा रहे थे। साथ-साथ में खच्चर भी चले जा रहे थे। खच्चर अपनी सवारियों को किस क़दर कुशलता से लेकर चढ़ते चले जाते हैं। कई बार तो खच्चरों को रास्ते के एकदम किनारे चलते देखकर भय लगने लगता। बस ज़रा सा क़दम फिसला और सीधे खाई में। मगर ऐसा कोई हादसा कभी सुनने में नहीं आया जब खच्चर या घोड़े ने सवारी को खाई में गिरा दिया हो।

यह अच्छा था कि बारिश नहीं हो रही थी वरना कच्चे रास्तों पर खच्चर की लीद और कीचड़ पर चलना काफ़ी मुश्किल बना देते हैं। मुझे आज तक वैष्णो देवी की चढ़ाई याद है जब तेज़ बारिश हो गई थी और सारा रास्ता गन्दगी और बदबू से बहुत ख़राब और रपटीला हो गया था। मगर आज मौसम बहुत सुहाना और खुला हुआ था। कुश थोड़ा आगे निकल चुका था। गड्डू को बहुत ज़्यादा थकान हो रही थी और हर दस क़दम के बाद उसे बैठना पड़ रहा था। थकने मैं भी लगी थी पर अच्छे से चल पा रही थी। थोड़ी दूर और चलकर तेज़ प्यास लग आई। बैग कुश के पास था। उसी में पानी की बोतलें थीं और वह कहीं नज़र नहीं आ रहा था। प्यास से सूखते होंठों पर ज़बान फिराकर हम आगे बढ़ लिये कि शायद कुश मिल जाए। इस बीच गड्डू बेहद थक चुकी थी और हमने उसकी हालत देखकर उसे सलाह दी

कि अभी तो बहुत चढ़ाई बाक़ी है, बेहतर है कि वह खच्चर पर बैठ जाए। पहले तो वह राज़ी नहीं हुई लेकिन दस क़दम और चलने के बाद आख़िरकार एक खच्चर वाले को रोककर वह आधे रास्ते तक जाने को तैयार हो गई। उसे यह ताकीद देकर रवाना किया कि रास्ते में कुश मिले तो उसे रुकने को बोल दे। खच्चर पर बैठ दो-चार तसवीरें निकलवाकर गड्डू रवाना हो गई।

मैं और देवेन बढ़ चले अपनी लाठी के सहारे। थकान उतनी नहीं थी जितनी प्यास लग रही थी। मुझे अफ़सोस हुआ कि एक बोतल अपने साथ क्यों नहीं रख ली। कहीं भी पानी का इन्तज़ाम नहीं है और मोबाइल भी काम नहीं कर रहे हैं। क़रीब पन्द्रह मिनट और चलने के बाद गला बेतरह सूख गया था और तब मैंने दूसरे पर्यटकों से मदद लेने का निश्चय किया। इधर-उधर नज़र घुमाई तो एक बुज़ुर्ग दम्पती पीछे से आ रहे थे। उनके साथ एक गाइड भी था जिसने उनका बैग और कैमरा पकड़ रखा था। इनके पास ज़रूर होगा पानी।

"सर, आपके पास थोड़ा-सा पानी मिलेगा क्या?" मैंने हाँफते हुए उन सज्जन से पूछा।

"हाँ, हाँ...बिलकुल मिलेगा।" मुस्कुराता हुआ जवाब उनकी पत्नी की तरफ़ से आया।

और उनके आदेश पर गाइड ने बैकपैक से एक बोतल निकालकर दी। पहला घूँट भरते ही एक तरावट होंठों से होती हुई ज़ेहन तक पहुँच गई। यह सादा पानी न होकर स्वादिष्ट नीबू पानी था। दो घूँट पीकर उन्हें बोतल वापस देनी चाही लेकिन वे सज्जन वाक़ई बहुत सज्जन थे। बोले कि तकल्लुफ़ मत करो। आराम से जितना पीना है पियो। हम लोग पर्याप्त पानी लेकर चले हैं।

फिर तो गटागट चौथाई बोतल नीबू पानी पी गई और देवेन को बोतल थमा दी। देवेन ने भी तीन-चार घूँट पानी पिया और उनको धन्यवाद देकर हम आगे चल पड़े। पानी पीते ही देह में नई जान पड़ गई। उसी समय ये भी ख़याल आया कि अगर पानी न मिलता तो क्या करते? एक पानी की बोतल हमेशा अपने साथ रखनी चाहिए, ट्रेकिंग का यह उसूल भी है मगर ये उसूल तभी याद आते हैं जब उनका पालन न करने के कारण मुसीबत सर पर आ जाए। चलते-चलते एक घंटा हो चुका था। कुश कहीं नज़र नहीं

आ रहा था। दो-तीन जगह शॉर्ट-कट रास्ते थे, हो सकता है उनमें से कोई रास्ता उसने लिया हो।

जितने पर्यटक हमें नज़र आ रहे थे वे ज़्यादातर भारतीय ही थे। कुछ पर्यटक विदेशी भी थे जिनमें सोलो ट्रैवलर अधिक थे। कुछ समूह में थे और कुछ विदेशी जोड़े भी नज़र आ रहे थे। इनके अलावा भूटानी पुरुष भी तेज़ी से चढ़ते और उतरते दिखाई दे रहे थे। ये शायद मोनेस्ट्री में काम करनेवाले थे, कुछ गाइड थे और कुछ अपनी पीठ पर बुज़ुर्गों और बच्चों को लादकर ऊपर ले जा रहे थे। सभी पहाड़ी लोग बेहद स्वस्थ और फुर्तीले होते हैं। ग़ज़ब की ऊर्जा और स्टैमिना। जिस चढ़ाई पर हमारी साँस बार-बार उखड़ने लगती है उसे ये जाने दिन में कितनी बार चढ़-उतर जाते हैं। इस पसीने भरी लेकिन ख़ूबसूरत चढ़ाई के दौरान एक बात थी जो बेहद निराश करनेवाली थी। वो ये कि कई भारतीय पर्यटक अपने साथ लाई पानी की प्लास्टिक बोतलों और चिप्स, चॉकलेट्स के ख़ाली पैकेट अपने बैग में वापस न रखकर नीचे फेंक रहे थे। हिमालय की इतनी ऊँचाई पर साफ़-सुथरे जंगलों और पर्वतों को ख़राब करते हुए एक पल को भी नहीं सोचते हम भारतीय। एक भारतीय होने के नाते शर्मिन्दगी से भर आ रहा था मन। क्या सोचते होंगे दूसरे देशों के लोग हमारे बारे में? रास्ते भर डस्टबिन इसलिए नहीं रखे भूटान सरकार ने कि इतना कचरा उठाकर नीचे लाने का बेजा श्रम क्यों किया जाए। इसके बजाय अपना कचरा अपने बैगों में रखा जाए और नीचे आकर डस्टबिन में ख़ाली किया जाए। एकदम वाजिब बात है। अपना कचरा हम ख़ुद नहीं ढोएँगे तो कोई और क्यों ढोएगा। नीचे झाँककर देखा तो बड़े-बड़े पेड़ों के बीच ढेर सारी पानी की बोतलें जगह-जगह पड़ी हुई थीं। इन्हें कौन साफ़ कर सकेगा? वक़्त आ गया है जब सरकारों को कचरा फेंकने पर बहुत कड़ा जुर्माना लगाना चाहिए और उनके देश वापस डीपोर्ट कर देना चाहिए। भारतीय सबसे ख़राब पर्यटक होते हैं...चाहे वह ख़ुद का देश हो या दूसरा देश, प्रकृति का सम्मान करना, अपनी धरती का सम्मान करना उन्हें अब तक नहीं आया है।

लगभग दो घंटे चढ़ाई करने के बाद एक सपाट स्थान आया जहाँ एक नल लगा हुआ था। कुश और गड्डू भी यहीं खड़े हमारा इन्तज़ार कर रहे

थे। पानी का नल देखते ही सबसे पहले मैं पानी पीने भागी। कुश ने कहा भी कि बोतल से पानी पी लो मगर ढेर सारा ठंडा पानी पीने की ललक मुझे सीधे नल पर ले गई जहाँ हथेलियों की ओक बनाकर ढेर सारा पानी पिया। जितना पिया उससे ज़्यादा चेहरे और गर्दन पर गिराया मगर सचमुच प्यास बुझ गई। उसी ठंडे पानी से चेहरा धोया। मुझे छोड़कर किसी ने भी उस नल का पानी नहीं पिया और मुझे छोड़ किसी को पेट में दर्द भी नहीं उठा। शायद यह पानी साफ़ नहीं था। शाम को पेट में बहुत मरोड़ हुई।

यहाँ से हम सब साथ हो लिये। बस ज़रा दूर पर ही मिड पॉइंट आनेवाला था जहाँ एक रेस्टोरेंट भी है। हम सबको अच्छी-ख़ासी भूख भी लग आई थी। सोचा कि चलकर कुछ खाया-पिया जाएगा उसके बाद आगे की चढ़ाई पर बढ़ा जाएगा। लगभग पन्द्रह मिनट बाद हम उस रेस्टोरेंट पर पहुँच गए थे। बैग, कैमरा, लाठियाँ रखकर दो घड़ी तो तसल्ली से पसरकर बैठ गए। थोड़ा सुस्ताने के बाद अन्दर रेस्टोरेंट में पहुँचे चाय-कॉफ़ी और कुछ स्नैक्स ऑर्डर करने। मगर अन्दर जाकर मायूसी हाथ लगी। यहाँ कोई स्नैक्स नहीं थे, न चाय और कॉफ़ी थी। सिर्फ़ कोल्ड ड्रिंक्स थे और खाना था। खाना भी लौटते हुए मिलेगा, ऑर्डर अभी करना पड़ेगा। भूख तो अभी लगी है... क्या किया जाए। खाना ऑर्डर करने का कोई मतलब नहीं था। लौटते हुए खाना खा लिया तो नीचे की उतराई न हो सकेगी। थका और भूखा शरीर खाना अन्दर जाते ही नींद माँगता है और आगे चलने से इनकार कर देता है। मन मसोसकर एकदम ठंडे कोल्ड ड्रिंक्स लिये और बाहर छाया में बैठकर पिए। यहाँ से टाइगर मोनेस्ट्री भी समानान्तर ऊँचाई पर नज़र आ रही थी लेकिन रास्ता समानान्तर सिधाई पर नहीं था। इसका मतलब कि अब हमें नीचे उतरना है और फिर से ऊपर चढ़ना है। इस रेस्टोरेंट के बाहर लकड़ी की कुर्सियों को चटख लाल रंग से पेंट किया जा रहा था। सामने ही एक छोटा-सा सीढ़ीदार रास्ता ऊपर की ओर जा रहा था जिसके ठीक नीचे सूखने के लिए दो लाल कुर्सियाँ रखी हुई थीं। जाने क्या ख़ास था इस दृश्य में कि यह नज़रों और मन को बाँध ले रहा था। ऐसा लगता था कि इस पहाड़ी रास्ते के ठीक पास रखीं इन दो ख़ाली कुर्सियों को किसी का इन्तज़ार है। जैसे कोई दो दोस्त या प्रेमी यहाँ से उठकर चले गए हैं अपनी-अपनी राह और

एक दिन वापस लौटकर यहीं आएँगे। इसी जगह पर, एक-दूसरे के पास। कुछ तसवीरें लीं इस दृश्य की। अजीब होता है कि किसी निर्जीव दृश्य में चेतना का आभास मिल जाता है, कोई एक स्थिर कैनवस जीवित हो अपनी कहानी कहने लगता है। कितनी उम्मीदें हैं हमारे आसपास, कितनी प्रतीक्षाएँ और कितनी निराशाएँ।

"चल, अब चलें।" गड्डू की आवाज़ ने मेरा ध्यान तोड़ा।

"हाँ, चलो।" मैं उठी और अपनी लाठी और कैमरा थाम हम चारों चल पड़े आगे की ओर। थोड़ा आराम करके और थोड़ा ठंडा पीकर थकान मिट गई थी और आगे की चढ़ाई करने के लिए हम फिर से ऊर्जावान थे।

यहीं रास्ते में हमने एक स्थानीय मज़दूर से दो भूटानी शब्द सीखे।

खुसु जांगपो यानी नमस्ते

खुसु जांगपो ला यानी आपको भी नमस्ते।

ये दो अभिवादन के शब्द सीखकर हम चारों बच्चों जैसे प्रफुल्लित थे और अब हर गुज़रनेवाले भूटानी को 'खुसु जांगपो' बोलकर मुस्कराते। भूटानी हमसे ज़्यादा मुस्कराते और कहते 'खुसु जांगपो ला।'

जैसे-जैसे ऊपर पहुँचते जा रहे थे मैं बेहद उत्सुक होकर नीचे घाटी की ओर देख रही थी। अब घाटी का बहुत-सारा हिस्सा दिखाई दे रहा था जैसा कि किसी भी बहुत ऊँचाई वाले पर्वत चोटी से दिखाई पड़ता है। उस दृश्य में ऐसा कुछ अनोखा नहीं था जो हमने अब तक न देखा हो। दरअसल इतनी ऊँचाई पर ट्रैक करने का उद्देश्य मोनेस्ट्री देखना नहीं था। यहाँ भ्रमण करनेवाले दोस्तों और परिचितों ने बताया था कि चढ़ाई कठिन ज़रूर है लेकिन ऊपर पहुँचकर जो दृश्य दिखाई देता है उसके आगे ये थकान कुछ भी नहीं। मैं जाने किस अकल्पनीय सुन्दरता की तलाश में टाइगर मोनेस्ट्री पर चढ़ी जा रही थी। कुश, देवेन और गड्डू भी उस ख़ूबसूरती की प्रतीक्षा में थे कि कब वो नज़ारा दिखे और हमारा मुँह खुला का खुला रह जाए। दीप्ति वशिष्ठ कानों में फुसफुसाई—

"कहा था ना कि कुछ ख़ास नहीं है ऊपर। बेकार का थकना है।"

"अभी पहुँचे ही कहाँ हैं ऊपर। कुछ न कुछ तो ज़रूर होगा।" मैंने टैलीपैथी से दीप्ति तक अपना जवाब पहुँचाया।

थोड़ा आगे चलते ही उतराई आ गई। इतनी लम्बी चढ़ाई के बाद उतरना प्रफुल्लित कर गया। धूप अब तीखी और चुभनेवाली हो गई थी। हम तेज़-तेज़ क़दमों से सीढ़ियाँ उतरकर छायादार जगह पर थोड़ा विश्राम करते और फिर आगे बढ़ जाते। नीचे जानेवाली सीढ़ियाँ ख़त्म हुईं और फिर से सीढ़ियों से एक लम्बी चढ़ाई। अब मोनेस्ट्री को सिर उठाकर देखना पड़ रहा था। एक-एक घूँट पानी का पिया और चल दिए बची-खुची ऊर्जा जुटाकर उस आख़िरी चढ़ाई पर। क़रीब बीस मिनट बाद एक छोटे झरने को पार कर हम फ़ाइनली मोनेस्ट्री पर पहुँच गए थे।

मोनेस्ट्री के बाहर ठीक वैसा ही माहौल था जैसा किसी भी बुद्धिस्ट धार्मिक स्थल पर होता है। खड़े पहाड़ को काटकर तीन मंज़िल मोनेस्ट्री का निर्माण किया गया है। कहते हैं कि सातवीं शदाब्दी में गुरु रिम्पोचे एक मादा बाघ की पीठ पर बैठ उड़कर इस पर्वत पर आए थे व इसकी एक गुफा में उन्होंने तीन साल, तीन महीने, तीन सप्ताह, तीन दिन और तीन घंटे साधना की थी और इसके अन्दर रहनेवाली बुरी शक्तियों को भगाया था। इस मोनेस्ट्री का नाम ताकसाङ मोनेस्ट्री है जिसका शाब्दिक अर्थ बाघ की गुफा है। इसी कारण इस जगह का नाम टाइगर नेस्ट पड़ा है।

इस मोनेस्ट्री का निर्माण 1692 में भूटान के शासक तेनजिंग रब्ग्ये ने करवाया। तेनजिंग रब्ग्ये को भूटानी गुरु पद्‌मसम्भव का ही अवतार मानते हैं। मोनेस्ट्री में प्रवेश के लिए टिकट थे ही हमारे पास। अपने बैग, कैमरा और मोबाइल लॉकर में जमा करवाए और मोनेस्ट्री में प्रवेश कर गए। जब दस लोगों का ग्रुप बन गया तब हमें एक गाइड मिला और हम दस लोगों को मोनेस्ट्री में ले चला। यह ठीक वैसी ही मोनेस्ट्री थी जैसी कि भूटान की अन्य कोई भी मोनेस्ट्री। वही वास्तु, वही पद्‌मसम्भव की प्रतिमा, वही बुद्धिस्ट कहानियाँ और ठीक वही इतिहास। इस लिहाज़ से कोई भी मोनेस्ट्री घूम लो, उसमें जो जानकारी मिलेगी वही हर मोनेस्ट्री में मिलेगी। हमारे यहाँ के मन्दिरों की तरह नहीं कि उसका वास्तु भी अलग हो, भगवान भी अलग, उनको बनानेवाले भी अलग और कथाएँ भी अलग। यहाँ एक ही धर्म होने के कारण धार्मिक विविधता नहीं है। पुनाखा में विस्तार से सारा धार्मिक इतिहास सुन लेने के बाद गाइड की बातें सुनने में कोई रस नहीं आ रहा था। इधर-उधर नज़रें घुमाकर

मैं कभी मूर्तियों को तो कभी चित्रों को देख रही थी। सारी कहानी कह चुकने के बाद गाइड ने कहा कि यह बहुत पवित्र जगह है और यहाँ जो भी इच्छा करो वो ज़रूर पूरी होती है, सो प्लीज़ मेक अ गुड विश।

मैंने चौंककर देखा। विश तो मुझे माँगनी है। हैं कुछ तमन्नाएँ जो इस वक़्त मन में पल रही हैं। कुछ ऐसी जो साझा कर सकती हूँ और कुछ ऐसी जो सिर्फ़ मुझ तक ही रहेंगी हमेशा। अधूरी हैं तब भी और पूरी होने के बाद भी। मैंने आँखें बन्द कर लीं और इस बात का यक़ीन रखते हुए कि यहाँ एक बहुत सकारात्मक ऊर्जा का केन्द्र है अपनी इच्छाएँ उस ऊर्जा तक पहुँचानी शुरू कर दीं। मेरी दो इच्छाएँ थीं। एक मैं शेयर नहीं कर सकती लेकिन दूसरी इच्छा यह थी कि—

"मेरे भीतर का प्रेम कभी ख़त्म न हो और किसी भी स्थिति में नफ़रत कभी पैदा न हो किसी के भी लिए। हे परम शक्ति, मैं सदा प्रेम से भरी रहूँ।"

दो मिनट बाद जब आँखें खोलीं तो बहुत हल्का लग रहा था। मानो सचमुच ही किसी शक्ति से कनेक्ट कर लिया हो। मैं ईश्वर में विश्वास नहीं करती लेकिन एक सर्वोच्च शक्ति में यक़ीन रखती हूँ, ऊर्जा में यक़ीन रखती हूँ। ब्रह्मांड में असीम ताक़त है, ऊर्जा का ऐसा भंडार जो कुछ भी करने में सक्षम है। यक़ीनन वहाँ उन चन्द लम्हों में एक कनेक्शन बना था। और यह दृढ़ विश्वास भी कि मेरी दोनों इच्छाएँ पूरी होंगी। एक सकारात्मक ऊर्जा को अपने भीतर समेटे हम आगे के कक्ष में बढ़े। यह कक्ष इस मोनेस्ट्री के टूर का अन्तिम पड़ाव था। हमारा और गाइड का साथ यहीं तक था। इस कक्ष से गोल घुमावदार एकदम सँकरी सीढ़ियाँ एक गुफा में जा रही थीं। यह अँधेरी गुफा बाहर पहाड़ पर खुलती थी और ठीक वहीं पहाड़ ख़त्म हो रहा था। यानी गुफा के बाहर पहाड़ के नीचे अन्तहीन गहराई थी। और यही वह गुफा थी जहाँ गुरु रिम्पोचे ने अपनी साधना की थी। इस गुफा में जाना आसान नहीं है इसलिए ऊपर अलग बड़े कक्ष में उनकी मूर्ति बना दी गई जहाँ दर्शनार्थी सुगमता से दर्शन कर सकें।

"जो लोग जाना चाहें इस गुफा में, अपने रिस्क पर जाएँ।" गाइड इतना आगाह कर वहाँ हमें छोड़कर चला गया।

देवेन ने तो नीचे उतरने से साफ़ मना कर दिया। मैं हाँ-ना की स्थिति में

थी। तभी कुश ने अपना क़दम उन सीढ़ियों की ओर बढ़ाया यह कहते हुए कि मैं तो जा रहा हूँ गुफा में। कुश को उतरते देख मुझे भी हिम्मत आई। उत्सुकता तो थी ही इस गुफा के भीतर जाकर देखने की। रहस्यमय जगहें हमेशा एक रोमांचयुक्त उत्सुकता जगाती हैं।

जाने क्या अनुभव हो? जाने क्या देखने को मिले? जाने क्या देखने से हम वंचित रह जाएँ?

सो इस उत्सुकता का शमन करने मैंने भी सँभलकर अपना एक पैर नीचे जाती सीढ़ियों पर रख दिया। ये सीढ़ियाँ वाक़ई मुश्किल भरी थीं। दो-तीन सीढ़ियाँ उतरने के बाद ये घूमकर और सँकरी और बेतरतीब हो गई थीं और अँधेरी भी। कुश के पीछे-पीछे मैं भी सावधानी बरतते हुए गुफा में उतर गई। गुफ़ा में दो-तीन लोग पहले से मौजूद थे जो बाहर का नज़ारा देखने के बाद अब ऊपर चढ़ना चाहते थे। यह गुफा इतनी अँधेरी और सँकरी थी कि यहाँ बमुश्किल चार-पाँच लोग ही एक साथ खड़े हो सकते थे। हवा न होने के कारण यहाँ घुटन भी महसूस हो रही थी। हम जाकर खड़े ही हुए थे कि इतने में हमारी निगाह ऊपर सीढ़ियों की तरफ़ गई और हम एकदम घबरा गए। हमारे नीचे उतरते ही बाक़ी पर्यटकों में भी नीचे आने की इच्छा जाग गई थी और कई लोग सीढ़ियों से नीचे उतरने लगे थे। सीढ़ियाँ इतनी सँकरी थीं कि उन पर एक बार में एक ही व्यक्ति चढ़ या उतर सकता था। अगर इतने लोग नीचे आ गए तो हमें पीछे खिसकना पड़ेगा और पीछे जगह नहीं है। अगर थोड़ा भी पीछे गए तो सीधे डेड-एंड है। ऐसे में भगदड़ मचने, लोगों के एक के ऊपर एक गिरने और दम घुटने की पूरी सम्भावना है। इन्हें कैसे भी नीचे आने से रोकना पड़ेगा।

यह कल्पना करते ही मैं और कुश ज़ोर से चिल्लाए—

"नीचे मत आओ, गुफा में कुछ भी नहीं है। यहाँ ऑक्सीजन बहुत कम है। दम घुट जाएगा। हम भी ऊपर आ रहे हैं।"

दो-तीन बार चिल्लाने पर नीचे आते लोग सहम गए। जान सबको प्यारी होती है। नीचे आती भीड़ वापस ऊपर की ओर चढ़ गई। हम दोनों तुरन्त सीढ़ी चढ़कर ऊपर आए और चैन की साँस ली।

"अब जिसको जाना है, जाए गुफा में। अपन तो निकलो इधर से फ़ौरन।"

कुश ने कहा और हम दोनों हँसते हुए निकल लिये मोनेस्ट्री के बाहर।

बाहर निकले तो एक बज रहा था। गर्मी बहुत ज़्यादा थी। सूरज अब सर पर चमक रहा था और अभी लगभग दो घंटे नीचे उतरने में लगनेवाले थे। बाहर निकलकर पानी पिया और चल पड़े वापस नीचे की ओर। उतरने से पहले फिर से एक बार चारों तरफ़ घूमकर देखा कि कहीं कोई ऐसा नज़ारा तो नहीं छूट रहा जिसके लिए टाइगर मोनेस्ट्री न आ पाने का मलाल रह जाता हो। नीचे झाँककर हर तरफ़ से घाटी को देखा। जब मुतमइन हो लिए कि जो है सो यही है, तब वापस नीचे उतरना शुरू कर दिया।

दीप्ति वशिष्ठ फिर कानों में आकर बोली, "कहा था न मैंने।"

"हम्म..." मैं सिर्फ़ इतना बोल पाई।

"वैसे टाइगर मोनेस्ट्री उन्हीं को आना चाहिए जिनको ट्रैकिंग का शौक़ है या फिर बौद्ध श्रद्धालुओं को।" कुश की आवाज़ आई।

वो भी वही सोच रहा था जो मैं सोच रही थी। हम तीनों ने सहमति जताई।

"वैसे दीप्ति वशिष्ठ ठीक कह रही थी।" पहली बार हममें से किसी ने उसे सही कहा था और यह गड्डू थी।

हम तीनों ने फिर से सहमति जताई।

"लेकिन ट्रैकिंग भी बढ़िया रही। आना ही चाहिए था यहाँ जब इतनी दूर आए हैं तो।" देवेन बोला। ये बन्दा न थकता है और न परेशान होता। न इसे धूप काटती और न बरसात भिगोती। ये घबराता है तो सिर्फ़ भूख से और तेज़ सर्दी से। ठंड इसे बर्दाश्त नहीं। बाक़ी हर जगह यह ख़ुशी से गुज़र कर लेता है।

"हाँ, आना तो चाहिए ही था। अपने को तो शौक़ है ट्रैकिंग का। हम तो उन लोगों के लिए कह रहे हैं जो सिर्फ़ कुछ इनक्रेडिबल देखने के चक्कर में अपनी ऐसी-तैसी कराते ऊपर चढ़े आते हैं।" कुश ने देवेन से सहमत और असहमत के बीच कुछ होते हुए कहा।

"सही है, सही है...।" गड्डू और मैं दोनों एक साथ बोल पड़े।

अब नीचे उतरने की बारी थी। लौटते हुए पहले सीढ़ियाँ उतरना था और उसके बाद सीढ़ियों की चढ़ाई और फिर मिट्टी के रास्ते पर लगातार उतराई है। उसमें भी ज़्यादातर खड़ी। लिया नाम एक बार गुरु रिम्पोचे का और चल पड़े वापसी की यात्रा पर।

मोनेस्ट्री के अन्दर घूमते हुए सारी थकान उतर चुकी थी इसलिए उतरनेवाली सीढ़ियाँ हम फटाफट उतर गए। धूप बहुत ही ज़्यादा तीखी और तेज़ थी।

धूप वाली जगह पर हम तेज़-तेज़ चलते और फिर किसी छाया वाली जगह पर जाकर पाँच मिनट सुस्ता लेते। भूख भी ज़ोर पकड़ने लग गई थी। अब हम जल्दी से जल्दी नीचे पहुँच जाना चाहते थे। सोच रहे थे कि जब चढ़ाई चढ़ ली तो उतरने में तो कम ही थकान होनी है। फटाफट कूदते-फाँदते पहुँच जाएँगे।

मगर नहीं जानते थे कि चढ़ाई से स्ट्रेस में आई मसल्स नीचे उतरते समय अच्छी-ख़ासी दर्द करनेवाली हैं। बीस मिनट बाद ही ढलान पर एक-एक क़दम बढ़ाना मुश्किल होने लगा। घुटने और पिंडलियाँ हर क़दम पर दर्द से भर उठतीं। अब कैमरे को भी बन्द करके बैग में रख दिया और सिर्फ़ लाठी के साथ उतरने लगे।

यह वाक़ई चढ़ने से ज़्यादा परेशान करनेवाला था। क़रीब दो घंटे लगे हमें नीचे आने में। आते ही एक सुकून की साँस ली और एक चट्टान पर धम्म हो गए।

दीप्ति वशिष्ठ...तुम सही थीं बहन।

पाँच मिनट बाद ख़ूब सारा पानी पीकर पार्किंग की तरफ़ बढ़े। जाते हुए फिर वही जंगलनुमा रास्ता था। और यहाँ मुझे एक तोहफ़ा मिला। भूटान आने के बाद से ही कोई नया परिन्दा नहीं मिला था। इतनी मेहनत का इनाम क़ुदरत ने दिया था एक नया परिन्दा दिखाकर। यह 'व्हाइट कॉलर्ड ब्लैक बर्ड' का एक जोड़ा था और नीचे मिट्टी में बैठा कीड़े चुनकर खा रहा था। सारी थकान भूलकर फटाफट कैमरा निकाला और इनके फ़ोटो लेने लग गई। दोनों परिन्दों ने बढ़िया आई लेवल शॉट दिए और मन ख़ुशी से भर गया। टाइगर नेस्ट को एक शुक्रिया उछाला और आगे निकल गए अपने तीनों साथियों की ओर दौड़ लगा दी। टाइगर नेस्ट आना वसूल हो गया। ये था यहाँ का हासिल—एक ख़ूबसूरत अनदेखे पक्षी का जोड़ा।

यहाँ से हम भागे सीधे शहर की ओर। भूख इतनी तेज़ लगी थी कि अब बात करने की भी ऊर्जा नहीं बची थी। पारो पहुँचकर एक रेस्टोरेंट में खाना

खाया और इतनी तेज़ी से खाया कि उसके स्वाद के बारे में न सोचने की फ़ुरसत थी, न उसकी मीमांसा करने की। हम जल्दी से पेट भरकर होटल पहुँचकर बिस्तर पर पड़ जाना चाहते थे। खाना खाकर जब रूम पर पहुँचे तो साढ़े चार बज रहे थे। मैं और गड्डू कमरे में जाकर कपड़े बदलकर सीधे बिस्तर पर फैल गए और दो मिनट के भीतर नींद के आगोश में पहुँच गए। डेढ़ घंटे सोने के बाद नींद खुली देवेन के फ़ोन से। वह पूछ रहा था कि क्या बॉडी मसाज करवाने चलना है?

मैंने सोयी हुई गड्डू से पूछा तो उसने हाँ कर दिया।

"आधे घंटे में तैयार हो जाओ, सात बजे का अपॉइंटमेंट लिया है।" देवेन ने कहा।

आधा घंटा है फिर तो पन्द्रह मिनट सोया जा सकता है बाक़ी के पन्द्रह मिनट में हाथ-मुँह धोकर कॉफ़ी पी जा सकती है। नींद से भरी आँखों ने हिसाब लगाया और पन्द्रह मिनट के लिए मैं और गड्डू फिर से बिस्तर में गुड़ुप हो गए। एक्स्ट्रा नींद की अहमियत वही जान सकता है जिसे सोने का शौक़ हो। सोना ज़रूरत के अलावा एक शौक़ भी होता है। नींद का शौक़ीन इस बात से इत्तेफ़ाक़ ज़रूर रखेगा लेकिन ज़रूरत के लिए सोनेवालों को यह बात पागलपंती के अलावा क्या लग सकती है? हम चारों बहनें सोने के शौक़ीनों में से हैं। और उसमें भी दोपहर की नींद तो हमें वैसे ही प्यारी है जैसे दादा-दादी को अपने बच्चों से ज़्यादा प्यारे अपने बच्चों के बच्चे होते हैं। एक बार कुश से मैंने हँसते हुए कहा था कि जब मैं मर जाऊँ तो मुझे दफ़नाना और क़ब्र के ऊपर लिखना कि—

"यहाँ एक लड़की अपनी ढाई से साढ़े तीन की नींद सो रही है।"

मृत्यु को तो सबसे सुखकर नींद ही होना चाहिए।

ठीक सवा छह बजे हम उठे और पन्द्रह मिनट बाद हम दोनों बाहर खड़े हुए थे दोनों लड़कों के इन्तज़ार में। दस मिनट बाद हम चारों चल दिए स्पा सेंटर। वहाँ पहुँचे तो हमें बताया गया कि कमरे दो ही फ़्री हैं इसलिए आप दोनों कपल्स एक-एक रूम में मसाज करवाएँगे।

"अरे भाई, हम कपल्स नहीं हैं। लेकिन हम दोनों बहनें एक साथ मसाज करा लेंगे। हमें कोई समस्या नहीं। और दोनों लड़के एक रूम में हो जाएँगे।"

मैंने कहा, "ये बराबर संख्या में स्त्री और पुरुष को देखकर कपल्स ही क्यों समझने लगते हैं? दोस्त, भाई-बहन, परिचित कोई भी हो सकते हैं।" मुझे थोड़ी झुँझलाहट हो रही थी।

ख़ैर...अगले एक घंटे हमने बढ़िया मसाज का आनन्द लिया। मसाज कराने से पहले यह हिदायत देना नहीं भूले कि आज टाइगर नेस्ट की ट्रैकिंग करके आए हैं तो उस हिसाब से उन जगहों पर मसाज देना जहाँ दर्द ज़्यादा है। उस लड़की ने जवाब दिया कि यहाँ ज़्यादातर टाइगर नेस्ट से लौटे हुए लोग ही आते हैं मसाज कराने।

जब मसाज कराकर निपटे तो दर्द में काफ़ी राहत थी। बदन हल्का महसूस हो रहा था। बाहर निकलकर थोड़ी देर बाज़ार में तफ़री करते रहे। फिर कल रात वाले रेस्टोरेंट में खाना खाने घुस गए। कल खाना बढ़िया था और आज हम किसी नई जगह को ट्राय करने का रिस्क नहीं लेना चाहते थे। अगर कोई रेस्टोरेंट जम जाए तो नई जगह ट्राय करने से बेहतर है कि उसी रेस्टोरेंट की नई डिश ट्राय करो। हमने वही किया। खाते समय हम चारों ने डिसाइड किया कि आज काफ़ी थक गए हैं और अब कल और कहीं घूमने की हिम्मत नहीं है और टाइगर नेस्ट की चढ़ाई के दौरान पारो पूरा देख ही लिया है तो यूँ करते हैं कि कल सुबह ही वापस चले चलते हैं और सिलीगुड़ी तक का सफ़र कर लेते हैं। सात दिन की जगह छह दिन में ही निकल चलते हैं। हम सब इतने थके थे कि अगले दिन घूमने के ख़याल भर से थकान और बढ़ रही थी। खाना खाकर हम वापस होटल आ गए। होटल लौटकर महसूस हुआ कि आज का हासिल केवल दिन भर की थकान और दर्द रहा।

"दीप्ति वशिष्ठ सही थी। टाइगर नेस्ट जाने की बजाय आज पारो में घूम सकते थे।" मैं और गड्डू दोनों इस निष्कर्ष पर पहुँच चुके थे। अब हम जल्दी सोना चाहते थे जिससे सुबह तक नींद भी पूरी हो जाए और थकान और दर्द से भी मुक्ति मिल जाए।

कमरे में आकर एक-एक पेन किलर मैंने तीनों को दी जिससे अभी ही पैरों और पीठ का दर्द ख़त्म हो जाए। जैसे ही मैं सोने के लिए लेटी तो पैरों में जहाँ कीड़ों ने काटा था, भयानक खुजली होने लगी। इतनी भयानक कि उठकर बैठना पड़ा। थोड़ी देर निर्ममता से खुजलाने के बाद खुजाई हुई

जगह सूजकर लाल पड़ गई थी और खुजली कम होने की बजाय बढ़ती जा रही थी। गड्डू मेरी हालत देखकर उठ बैठी और उसने फिर अपनी एंटी एलर्जिक क्रीम निकालकर दी। दस मिनट में आराम आते ही हम दोनों सो गए और इतनी गहरी नींद लगी कि आज ड्राइवरों की आवाज़ और गाने भी डिस्टर्ब न कर सके। सोने से ठीक पहले तक मेरे दिमाग़ में एक ही बात घुमड़ रही थी जो टाइगर नेस्ट में गुरु रिम्पोचे की साधना की कथा सुनते हुए ही दिमाग़ में आ गई थी—

"क्या मेडिटेशन वह शय है जो भूटानियों को शान्त और ख़ुश रखती है या फिर अपने ईश्वर में अटूट विश्वास? क्या है इन सारी चीज़ों में सबसे महत्त्वपूर्ण चीज़? इनके ख़ुश रहने की असल चाबी है क्या दरअसल?"

यूरेका...मिल गई ख़ुशी की चाबी

ग्यारहवाँ दिन : 15 जून, 2019
पारो से फुन्शोलिंग

सुबह नींद खुली तो आठ बज चुके थे। क़रीब दस घंटे गहरी नींद लेने के बाद देह और मन एकदम तरोताज़ा। कल की थकान और दर्द का नामोनिशान नहीं था। यह पहली बार था जब इतनी चढ़ाई के बाद अगले दिन मांसपेशियों में दर्द नहीं था, वरना मुझे याद है कि वैष्णो देवी की चढ़ाई के बाद दो दिन तक चलना मुहाल हुआ जाता था। शायद पेन किलर लेना ठीक रहा। गड्डू भी अच्छा महसूस कर रही थी। चाय-कॉफ़ी पीते-पीते हम दोनों ने डिसाइड किया कि जब एक दिन और है हमारे पास भूटान के लिए तो क्यों अभी से यहाँ से चले जाएँ?

थके बदन की सोच से यह सोच अलग थी। कल रात हम कैसे भी भूटान छोड़कर जल्द से जल्द घर पहुँच जाना चाहते थे। आज लग रहा था कि अभी भूटान को और एक्सप्लोर किया जाए। हम दोनों चाह रहे थे कि आज पारो में ही कोई अच्छा रिज़ॉर्ट बुक कराया जाए और रिलैक्स होकर पारो में ही घूमा जाए। कल की थकान के बाद हम बड़ी शिद्दत से महसूस कर रहे थे कि किसी सुन्दर जगह पर तसल्ली से बैठा जाए देर तक मनपसन्द संगीत और किताब के साथ।

नाश्ता करने पहुँचे तो देवेन और कुश को अपने फ़ैसले से अवगत कराया। दोनों इसके लिए तैयार नहीं थे। ख़ासकर कुश...। उसका कहना था कि एक दिन और रुकने से एक दिन ख़राब होगा और पारो तो घूम ही लिया है। अब ऐसा कुछ अलग नहीं है जो देखा जाए।

"कैसे नहीं है...अभी यहाँ का जोंग नहीं देखा, म्यूज़ियम नहीं देखा। इनफ़ैक्ट टाइगर नेस्ट के अलावा देखा ही क्या है पारो में?" हमने प्रतिवाद किया।

"देखो, अगर पारो से सीधे सिलीगुड़ी पहुँचकर रुकते हैं तो अगले दिन सिलीगुड़ी से पटना पहुँचना बहुत थकावट भरा हो जाएगा। इसलिए जो भी डिसाइड करो, ड्राइवर को ध्यान में रखकर करो।" देवेन ने एक ड्राइवर के एंगल से अपना पक्ष रखा।

"वो तो होगा ही। अगर आज चलेंगे तो भी कल पटना पहुँचना थकावट भरा होगा। सिलीगुड़ी से पटना के बीच कोई ऐसा शहर नहीं है जहाँ रुका जा सके।" गड्डू बोली।

"मुझे कोई दिक़्क़त नहीं है। रुक जाओ आज पारो मगर आज करने को कुछ नहीं है। मैं बता रहा हूँ। अपना एक दिन ख़राब होगा।" कुश अब भी चलने के ही मूड में था।

थोड़ी देर के तर्क-वितर्क के बाद सब इस बात पर सहमत हुए कि अभी पारो घूमा जाए और पारो के स्थान देखने के बाद आज रात फुन्शोलिंग जाकर रुक जाएँ। थोड़ा सफ़र तय हो जाएगा और कल वहाँ से जहाँ तक भी जा सकेंगे वहाँ जाकर रुक जाएँगे।

यह तय करके नाश्ता करके होटल से चैक आउट किया और सबसे पहले पहुँचे जोंग। मौसम इस क़दर दिलफ़रेब बना हुआ था कि एक दिन तो क्या सारी ज़िन्दगी भूटान में गुज़ारने का मन हो आए किसी का भी। कल जब टाइगर नेस्ट चढ़ना था तब सूरज महाराज अपनी पूरी ताक़त से चमक रहे थे और बादलों का अता-पता नहीं था। और आज ठंडी हवा और उड़ते बादलों ने धूप की छुट्टी कर रखी थी और मौसम को ग़ज़ब आशिकाना बना दिया था। यह जोंग भी पुनाखा की ही तरह था—शैली में भी और ख़ूबसूरती में भी। यहाँ भी जोंग के भीतर जाने के लिए नदी पर पुल बना हुआ था। सफ़ेद चूने से पुती पत्थरों की दीवारें कितना शान्त प्रभाव छोड़ती हैं दिलोदिमाग़ पर।

जब अन्दर जाने के लिए टिकट्स लिये तब पता चला कि कुश को अन्दर जाने की अनुमति नहीं है क्योंकि उसने बिना कॉलर वाली टी-शर्ट पहनी हुई है। भूटान में धार्मिक स्थलों पर जाने के ड्रेस कोड के नियम सख़्त हैं। हालाँकि हम ड्रेस कोड के अनुसार ही कपड़े पहनकर चले थे। हाफ़ पैंट

और स्लीव लेस टॉप की अनुमति नहीं होती है इसलिए हम सबने फुल पैंट पहन रखे थे मगर यह नहीं पता था कि बिना कॉलर की टी-शर्ट पहनकर जोंग के भीतर नहीं जा सकते।

"कोई नहीं...तुम लोग होकर आओ। मैं यहीं बाहर टहलता हूँ। वैसे भी पुनाखा का जोंग देख लिया है। अन्दर से तो सब एक जैसे ही हैं।" कुश ने इत्मीनान से हमें अन्दर जाने को कहा। देवेन हमें अलॉटिड गाइड को लेने विंडो पर चला गया।

मैं और गड्डू देवेन का इन्तज़ार करते हुए जोंग के सौन्दर्य की तसवीरें उतारने लगे। दस मिनट बाद देवेन दो ख़ूबसूरत भूटानी कन्याओं के साथ अवतरित हुआ।

"अबे, तूने बड़ी जल्दी यहाँ भूटानी दोस्त बना लीं।" मैंने चुटकी ली।

"अबे, गाइड हैं ये अपनी।" देवेन ने हँसते हुए कहा।

हमने आँख फाड़कर अपनी दोनों गाइडों को देखा। आहा...कैसी निर्दोष ख़ूबसूरती। दोनों भूटानी सौन्दर्य की प्रतिमा, दुबली-पतली लड़कियाँ, झक्क दूधिया रंगत, आँखों में काजल और आईलाइनर, होंठों पर सलीकेदार गहरी लिपस्टिक और परफ़्यूम से महकते वस्त्र। उम्र लगभग बीस-बाईस साल।

"मैं उग्येन वांगमो।" उनमें से जो छोटी लग रही थी, उसने अपना परिचय दिया।

हम हाथ मिलाते हुए मुस्कुराए और अपना परिचय दिया। उग्येन सिल्क का नीली, सफ़ेद धारियों वाला किरा, सफ़ेद जैकेट और उस पर एक कन्धे पर तह किया हुआ मैरून और पीले कॉम्बिनेशन का स्टोल पहने हुई थी। उसके हाथों की उँगलियों में भी सफ़ेद और नीली नेलपॉलिश थी। खुले लम्बे बालों में मुस्कुराती बीस साल की उग्येन एक प्यारी-सी बच्ची लग रही थी।

"मैं कर्मा डेकी।" दूसरी गाइड ने अपना परिचय दिया। वह भी बेहद ख़ूबसूरत थी और करीने से चेहरे पर मेकअप किया हुआ था। कर्मा ने मैरून चैक का किरा और भूरे और नीले रंग का जैकेट पहना हुआ था और उस पर लाल और पीले रंग का स्टोल। भूटानी लड़कियाँ अपने सौन्दर्य को लेकर बेहद सजग हैं। अच्छा दिखना और अच्छे से रहना इन्हें पसन्द है। भूटानी स्त्रियों पर नज़र ठहर-ठहर जाती है।

बीच-बीच में सोचने लग जाती कि क्या मैं सुन्दर दिखती होऊँगी बिना मेकअप के? क्या मुझे भी मेकअप करना चाहिए? शायद यह उग्येन और कर्मा का प्रभाव था कि अचानक सुन्दर दिखने की चाह जाग गई थी। अब रोज़ थोड़ा मेकअप मैं भी किया करूँगी। ऑफ़िस में भी काजल और लिपस्टिक लगाकर जाया करूँगी और परफ़्यूम भी।

कर्मा और उग्येन के पहले अपीयरेंस ने ख़ासा प्रभावित कर डाला मुझे।

"चल, अन्दर चल।" देवेन की आवाज़ ने उस मुग्धता से मुझे बाहर निकाला और मैं उन तीनों के पीछे-पीछे चल पड़ी।

जोंग अन्दर से कमोबेश पुनाखा के जोंग जैसा ही था। उग्येन और कर्मा बारी-बारी से हमें हर कमरे में लगे चित्रों के बारे में, मूर्तियों के बारे में और उसके इतिहास के बारे में बताती जा रही थीं।

इस जोंग का नाम रिनपुंग जोंग है जिसका अर्थ है 'रत्नों का ढेर' (Heap of the Jewels)। यह बहुत विशाल जोंग है। इसे 1644 में झाब्द्रुंग न्वंग नामग्याल के आदेश से ग्येल्चोक ने बनवाया था। यहाँ भी पाइन की लकड़ी से बने होने के कारण कई बार आग लग चुकी है और 1906 में यह जोंग भीषण आग की चपेट में आया था और यह लगभग पूरा ख़त्म हो गया था।

आगे चलकर दीवार पर वही चार मित्रों का चित्र दिखा। हाथी, बन्दर, ख़रगोश और पक्षी। फ़ोर फ्रेंड्स। मैंने तुरन्त उनसे इस चित्र का अर्थ पूछा। अब एक नई कहानी सुनने को मिली।

"यह चित्र बुद्ध के उपदेशों को फैलाने का प्रतीक है। यह जो पक्षी है सबसे ऊपर पेड़ पर बैठा हुआ, यह स्वयं बुद्ध हैं, ख़रगोश उनका शिष्य आनन्द है जिसे वे ज्ञान दे रहे हैं, बन्दर है मोद्ग्लायन जिसे आनन्द बुद्ध से मिले ज्ञान को पहुँचा रहे हैं और हाथी है सारिपुत्र जिसे मोद्ग्लायन यह ज्ञान दे रहा है। इस तरह बुद्ध के उपदेशों का उनके शिष्यों के माध्यम से सारे विश्व में प्रसारित होने का प्रतीक है यह फ़ोर फ्रेंड्स का चित्र। यह गुरु-शिष्य परम्परा के महत्त्व को भी दिखाता है और ज्ञान के प्रसार को भी।" उग्येन ने तसवीर की कथा सुनाई।

"बहुत अच्छी कथा है मगर हमने इस चित्र की इसके पहले दो और कथाएँ सुनी हैं!" मैंने कहा।

"आगे और भी कथाएँ सुनेंगी आप। एक चित्र सौ कथाएँ कहता है। जो जिस भाव से चित्र को देखेगा उसे उसी भाव में ग्रहण करेगा और यहीं से निकलती हैं कथाएँ। बौद्धधर्म कथाओं का ही धर्म है। इन कथाओं के सार में ही सारा ज्ञान समाहित है।" कर्मा ने उग्येन की बात को आगे बढ़ाते हुए कहा।

"अच्छा वो फैलस का क्या मतलब है और क्यों उसे हर घर की दीवार के बाहर पेंट किया जाता है?" गड्डू ने पूछा।

"फैलस यानी एरेक्टेड पीनस की वरशिप की जाती है हमारे कल्चर में। इसके चार सिग्निफिकेंस हैं। पहला, यह नेगेटिविटी को दूर करता है। दूसरा, ऐसा माना जाता है कि जिनको बच्चे नहीं होते हैं वो अगर इसे दीवार पर लगाएँ तो उन्हें सन्तान होती है। मतलब फर्टिलिटी का प्रतीक। तीसरा, यह बुरी नज़र से बचाता है और चौथा, बुरी शक्तियों से लड़ने के काम आता है।" इस वाक्य को बोलते समय कर्मा ने हाथ से फैलस को तलवार की तरह लहराने का इशारा किया और हम तीनों उसके इस इशारे पर ठहाका मारकर हँस पड़े।

"इसकी भी एक स्टोरी है कि फैलस कैसे हमारे कल्चर में आया।"

"सुनाओ-सुनाओ।" हमारी आवाज़ में उत्सुकता थी।

पन्द्रहवीं शताब्दी में एक तिब्बती संत द्रुकपा कुनले पश्चिमी भूटान में आए। वे अलग क़िस्म के संत थे। वे महिलाओं के साथ सम्बन्ध बनाते, शराब पीते, खाते, सोते और मस्तमौला जीवन जीते थे। उन्हें 'द सेंट ऑफ़ 5000 वूमेन' और 'फर्टिलिटी सेंट' का टाइटल भी मिला हुआ है। ऐसा माना जाता है कि वे स्त्रियों को सेक्स के रूप में ब्लेसिंग देते थे। उनके ज्ञान देने के अजीबोग़रीब तरीक़े थे। भूटानी लोककथाओं में संत द्रुकपा कुनले की बहुत सारी कथाएँ मिलती हैं। एक ये भी हैं कि वे अपने पीनस से आग निकाल सकते थे। और हेलिकॉप्टर की तरह उसके ऊपर चक्कर काटकर उड़ते हुए कहीं भी जा सकते थे। एक और कथा यह है कि एक बार एक प्रसिद्ध पेंटर अपनी पेंटिंग उनके पास आशीर्वाद के लिए लाया तो उन्होंने उस पेंटिंग पर मूत्र विसर्जन कर दिया। उनके जीवन में किसी भी तरह के टैबू और हिपोक्रेसी का कोई स्थान नहीं था। तभी से फैलस की पूजा हमारे यहाँ शुरू हुई।" उग्येन ने बताया।

"वाक़ई बड़े अजीबोग़रीब संत थे।" हम आँखें फाड़े उनकी गाथा सुनते हुए यही सोच रहे थे।

थोड़ा और आगे बढ़े तो वही इतिहास जो इसके पहले पुनाखा और टाइगर नेस्ट मोनेस्ट्री में सुन चुके थे। हमने उग्येन और कर्मा से कहा कि जोंग के बारे में छोड़ो, तुम तो हमको अपने देश और यहाँ की संस्कृति के बारे में बताओ।

दोनों ख़ुशी-ख़ुशी तैयार हो गईं।

सबसे पहले हमने भूटान में जेंडर इक्वालिटी के बारे में जानना चाहा तो उग्येन ने बताया कि यहाँ लड़का और लड़की में किसी भी तरह का कोई भेद नहीं है। सभी कमाते हैं और सबसे महत्त्वपूर्ण बात यह कि यहाँ सरकारी के अलावा प्राइवेट सेक्टर में भी स्त्री और पुरुष को समान काम के लिए समान वेतन मिलता है। स्त्रियों के विरुद्ध अपराध भी नगण्य हैं। यहाँ पूरे देश में किसी भी वक़्त कोई भी स्त्री निर्भय घूम सकती है। स्त्री सम्मान यहाँ के मूल्यों की देन है।

"लेकिन मियाँ-बीवी यहाँ झगड़ा करते रात को।" उग्येन ने बोलती हुई कर्मा को बीच में टोका।

"लेकिन इतना क्यों झगड़ते पति-पत्नी?" गड्डू ने पूछा।

"पता नहीं, बस झगड़ा करते।" कर्मा ने दबी हुई हँसी के बीच कहा।

"क्या झगड़े पुलिस तक भी पहुँच जाते हैं?"

"हाँ, इसके अलावा एक घंटा लगा होता है जिसे बजाते ही सारे मोहल्ले के लोग समझ जाते हैं कि कोई बड़ा झगड़ा हुआ है और सब इकट्ठे हो जाते हैं और झगड़े को सुलझाते हैं।"

"बढ़िया चीज़ है ये घंटा तो।"

"अच्छा ये बताओ तुम दोनों कि भूटान में सब इतने ख़ुश कैसे हैं? स्कूलों में क्या पढ़ा रहे हैं? क्या वैल्यूज़ हैं जो तुम लोगों को इतना ख़ुश रखते हैं?" मैंने असली बात जानने की उत्सुकता में ढेर सारे सवाल दाग दिए।

"हमारे यहाँ ग्रॉस हैप्पीनेस इंडेक्स हमें बचपन से पढ़ाया जाता है। हमारे यहाँ नेशनल ग्रोथ को प्रोडक्टिविटी से नहीं हैप्पीनेस से मापते हैं। हम सब लोग ख़ुश हैं। ग़रीब भी ख़ुश हैं, अमीर भी ख़ुश हैं।"

"हाँ, वो तो हम जानते हैं लेकिन ख़ुश क्यों हैं सब? क्या तुम लोगों के कोई एम्बिशन नहीं हैं?" असली बात अब तक निकलकर नहीं आ पा रही थी।

"हमारे पास जो कुछ भी है, हम सब उससे सन्तुष्ट हैं। हमें यही सिखाया गया बचपन से। ऐसा नहीं कि हममें एम्बिशन नहीं है, लेकिन लालच नहीं है ज़्यादा पैसा कमाने का। हमारी ज़रूरतें सीमित हैं और हम उन्हें मेहनत करके आसानी से पूरा कर लेते हैं। नेचर और अपनी धरती से हम बहुत प्रेम करते हैं और उससे जितना लिया उसे लौटाने की कोशिश करते हैं। यहाँ हर मन्दिर में पानी, चावल और केक का भोग लगाते हैं और पूजा के बाद पानी पौधों में डाल देते हैं और चावल और केक परिन्दों को खिला देते हैं।"

"अद्भुत! जो प्रकृति से प्रेम करेगा उसका ख़ुश रहना तो स्वाभाविक है। और यही इनकी सन्तुष्टि की निर्भरता पैसे और भौतिक संसाधनों पर कम कर देता है।" तो ये कारण है इनके ख़ुश और सन्तुष्ट रहने का।

"और कुछ बताइए अपने बारे में। हिन्दी फ़िल्में देखते हो?" गड्डू ने आगे बात बढ़ाई।

"हाँ, हिन्दी मूवी बहुत पसन्द करते हैं हम और बॉलीवुड हीरोज़ को भी। सलमान, रणबीर बहुत अच्छे लगते।" कहते हुए उग्येन के चेहरे पर एक चमक आ गई।

"भूटानी मूवीज़ भी तो बनती होंगी ना। वो कैसी होती हैं?"

"एकदम बोरिंग। एक्टिंग करना भी नहीं आता हमारे एक्टरों को। हम नहीं देखते। यहाँ हीरोज़ की हालत ये है कि कोई सामने भी आकर खड़ा हो जाए तो भी उसका कोई क्रेज़ नहीं। बॉलीवुड फ़िल्मों की पुअर कॉपी होती हैं हमारी फ़िल्में।" कर्मा मुँह बिचकाकर बोली।

बातचीत बहुत दिलचस्प हो चली थी उग्येन और कर्मा से। हम उनसे ऐसे घुल-मिल गए थे मानो पुरानी सहेलियाँ हों।

"तुम लोग मन्दिर में गाइड हो। इसका असर तुम्हारी पर्सनल लाइफ़ पर भी पड़ता है क्या? मतलब तुम्हें समाज में भी धार्मिक भाव से ही रहना पड़ता है क्या?"

"नहीं, ये तो सिर्फ़ जॉब है। हम ड्रिंक करते हैं, शॉर्ट ड्रेस पहनते हैं, क्लब में जाते हैं। पूरा एन्जॉय करते हैं लाइफ़ को।" कर्मा ने जवाब दिया।

"अच्छा, ये बताओ कि आप लोगों में प्रेम, शादी वग़ैरह की क्या स्थिति है? प्रेम और विवाह दोनों करने के लिए स्वतंत्र हो या माँ-बाप की मर्ज़ी से शादी करते हो।" मैंने पूछा।

"प्रेम तो सभी जगह अपनी मर्ज़ी से ही होता है। पर हमारे यहाँ शादी भी हमारी मर्ज़ी से ही होती है।" उग्येन ने हँसते हुए कहा। यहाँ किसी लड़के और लड़की पर शादी के लिए माता-पिता का कोई दबाव नहीं होता। बच्चे बड़े होकर अपना जीवनसाथी ख़ुद चुनने के लिए पूरी तरह स्वतंत्र हैं। वे विवाह न करना चाहें तो न करें। बिना विवाह के लिव-इन में रहना चाहें तो भी कोई समस्या नहीं। शादियाँ बहुत सादगी से होती हैं। ज़्यादातर कोर्ट मैरिज या फिर सफ़ेद स्कार्फ पहनाकर सादा धार्मिक रीति-रिवाज से विवाह होता है।

"मेरी अभी एक साल पहले लव मैरिज हुई है और कर्मा अपने बॉयफ्रेंड के साथ लिव-इन में रहती है।" उग्येन ने मन्द-मन्द मुस्कराते हुए बताया।

"अरे, तुम तो ख़ुद बच्ची लगती हो। शादी भी हो गई तुम्हारी। क्या करता है तुम्हारा पति?" मैंने उग्येन को शरारत से छेड़ा।

जवाब में उग्येन ने खुली हुई हँसी के साथ बताया कि वह भी गाइड का काम करता है।

उग्येन जब हँसती है तो लगता है कोई सात साल की बच्ची थोड़ी लजीली-सी उजास भरी हँसी हँस रही है।

"हमारे यहाँ शादी के बाद लड़का लड़की के घर रहने जाता है।"

"अच्छा...।" कर्मा की बात पूरी होने से पहले ही हम तीनों ने आश्चर्य प्रकट किया।

और धर्म, जाति, आर्थिक पृष्ठभूमि का कितना रोल है शादी में?

"कोई रोल नहीं। धर्म यहाँ सबका एक ही है लेकिन फिर भी दूसरे धर्म वाले विदेशियों से भी यहाँ लोगों ने शादियाँ की हैं। जातियाँ हैं हमारे यहाँ लेकिन वो भी शादी में कोई बाधा नहीं हैं। अमीर-ग़रीब का भी कोई बन्धन नहीं। बल्कि हमारे यहाँ तो अपने से ज़्यादा ग़रीब से शादी करने को एनकरेज किया जाता है।"

"क्या? क्यों?" ये एक सर्वथा नई बात थी। कोई ख़ुद से ग़रीब परिवार में क्यों अपने बच्चों की या ख़ुद की शादी करना चाहेगा?

"क्या इसलिए कि ग़रीब होगा तो कम में ख़ुश रहेगा और आपको भी ख़ुश रखेगा।" गड्डू ने कयास लगाया। इसके अलावा और क्या कारण हो सकता है। सामान्यत: कोई भी इनसान उसी इनसान से शादी करना चाहेगा जो उसे ख़ुश रखे। यहाँ भी यही फ़ंडा होगा।

"नहीं, हम इसलिए अपने से ज़्यादा ग़रीब से शादी करते हैं जिससे हम उसे ख़ुशी दे सकें।"

"ओह!" हम आश्चर्य के साथ ही अभिभूत और नि:शब्द थे। ऐसे भी लोग बसते हैं इस दुनिया में जो अपनी शादी में भी दूसरे को ख़ुशी देने की भावना रख सकते हैं? हम हतप्रभ थे।

लेकिन इस एक जवाब से सवालों के सारे बादल छँट गए। ख़ुशी की चाबी तो इसी जवाब में है। 'जॉय ऑफ़ गिविंग' इनका मूलमंत्र है और यही इनकी आन्तरिक ख़ुशी का कारण है। जब हम दूसरे की ख़ुशी के बारे में सोच रहे हैं तो बाक़ी दूसरे भी हमारी ख़ुशी के बारे में सोच रहे हैं। तो ये बात है जो इस देश को महान बनाती है। हमारे देश को इस आध्यात्मिक स्तर तक पहुँचने में सदियाँ लग जाएँगी और वो भी तब जब आज से इस बारे में सोचना शुरू होगा। और उसके आसार तो अभी नज़र आते नहीं हैं। क्यों नहीं पूरे संसार में भूटान की परवरिश और शैक्षिक मूल्यों को शामिल किया जाता? अगर एक देश में सम्भव है तो बाक़ी देशों में भी सम्भव है। लेकिन हम और अधिक भौतिकवादी समाज बनाने की ओर अग्रसर होते जा रहे हैं। जितना बड़ा पैकेज, उतनी बड़ी सफलता और उतनी ही बड़ी ख़ुशी के फ़ार्मूले पर चलते हुए हम अन्दर से खोखले मशीन समान मनुष्य बना रहे हैं। पैसों के ढेर पर बैठे हम अवसाद में धँसे हुए लोग ख़ुशी खोज रहे हैं। कैसे मिलेगी ख़ुशी? लेकिन ये कितनी अच्छी बात है कि अपनी ख़ुशी के मापदंड तय करने से हमें कोई क़ानून नहीं रोकता। ख़ुद को तो हम एक सच्ची ख़ुशी की ओर ले ही जा सकते हैं। हम अपने जीवन में तो 'जॉय ऑफ़ गिविंग' को उतार ही सकते हैं।

"शुक्रिया कर्मा और उग्येन, तुम दोनों ने हमें हमारे सारे सवालों के जवाब दे दिए।" मैंने और गड्डू ने उन्हें गले लगा लिया।

हम ख़ुश थे, सन्तुष्ट थे। क़रीब आधे घंटे की इस बातचीत ने हमें वह

दे दिया जो पिछले छह दिनों में भूटान में घूमकर, यहाँ का इतिहास और कहानियाँ सुनकर और कई लोगों से बात करके भी हासिल नहीं हुआ था। जिस सवाल को मन में लिये भूटान आए थे, उसका जवाब आख़िरी दिन मिला। दो युवा लड़कियों से बात करके।

उग्येन और कर्मा दोनों को हिन्दी फ़िल्मी गीत बेहद पसन्द थे। आख़िर में उन्होंने हमसे उनका पसन्दीदा गीत सुनाने को कहा—'चौदहवीं का चाँद हो या आफ़ताब हो।'

मैंने गाना शुरू किया और गड्डू, उग्येन और कर्मा ने साथ देना शुरू किया। इस बेमिसाल गीत के साथ हमने दोनों के साथ अपनी बातचीत को विराम दिया। जोंग के बाहर निकलकर हमने उग्येन और कर्मा के साथ फ़ोटो खिंचवाए। अपने नम्बर एक्सचेंज किए और गद्गद मन से उनसे विदा ली साथ ही भारत घूमने आने का निमंत्रण भी दिया। विदा लेते वक़्त हमने उन दोनों से 'शुक्रिया' का भूटानी भाषा में अनुवाद पूछा—'कडिन छे' उत्तर आया।

"ओके...आप दोनों को कडिन छे।" आपसे बात करके बहुत कुछ जानने को मिला और बेहद मज़ा आया।

एक समवेत हँसी के साथ हमने वेव किया और आगे चल पड़े।

मैं अब तक अभिभूत थी। हम अक्सर सारी ज़िन्दगी जिन ख़ुशियों के पीछे भागते रहते हैं या जिनके लिए साधन इकट्ठे करते रहते हैं दरअसल वो स्थायी आनन्द न होकर अस्थायी ख़ुशी के पल हैं। अच्छा खाना, एक वैकेशन, एक मूवी, एक गेट टुगेदर, एक प्रमोशन, एक नई कार, एक इन्क्रीमेंट या एक मनचाही पोस्टिंग...दुर्भाग्य से यही हमारे लिए ख़ुशियों के मायने हैं। और हम इन्हीं छोटी-बड़ी चीज़ों के लिए लगातार प्रयासरत रहते हैं। हमारे यहाँ छोटे-छोटे बच्चों के दिमाग़ में परवरिश के दौरान ही घर और स्कूल में ये कूट-कूट कर भर दिया गया है कि सफलता और पैसा ही ख़ुशी से जीने का एकमात्र तरीक़ा है। और इसका नतीजा यह है कि इस दबाव को न सह सकनेवाले स्कूली बच्चे आत्महत्याएँ तक कर रहे हैं, मनोचिकित्सक के पास

जा रहे हैं। कोई नहीं है उन्हें बतानेवाला कि असली ख़ुशी क्या है? बारिश, मिट्टी, परिन्दों, तितलियों से बच्चों को दूर कर हम पैसा बनानेवाली मशीनें तैयार कर रहे हैं। कैसे जानेंगे बच्चे कि फूलगोभी से निकली एक हरी नन्ही इल्ली को किसी पौधे पर रखने की ख़ुशी क्या होती है? कैसे जानेंगे कि बारिश में पानी से भरे गड्ढों में उछलने का सुख टेस्ट में नाइंटी परसेंट नम्बर लाने के सुख से ज़्यादा स्थायी है!

भौतिकता और बाज़ारवाद के इस दौर में बाज़ार ख़रीदारी को ख़ुशी के टूल की तरह प्रचारित कर रहा है और हम बहुत हद तक बाज़ार के झाँसे में आकर यह मानने भी लगे हैं। एक स्पा, एक ड्रेस, एक डायमंड पेंडेंट या एक महँगा डिनर आपकी बोरियत से लेकर आपके डिप्रेशन को ठीक कर देगा। एक पब में बिताई गई शाम आपको ब्रेकअप के दर्द से उबारकर प्रसन्न कर देगी। आनन्द की कितनी झूठी व्याख्या, कितनी मिथ्या अवधारणा। शायद हम कुछ पलों के लिए एक एक्साइटमेंट की अवस्था पा भी लें लेकिन इनसे मिली ख़ुशी कितने दिन टिकती है? कुछ वक़्त बाद वही ऊब, वही असन्तुष्टि का भाव और वही तनाव। सरकार द्वारा बनाए गए हैप्पीनेस प्रोग्राम या विभाग भी असली आनन्द की अवधारणा नहीं जानते और वे मनोरंजन या योगा या आध्यात्मिक लेक्चर करवाकर जनता को ख़ुश बनाने में लगे हुए हैं। जब तक आनन्द क्या है? यह पता नहीं होगा उसकी खोज भी बेकार ही सिद्ध होगी। आनन्द तो मन की एक अवस्था है जो बाहरी वस्तुओं से नहीं मिलती बल्कि हमारे अपने भीतर से पैदा होती है। सच्ची ख़ुशी अमीरी, सफलता या प्रसिद्धि पर निर्भर हो ही नहीं सकती। प्रेम, करुणा, दूसरों के लिए नि:स्वार्थ भाव से कुछ करने का भाव, कृतज्ञता, प्रकृति से जुड़ाव और ईमानदारी से कमाया गया धन, सन्तुष्टि का भाव और असल आनन्द लेकर आता है जो हमारे अस्तित्व का एक स्थायी हिस्सा बन जाता है। ये भूटानी धन के पैरामीटर पर हमसे इतना पीछे हैं कि कोई तुलना नहीं हो सकती लेकिन जीवन जीने के पैरामीटर पर ये हमसे बहुत आगे हैं।

उग्येन और कर्मा से विदा लेकर हम बाहर निकले तो बहुत ख़ुश थे। न केवल ख़ुश बल्कि सन्तुष्ट भी। बाहर निकलते ही कुश को सारा वार्तालाप सुनाया तो वो भी आश्चर्यचकित था। जोंग से बाहर निकलते हुए कुछ किशोर

स्कूली बच्चे दिखे जो यूनिफॉर्म में थे और पेड़ के नीचे बैठे थे। उनके स्कूल बैग साइड में घास पर रखे हुए थे।

"स्कूल की छुट्टी हो गई क्या?" मैंने हँसते हुए उनसे पूछा।

"नहीं, परीक्षा आनेवाली है। उसकी तैयारी के लिए यहाँ आ गए हैं।" एक लड़के ने थोड़ा झेंपते हुए जवाब दिया।

"मतलब बंक मारा गया है स्कूल से? बढ़िया है, बच्चो। मज़े करो। हम भी ऐसे ही करते थे।" देवेन ने बच्चों से कहा और हम सब हँस पड़े।

हम सबका स्कूली जीवन कमोबेश एक जैसा ही रहा है। स्कूल से बंक मारकर दोस्तों के साथ पिक्चर जाना, पिकनिक पर जाना या किसी एक दोस्त के घर पढ़ाई के बहाने बैठकर गप्पें मारना, यह सब स्कूली जीवन का वो हिस्सा है, जिसके कारण स्कूल में बार-बार दाख़िला लेने का मन करने लगता है।

बच्चे बंक वाली बात से थोड़ा झेंप गए तो हमने उन्हें सहज करने के लिए उनसे बात करना शुरू कर दिया।

"अच्छा ये बताओ कि तुम लोग कितने ख़ुश रहते हो?"

"बहुत ख़ुश...।" यह कहते हुए सबके चेहरे खिल उठे थे।

"क्यों ख़ुश रहते हो? पढ़ाई का बोझ नहीं है क्या?"

"पढ़ाई तो साथ में चलती रहती है। वो तो करनी ही है।" एक लड़का यह कहते हुए उलझन में था कि जो पढ़ाई चार साल की उम्र से 23 साल तक करनी ही है उसे बोझ कैसे कहा जाए।

"तुम लोग यानी भूटान में सब लोग इतने ख़ुश क्यों हो?"

"क्योंकि हम ख़ुश रहते हैं।" एक मासूम-सा जवाब आया।

सही है...अभी ख़ुशी के कारणों और कारकों पर सोचने की उम्र नहीं है। अभी तो ख़ुश रहने की उम्र है।

"एन्जॉय..." उनको वेव करते हुए हम आगे बढ़ गए।

लौटते हुए कुछ भारतीय लड़कियाँ अन्दर जाती दिखीं जिन्होंने भूटानी पोशाक पहन रखी थी।

"इतनी सुन्दर ड्रेस कहाँ से ख़रीदी?" उनमें से एक से हमने पूछा।

"ख़रीदी नहीं, किराए पर ली जोंग में आने के लिए। वो सामने जो शॉप है न उसमें मिलती हैं किराए पर।" जवाब मिला।

"अरे यार, अपन को भी ले लेनी थी। जोंग में यही पहनकर आते। भूटानी परम्परा का हिस्सा बनकर मज़ा आता।" मैंने कुछ मलाल के साथ गड्डू से कहा।

"अरे, तो क्या हुआ...चल अब चलते हैं उस शॉप में। ख़रीद ही लेंगे अगर अच्छी लगीं तो।" गड्डू ने कहा।

"हाँ...हाँ...चल।"

और हम दोनों कुश और देवेन को वहीं छोड़कर दुकान की तरफ़ लपक लिए। छोटी-सी लेकिन बहुत बढ़िया दुकान थी। जहाँ हर तरह की भूटानी पोशाक किराए के लिए भी उपलब्ध थी और बिक्री के लिए भी। पहले हमने सोचा कि किराए पर लेकर कुछ फ़ोटो खिंचवाते हैं और चलते हैं। लेकिन एक किरा पर मेरी निगाह ठहर गई। यह गाजरी लाल और सिलवर कलर की धारियों वाला था, इसके साथ सिलवर कलर का जैकेट पसन्द किया और तुरन्त वहीं ट्राय किया। यह ड्रेस एकदम मेरे ही नाप की थी और पहनकर बेहद सुन्दर लग रही थी। इसे पहनते ही दुकान की मालकिन ने कहा कि आप पर बहुत अच्छी लग रही है ये ड्रेस।

गड्डू ने भी उसकी बात का समर्थन किया। और मेरी तो आईने में ख़ुद को निहारने से नज़र ही नहीं थक रही थी।

"तो ख़रीद लूँ इसे?" मैंने ख़ुद पर मुग्ध होते हुए गड्डू से पूछा।

"बिलकुल ख़रीद ले और अब मेरे लिए पसन्द करवा।"

गड्डू के लिए नीली, हरी और ब्रोंज कलर की धारियों वाला किरा और ब्रोंज कलर की जैकेट पसन्द की गई और गड्डू ने वहीं दुकान में उसे पहनकर देखा। यह भी परफ़ेक्ट नाप की थी और गड्डू पर बहुत फ़ब रही थी।

हम दोनों भूटानी बन गए थे। जैकेट में लगाने के लिए एक-एक ब्रोच ख़रीदा और कुछ सुवनियर भी उसी दुकान से ख़रीदे। इस दुकान में दाम वाजिब थे और सामान की क्वालिटी और वेरायटी दोनों बढ़िया थे।

हम दोनों ख़ुशी से फूले नहीं समा रहे थे और बाहर आकर कुश और देवेन को अपनी पोशाक दिखाने के लिए बेचैन थे। पैसे देकर बाहर निकले और दोनों को इतराते हुए अपनी ड्रेस दिखाई। दोनों ने तारीफ़ की पर उतनी नहीं जितनी लड़कियाँ करती हैं। लड़कियाँ तारीफ़ करने में बिलकुल कंजूस

नहीं होतीं। बल्कि कई बार तो इतनी ज़्यादा तारीफ़ कर देती हैं कि ख़ुद की नज़रों पर ही शक होने लगता है—"कहीं मज़ाक़ तो नहीं उड़ा रहीं।"

और लड़के अच्छी से अच्छी चीज़ की तारीफ़ में भी सिर्फ़ इतना ही कहेंगे कि "बढ़िया है।"

हुँह...लड़कों को अपने कपड़े, जूते, मेकअप दिखाने का कोई मतलब ही नहीं।

अब हम प्रसन्न थे। भूटानी ड्रेस पहनकर जोंग के सामने और नदी के किनारे मैंने और गड्डू ने ख़ूब सारी तसवीरें निकलवाईं और सारा दिन इसी ड्रेस में रहने का फ़ैसला किया। कम-से-कम एक पूरा दिन तो भूटान में भूटानी फील के साथ रहा जाए!

"जोंग तो हो गया। अब कहाँ चलना है?" कुश ने पूछा। अब सब हमारे ऊपर निर्भर था। कुश और देवेन तो फटाफट यहाँ से निकल पड़ने के मूड में थे।

"अब चलेंगे म्यूज़ियम। फिर अगर समय रहा तो किसी स्कूल को विज़िट करेंगे और वाइन फ़ैक्ट्री भी देखेंगे।" हम अपनी सूची तैयार किए बैठे थे।

सबसे पहले हम चले म्यूज़ियम की ओर। भूटान का नेशनल म्यूज़ियम। यह भूटानी वास्तु का ख़ूबसूरत नमूना है। सफ़ेद दीवारों में ढेर सारी लाल खिड़कियों और लाल रंग की छत का गोलाकार भवन। यहाँ छह फ़्लोर में भूटान का इतिहास, संस्कृति, कला, शस्त्र, पहनावा, वनस्पति और वाइल्ड लाइफ़ के बारे में सब कुछ मौजूद है। इसका मुख्य आकर्षण वीडियोज़ के माध्यम से भूटान के विविध विषयों की जानकारी दिया जाना है।

म्यूज़ियम से निकले तो 1 बज चुका था और हम सबको भूख लग आई थी। तो यह तय किया कि पहले चलकर लंच कर लेते हैं और उसके बाद आगे का सोचा जाएगा। मुख्य बाज़ार जाकर इस बार नया रेस्टोरेंट आज़माने का विचार किया और दो-चार रेस्टोरेंट देखने के बाद एक रेस्टोरेंट हमें जँच गया। 'My kind of place' नाम का यह रेस्टोरेंट फ़र्स्ट फ़्लोर पर था और इसका इंटीरियर बहुत सुन्दर और शान्ति देनेवाला था। भीड़ भी ज़्यादा नहीं थी और देखकर लग रहा था कि खाना अच्छा होगा। यहाँ की ओनर लगभग पचास वर्ष की एक महिला थीं, जिन्होंने मुस्कुराकर हमारा स्वागत किया।

हमें मेनू देने व डिशेज़ के बारे में बताने वह ख़ुद आईं। मेनू पर नज़र डाली तो पाया कि यहाँ सारी डिशेज़ बहुत महँगी हैं लेकिन अगर टेस्ट अलौकिक जैसा कुछ हो तो पैसा ख़र्च किया जा सकता है। सबसे पहले हम लोगों ने मैंगो जूस ऑर्डर किया। एक जूस ढाई सौ रुपये का था लेकिन उसने बताया कि इसमें सिर्फ़ मैंगो पल्प इस्तेमाल किया है और यह बहुत स्वादिष्ट लगता है। जब से भूटान आए थे तब से आम नहीं खाया था तो चार जूस ऑर्डर कर दिए। भूटान के राजा की क़सम...इससे बेकार, बेस्वाद और पनियल आम का जूस जीवन में कभी नहीं पिया था। हज़ार रुपये केवल जूस में ख़र्च कर दिए, इसका अफ़सोस काफ़ी देर तक तारी रहा। इसके बाद हमने कोई नई डिश ट्राय करने का ख़याल भी छोड़ दिया। दाल तड़का, सीज़नल वेज और तन्दूरी रोटी के फुल प्रूफ़ मेनू को ऑर्डर किया। दुकान की मालकिन बहुत दिलचस्प थीं। उन्होंने भूटानी पोशाक के साथ एक कान में नीले रंग के इतने लम्बे इयररिंग्स पहन रखे थे कि वह उनकी छाती तक लटक रहे थे। दूसरे कान में कुछ नहीं था। वह कलकत्ता में काफ़ी वक़्त बिता चुकी थीं और भारत से उनका सहज लगाव था। वह मुम्बई भी एक बार गई थीं और उसकी चकाचौंध से आज तक चमत्कृत थीं। भूटान के रहवासियों के लिए भारत के बड़े शहर जैसे मुम्बई और दिल्ली वैसे ही हैं जैसे भारतीयों के लिए लन्दन या न्यूयॉर्क। सोचती हूँ न्यूयॉर्क के बाशिन्दों को क्या चमत्कृत करता होगा? शायद बनारस की गलियाँ या फिर जैसलमेर की हवेलियाँ? जो हमारे पास नहीं होता या अलभ्य होता है वही हमें चमत्कृत करता है। हथेली में रखा हीरा भी पत्थर है और दूर चमकता मिट्टी का बेजान पिंड भी तारा है। जिस वस्तु की क़ीमत हमारे लिए नगण्य हो जाए, उसे एक बार दूसरों की नज़रें उधार माँगकर देख लेना चाहिए। गाँव के लोग शहर की ओर भागते हैं और शहर के लोग उकताकर विलेज टूरिज़्म की तलाश करते हैं। यही है दुनिया का सबसे बड़ा सच कि सबका अपना एक सच है, निजी सच...इतना निजी कि उसमें एक ही घर में साथ रहते सदस्यों का भी हिस्सा नहीं होता। ख़ुशियों के सबके अपने मायने हैं और शायद यही बात है जो ज़िन्दगी को इतनी रोचक और विविधता से भरपूर बनाए हुए है। वरना ये दुनिया कितनी नीरस हो जाती!

खाना खाकर जब हम निकले तो दो बज रहे थे और किसी स्कूल या वाइन फ़ैक्टरी जाने का बल्कि उसके बारे में पूछताछ करने का भी कुश और देवेन का कोई इरादा नहीं था। देवेन का कहना था कि शाम तक फुन्शोलिंग पहुँचकर होटल भी ढूँढ़ना है और समय से सोना भी है जिससे कल आगे का सफ़र वक़्त पर शुरू किया जा सके। मैं और गड्डू भी सहमत थे। पारो में पर्याप्त घूम चुके थे और अभी 4 घंटे का ख़ूबसूरत सफ़र बाक़ी था। हमने तय किया था कि रुकते हुए और एन्जॉय करते हुए जाएँगे। आख़िरी बार पारो की ओर मुहब्बत भरी निगाह से देखा और गुडबाय कहते हुए हम पारो से बाहर निकल गए। पारो से फुन्शोलिंग का रास्ता इतना ख़ूबसूरत है कि इस पर एक बार सफ़र ज़रूर करना चाहिए। भूटान की सड़कों से बार-बार इश्क़ हुआ जाता है। मेरे मन में एक ख़्वाहिश बार-बार उछाल मार रही थी। और वो थी—भूटानी पोशाक में एक बार भूटानी गीत पर नृत्य करने की ख़्वाहिश। अपनी यह ख़्वाहिश कुश और देवेन को बता दी गई थी और कुश ने वादा किया था कि अच्छी सी जगह देखकर नृत्य के लिए गाड़ी रोक दी जाएगी।

पारो से बाहर निकलते ही मौसम ने एक बेहद हसीन तोहफ़ा दिया। बंजारे बादलों के पूरे कुनबे ने आकर पूरी वादी में डेरा डाल लिया था। उफ़...हम बादलों के बीच से होकर गुज़र रहे थे। इन बंजारों के नन्हे बालक पकड़म-पकड़ाई का खेल खेल रहे थे। कोई बालक वहाँ दूर पहाड़ की चोटी पर जाकर अटक गया था तो एक बालक पहाड़ से उतरकर घाटी की ओर भाग रहा था। कुछ बुज़ुर्गों का पूरा टोला घाटी में बैठा हुक्का गुड़गुड़ा रहा था और कुछ बंजारिनें चूल्हों को फुँकनी से फूँक रही थीं और सारी वादी धुआँ-धुआँ हुई जाती थी। साथ चलती हुई प्रेयसी नदी का मुख चूमने प्रेमी बादल झुक आए थे। कैसे कोई इतनी सुन्दरता अपनी आँखों में समोये? फ़ोटो खींचो तो आँख शिकायत करती है कि उसे इस सौन्दर्य और अपने बीच लेंस का परदा नहीं चाहिए, नहीं खींचो तो कैमरा ज़िद पकड़ लेता है कि उसकी याददाश्त में भी तो इसे दर्ज होना चाहिए। दोनों को बारी-बारी से सन्तुष्ट रखते हुए हम चले जा रहे हैं इस अविस्मरणीय सफ़र पर।

राह में आते छोटे-छोटे गाँव कैसे मनोहारी हैं। भूटान सरकार और यहाँ के बाशिन्दे बार-बार दिल में घर कर जाते हैं। कितना स्वच्छ और सुन्दर रखते हैं ये अपने गाँवों और क़स्बों को। कहीं कोई कूड़े का ढेर नहीं, कहीं गिट्टी-पत्थर का बेढब जमाव नहीं, कहीं नालियों में सूअर लोट लगाते नज़र नहीं आते और न ही किसी दीवार पर पान की पीक और मूत्र विसर्जन का ठिकाना बनाया गया है। हमारे पास इनसे अधिक पैसा, इनसे बेहतर शिक्षण संस्थान, इनसे बेहतर इन्फ्रास्ट्रक्चर है लेकिन हम इनसे बहुत पीछे हैं। इनके पास जो है वह महँगे स्कूलों में पढ़ने से और मोटा बैंक बैलेंस होने भर से नहीं आएगा। एक सहज दायित्वबोध, पर्यावरण को सहेजने की एक सहज दृष्टि और साझे प्रयास। बार-बार एक कसक भरा 'काश' आकर ज़ुबां पर ठिठक जाता है।

"कुश, एक घंटा हो गया निकले हुए। हम नाचेंगे कब?" मैं बार-बार बेसब्र होकर कुश से पूछ रही थी।

"आप चिन्ता मत करो, जैसे ही कोई सही जगह लगेगी मैं गाड़ी रुकवा लूँगा।" कुश निश्चिन्तता से जवाब देता।

लेकिन मैं बेसब्र हो रही थी। ऐसे करते-करते कहीं फुन्शोलिंग ही पहुँच गए तो यह ख़्वाहिश साथ ही घर तक जाएगी। थोड़ी दूर चलने के बाद एक बोर्ड नज़र आया जो हाइवे से दाहिने ओर जानेवाले एक कच्चे रास्ते की ओर इंगित कर रहा था और जिस पर लिखा था 'छूखा हाइड्रो पावर प्लांट'। शायद वहाँ कोई बाँध होगा, यह सोचकर हम उस कच्चे रास्ते पर चल दिए। उस रास्ते पर उतरते ही हम घने वन के बीच से गुज़रती हुई एक पगडंडी पर पहुँच गए थे। झरने के गिरने की आवाज़ तेज़ होती जा रही थी। लगभग पाँच सौ मीटर बाद जो नज़ारा दिखाई दिया, उससे हम सबके मुँह खुले के खुले रह गए। ऐसा अछूता और अप्रतिम सौन्दर्य। घने वनाच्छादित हरे पर्वतों से एक बेइंतहा ख़ूबसूरत झरना नीचे नदी में गिर रहा था। झरने की ऊँचाई ज़्यादा नहीं थी इसलिए तेज़ गर्जन और वेग के साथ गिरता झरना यूँ लग रहा था मानो वन देवी अपनी हरी नर्म हथेली में जल लेकर नदी की प्यास बुझा रही हों।

"यहीं नाचेंगे कुश।" मैं तो पागल ही हो गई थी इस लोकेशन को देखकर।

"यहाँ फ़ोटो खींचना मना है।" एक कड़कती आवाज़ ने मुझे शटर प्रेस करने से रोक दिया। देखा तो सेना के दो जवान थे। यहाँ की सुन्दरता से पगलाए हम लोगों का ध्यान इस ओर गया ही नहीं था कि इसी नदी पर एक डैम बना हुआ था और यहीं भूटान की कोई महत्त्वपूर्ण परियोजना संचालित है। उसकी सुरक्षा के लिए सेना के जवान तैनात हैं।

"सॉरी...हमें पता नहीं था।" कहते हुए हमने अपने मोबाइल और कैमरा बन्द कर लिए लेकिन तब तक दो-तीन फ़ोटो हम खींच ही चुके थे।

"खुसु जांगपो।" उसके क़रीब जाते हुए मैंने और गड्डू ने अभिवादन किया।

"खुसु जांगपो ला।" जवाब देते हुए उसके चेहरे पर विस्मय भरी मुस्कान आई।

"ये कौन-सी परियोजना है।" मैंने एक जवान से पूछा।

"छूखा हाइड्रो पावर प्रोजेक्ट।" उसने बताया।

ओके...हम जानते थे कि भूटान भारत की मदद से बिजली का उत्पादन करता है और सरप्लस बिजली भारत को बेचता है। भूटान और भारत के डिप्लोमेटिक रिश्ते बहुत अच्छे हैं और यही कारण है कि भूटान में भारतीयों को बहुत सम्मान दिया जाता है।

वो सैनिक बात करने में मृदुभाषी और गर्मजोश था। वह थिम्फू का रहनेवाला था और पिछले एक साल से यहाँ तैनात था।

"हम जिससे भी बात करते हैं, उससे कुछ लेकर जाते हैं। अब आपने फ़ोटो भी नहीं खींचने दिए और हमारा यहाँ डांस करने का प्रोग्राम भी कैंसिल करवा दिया तो आपको कुछ और देना होगा हमें।" मैंने शरारत से मुस्कराते हुए उससे कहा।

"क्या दे सकता हूँ मैं आपको? पानी पियेंगी?" वह थोड़ा कन्फ़्यूज़्ड था।

"ये बताइए कि 'आई लव यू' को जोंका में क्या बोलते हैं?" भूटानी भाषा का नाम जोंका (Dzonkha) है।

वह पहले एक क्षण को झेंपा और फिर खुलकर हँसा।

"बताइए ना, प्लीज़।"

"ना चि लोगा।" वह अभी भी मुस्कुरा रहा था।

"ना चि लोगा।" मैंने और गड्डू ने एक साथ दोहराया।

"हाँ..."

"कडिन छे...।" हमने हँसकर कहा।

वह जवाब में मुस्कुराया। एक भरी-पूरी खिली हुई मुस्कान।

"सुनिए..." मैंने वापस जाते हुए पलटकर उससे कहा।

"जी, कहिए।"

"ना चि लोगा।"

इस बार वह सचमुच लजाया और कुछ न कहकर अपनी झरने की तरह ही फूटती हँसी से इसका जवाब दिया।

अहा, कितना सुन्दर है यह कहना और सुनना कि 'तुमसे प्रेम है'! क्या अपने और क्या अजनबी! यह तीन शब्द तो अनगिनत बार अनगिनत लोगों से कहे जाने चाहिए। न केवल इनसानों से बल्कि प्रकृति की हर शै को यह जताना चाहिए। मेरा पुख़्ता यक़ीन है कि जानवर तो करते ही हैं लेकिन पौधे भी प्रेम की पॉज़िटिव एनर्जी को महसूस करते हैं और वही ऊर्जा संचरित करते हैं। ब्रह्मांड को सुखी रखने का सबसे सीधा तरीक़ा है—प्रेम का फैलना। अपनी एक कविता में मैंने लिखा था—

याद रखना
प्रेम के इज़हार के शब्द दुनिया के सबसे सुन्दर शब्द हैं
यदि हम अश्रव्य तरंगों को सुन पाते तो सुनते कि
यही शब्द पवित्र मंत्रों की तरह ब्रह्मांड में गूँज रहे हैं
इन्हीं शब्दों से दुनिया में प्रलय स्थगित बनी हुई है

इसलिए प्रेम का इज़हार सदा बहुत प्रेम से करना
कि विश्व के दुखों को यही सुख काटेगा

हम चारों जब वहाँ से आगे बढ़े तो बेहद ख़ुश थे। और ख़ुशी दोगुनी हो गई जब क़रीब दस मिनट आगे चलते ही एक जगह कुश ने गाड़ी रुकवाई। सड़क के बाईं ओर की पहाड़ी पर सपाट मैदानी जगह थी जो नृत्य के लिए

एकदम मुफ़ीद थी। इस बन्दे की सौन्दर्य सजग दृष्टि कमाल की है। परफ़ेक्ट लोकेशन चुनी थी डांस करने के लिए। देवेन ने साइड में गाड़ी लगाई और हम चारों ऊपर चढ़े। ऊपर देखा तो सीमेंट का पक्का स्टेज ही बना हुआ था। ये तो कमाल ही हो गया। यूट्यूब में फटाफट एक भूटानी गीत लगाया और पहले दो मिनट में मैंने और गड्डू ने स्टेप्स सेट कर लिए। अब हम तैयार थे अपनी भूटानी पोशाक में नृत्य प्रस्तुति देने के लिए। मेरा और गड्डू का कमाल का सिंक था और हमने पूरे गीत पर ऐसा नृत्य किया मानो कई दिनों से रिहर्सल कर रहे थे। कुश ने अपने आईफ़ोन से वीडियो बनाया और क्या कमाल का वीडियो बनाया!

इसके बाद मुझे एक सोलो डांस भी करना था और गाना मेरे मन में था। वही गाना जिस पर *जब वी मेट* में 'गीत' ने नृत्य किया था।

हाँ...है कोई तो वजह जो जीने का मज़ा यूँ आने लगा
ये इश्क़ हाय बैठे बिठाए जन्नत दिखाए हाय

इस पर नृत्य करते हुए मैं भूटान के इश्क़ में थी और यह नृत्य भी भूटान की वादियों को ही समर्पित था। इसका वीडियो भी कुश के अनुभवी हाथों ने बनाया। इसे सिनेमाटोग्राफ़र होना चाहिए था।

ख़्वाहिश पूरी होने का आनन्द ही कुछ और होता है। और वो भी जब एकदम चुन्नू-चुन्नू-सी ख़्वाहिशें हों। मेरी ख़्वाहिशों की लिस्ट में सारी ख़्वाहिशें एकदम मामूली ही हैं लेकिन बेहद ग़ैर-मामूली इस मायने में कि उन्हें पैसों से नहीं ख़रीदा जा सकता। नाचकर मन बहुत-बहुत ख़ुश था और पारो की ट्रिप अब पूरी हो गई थी।

पारो पीछे छूटता जा रहा था और हम फुन्शोलिंग की ओर बढ़ते हुए भूटान से क़दम दर क़दम दूर होते जा रहे थे। लेकिन भूटान और क़रीब आ गया था मन के। क़दमों की दूरी कोई दूरी होती ही नहीं, मन की दूरी ही असल दूरी है। राह में आसमान गड़रिया अपनी बादलों की भेड़ें हाँके ले जा रहा है। कुछ दिखाई नहीं देता सिवाय धुएँ के लच्छों के।

क्या यह कोई रूमानी कविता या इश्क़िया पेंटिंग नहीं है? क्या यह एक आदिम वाद्य पर बजती कोई जिप्सी धुन नहीं है?

यह वह सब कुछ है जो मन के सबसे भीतरी कोने से टकराकर क़ुदरत के प्रति शुक्राने में सर झुका रहा है। यही इश्क़ है, यही इबादत।

आधे घंटे बाद थोड़ी भूख और चाय-कॉफ़ी की तलब हो आई थी। एक सुन्दर सा रेस्टोरेंट देखते ही देवेन ने गाड़ी रोक दी। यह बाक़ी सभी भूटानी रेस्टोरेंट जैसा ही था। साफ़-सुथरा, राजा-रानी की तसवीरों और भूटानी लोककथाओं के चित्रों से सजा। दरवाज़े पर फेलस के चित्र थे, जिनके हम अब तक आदी हो चुके थे। भीतर अन्य चित्रों के साथ एक दीवार पर फ़ोर फ्रेंड्स का चित्र था।

"खुसु जांगपो।"

"खुसु जांगपो ला।"

हमारे अभिवादन करते ही हल्की झुर्रियों ने एक मुस्कुराहट के साथ हमारा स्वागत किया।

रेस्टोरेंट की मालकिन एक बुज़ुर्ग औरत और उसकी बेटियाँ थीं। यहाँ की स्त्रियाँ शारीरिक और मानसिक स्तर पर बेहद मज़बूत, आत्मविश्वासी और दृढ़ हैं। सारी दुनिया में स्त्रीत्व का प्रतिनिधित्व करनेवाला स्त्री चेहरा जो ख़ूबसूरत भी है, कोमल भी, मज़बूत और बहादुर भी।

चाय-कॉफ़ी और मोमोज़ ऑर्डर करते हुए मालकिन से बातचीत का सिलसिला शुरू हुआ। वे दोस्ताना हैं और बात करने की इच्छुक। भारत के बारे में जानने में उनकी कोई दिलचस्पी नहीं है, शायद जितना उन्हें जानना चाहिए, वे उतना जानती हैं लेकिन भूटान के बारे में बताने में उनकी ख़ासी दिलचस्पी है। हम भी तो वही चाहते हैं।

"ये देख रही हैं चार दोस्तों की पेंटिंग? इसकी कथा सुनेंगे आप?" मालकिन ने फ़ोर फ्रेंड्स की तसवीर की ओर इशारा करते हुए कहा।

"हाँ, सुनाइए।" हमने अनभिज्ञ बनते हुए पूछा।

"इस कथा में सबसे ऊपर एक पक्षी है जो वृक्ष का फल ख़रगोश को दे रहा है, ख़रगोश बन्दर को और बन्दर हाथी को। इसका अर्थ है कि समाज के सभी प्राणी मिल-जुलकर काम करें तो सभी को उसका बराबर लाभ पहुँचेगा। बराबर मेहनत का लाभ भी बराबर। समाजवाद की अवधारणा।"

हम सुनकर अभिभूत थे। यह चौथा अर्थ था जो उस चित्र का निकला

था। सचमुच एक चित्र हज़ार शब्दों से बढ़कर है। कितनी व्याख्याएँ करता है ये और सारी व्याख्याएँ अर्थपूर्ण, सारी मानवीय।

जब वहाँ से चलने लगे तो सोचा कि अपने बाक़ी भूटानी भाषा के ज्ञान का यहाँ उपयोग कर लिया जाए।

"ना चि लोगा।"

वे हैरत से मुस्कुराईं और उनके साथ वहाँ बैठे अन्य लोग भी हँस दिए।

"मुझसे कहा तो ठीक है। भूटान में किसी जवान लड़के से कहोगी तो पीछे-पीछे आएगा।" वे हँसते-हँसते बोलीं।

हम भी हँस दिए और आख़िर में उन्हीं को तीसरा शब्द भी बोल दिए

"कडिन छे।"

उसने हाथ हिलाकर बाय किया।

पेट पूजा करके निकले तो इस धुआँ-धुआँ आलम में जगजीत सिंह की ग़ज़लों का दामन थामा।

शोला हूँ भड़कने की गुज़ारिश नहीं करता,
सच मुँह से निकल जाता है कोशिश नहीं करता।

जग्गू दादा की आवाज़ कार में गूँज उठी और बह निकले हम सब उस आवाज़ के साथ बादलों की दुनिया में। इससे बेहतर क्या हो सकता है इस वक़्त? कुछ भी तो नहीं। कितने ख़ुश हैं हम सब इस पल में। साथ की ख़ुशी, सफ़र की ख़ुशी, प्रकृति को इतने क़रीब से महसूसने की ख़ुशी। यही नन्हे पल विराट होकर स्मृति बनकर हमारे दिल में हमेशा के लिए बस जाया करते हैं।

अभी फुन्शोलिंग पहुँचने में लगभग दो घंटे बाक़ी थे और अभी सफ़र की हैरतें ख़त्म नहीं हुई थीं। थोड़ी दूर पर ही सड़क के किनारे एक बेहद ख़ूबसूरत झरना हमारी प्रतीक्षा कर रहा था। एक नीची पहाड़ी से कई चट्टानों के ऊपर से खेलता-कूदता उतर आया था यह चुलबुला झरना और कई धाराओं में बँट गया था। हवा और धुएँ के बीच बदन पर पड़तीं उसकी शीतल फुहारें दूर से ही महसूस की जा सकती थीं। भीगने का मन था लेकिन भीगे हुए सफ़र करने की हिम्मत किसी में नहीं थी। सिर्फ़ कुश एक चट्टान पर चढ़ गया और वो भी नौटंकी करने। उसे चट्टान पर पीछे गिरते झरने के बैकग्राउंड

में योग मुद्राओं में तसवीर निकलवानी थी। दो-चार अलग-अलग मुद्राओं में तसवीरें निकलवाकर वह परम आनन्दित भाव से नीचे उतर आया।

शाम होने को आई थी और घाटी में बादलों की पूरी नदी बह निकली थी। हम ऊपर और बादल हमसे कुछ फ़ीट नीचे बहते हुए। यह दृश्य देखना एक स्वप्न दृश्य की तरह था। अलौकिक और अप्रतिम। थोड़ी देर बाद धुंध इतनी गहरा गई थी कि हम अचरज में थे कि देवेन गाड़ी चला कैसे रहा है। क्योंकि सिर्फ़ कुछ ही मीटर की दृश्यता रह गई थी और वो भी धुँधली।

फुन्शोलिंग अब क़रीब दस कि.मी. रह गया था और जग्गू दादा गा रहे थे—

ये इनायतें ग़ज़ब की ये बला की मेहरबानी
मेरी ख़ैरियत भी पूछी किसी और की ज़बानी

इस ग़ज़ल के साथ ही हम यथार्थ में वापस आए और ग़ज़लें बन्द करके होटल सर्च करना शुरू कर दिया। अभी केवल सात बजे थे और हम शुक्र मना रहे थे कि आज जल्दी चैक-इन करके आराम करेंगे। देवेन ने फुन्शोलिंग शुरू होते ही एक रिज़ॉर्ट का सुझाव दिया, लेकिन हम तीनों ने इनकार कर दिया।

हम चाहते थे कि शहर के बीच में होटल लें, जिससे रात को थोड़ी देर पैदल क़स्बे में घूम सकें। ये हमारी बड़ी ग़लती सिद्ध हुई क्योंकि शहर में घुसकर गाड़ी एक जगह पार्क करने के बाद हम दो-दो की टोली में पैदल होटल ढूँढ़ने निकले और रात नौ बजे हम ठीक-ठाक होटल फ़ाइनल कर पाए।

काश...देवेन की बात मान ली होती। काश उस रिज़ॉर्ट में रुक गए होते तो अब तक खाना खाकर विश्राम मुद्रा में आ गए होते। ज़िद क्यों नहीं करता ये? क्यों नहीं उसी रिज़ॉर्ट पर गाड़ी रोक दी इसने? इतना भला बन जाना भी ठीक नहीं।

पर सिर्फ़ होटल फ़ाइनल करने से तकलीफ़ों का अन्त नहीं हो जाता, मित्रो! अब तक मैं और गड्डू होटल में गद्दे, बाथरूम, शोर और पंखे की ओर से तसल्ली करना सीख गए थे पर इस कमरे में एक नई समस्या हमारे सामने थी। इसके एसी का वाटर आउटलेट बाथरूम में कमोड के ठीक बराबर

पर लाकर आज़ाद छोड़ दिया गया था जिससे पानी लगभग चार फ़ीट ऊपर से मुसलसल टपक रहा था और कमोड पर विराजनेवाले को नहला रहा था।

"यार, अब ये नई मुसीबत।" गड्डू झुँझला उठी थी। फ़ोन लगाया तो एक बन्दा तशरीफ़ लाया और आधे घंटे की मशक़्क़त के बाद एक नायलोन की रस्सी से उसे दीवार के सहारे इस तरह फ़िक्स कर गया कि पानी की धार दीवार के सहारे होकर बाथरूम के फ़र्श पर गिरती रहे। दस बजनेवाले थे और अभी हमें खाना भी खाना था। फ्रेश होकर पास ही के एक रेस्टोरेंट में खाना खाने गए। खाना अच्छा था लेकिन ऑर्डर करने के एक घंटे बाद आया था।

ग्यारह बजे होटल पहुँचे तो पाया कि ब्लैंकेट नहीं है रूम में। रिसेप्शन पर फ़ोन लगाया तो कोई फ़ोन उठानेवाला नहीं था। खीजकर टेलीफ़ोन पर लिखे एक मोबाइल नम्बर पर कॉल किया तो होटल मालिक ने फ़ोन उठाया। उसे शिकायत की तो पाँच मिनट में कम्बल और चादर आ गए लेकिन एक शिकायत और नाराज़गी के साथ—

"मालिक को फ़ोन करने की क्या ज़रूरत थी?"

"आप फ़ोन नहीं उठा रहे थे तो क्या करते?"

"नीचे आ जाते या थोड़ी देर इन्तज़ार कर लेते।" उसे शायद लताड़ पड़ी थी मालिक से जो लाज़िमी भी थी।

हम चुप रहे। नींद के वक़्त पर मगज़मारी करने का हमारा कोई इरादा नहीं था।

बारह बजे जब बिस्तर पर गिरे तो नींद पलकों के मुहाने पर ही अटकी बैठी थी। लेकिन पैरों में कीड़ों के काटनेवाली जगह पर खुजली भी शायद नींद आने का ही इन्तज़ार कर रही थी।

"यार, अपनी क्रीम देना।" पैर को पूरी ताक़त से खुजलाते हुए मैंने गहरी नींद में उतरती गड्डू से कहा।

सरप्राइज़...सरप्राइज़...सरप्राइज़

बारहवाँ दिन : 16 जून, 2019
भूटान से वापसी

आज भूटान में आख़िरी सुबह है। होटल की खिड़की के बाहर मैं सूरज की रौशनी से नहाई इस देश की ज़मीन को देख रही हूँ। थोड़ी देर और बस... फिर इस ज़मीन को विदा कह देना है। ज़मीन तो बॉर्डर क्रॉस करके भी यही रहेगी, आबो-हवा भी यही होगी, यही पेड़-पौधे होंगे मगर उसमें से भूटान कम होगा। सिर्फ़ मिट्टी, पहाड़ और मौसम किसी देश को नहीं बनाते, उसे बनाती है वहाँ की संस्कृति, सभ्यता, वहाँ के मूल्य। सिर्फ़ एक सीमा पार करते ही ये सब बदल जानेवाला है।

सुबह नाश्ते के वक़्त हम प्लान बना रहे थे कि आज का रूट क्या होगा और हम कहाँ पहुँचकर रात्रि विश्राम करेंगे। मगर आज देवेन आश्चर्यजनक रूप से शान्त और कुछ-कुछ मस्ती के मूड में था।

"जो बॉस बोलेंगे, वही होगा आज।" देवेन ने कुश की तरफ़ इशारा करते हुए कहा।

कुश ने भी बॉस बनते हुए एक अदा में सर को झटका दिया।

मैं और गड्डू हैरान कि इन दोनों के बीच आख़िर क्या खिचड़ी पक रही है।

"फिर भी बताओ तो कि तुम लोगों ने क्या प्लान किया है? अब सिलीगुड़ी तो चार घंटे की दूरी पर ही है तो वहाँ जाकर रुकने का तो सवाल ही नहीं पैदा होता। पटना पहुँचते-पहुँचते रात हो जानी है

तो रुकना तो कहीं बीच में ही पड़ेगा। हम मुज़फ़्फ़रपुर रुकनेवाले हैं क्या?"

हर प्रश्न के जवाब में कुश और देवेन की एक रहस्यमयी मुस्कान मिल रही थी हमें।

"ठीक है, हमें क्या? बस हमें सिलीगुड़ी में बंगाली मिठाइयाँ खिलवा देना। बाक़ी तुम जैसा चाहो करो।" मैंने और गड्डू ने दिमाग़ न खपाते हुए अपनी बात रख दी।

"बस आप लोग मौज में रहो। सब हम पर छोड़ दो। आज आपको एक बेहतरीन जगह रुकवाएँगे।" कुश के चेहरे पर वही रहस्यवाद की छाया थी।

"लगता है हाइवे पर इन्होंने कोई बढ़िया सा रिज़ॉर्ट खोज लिया है।" मेरा और गड्डू दोनों का विचार था।

लगभग साढ़े दस बजे हमने फुन्शोलिंग की सीमा पार करते हुए भूटान को अलविदा कहा और अपने देश में आगे के सफ़र की शुरुआत की। इन्हीं रास्तों पर हम सात दिन पहले भी सफ़र कर चुके थे लेकिन यह सफ़र थोड़ा मुख़्तलिफ़ था इस मायने में कि भूटान इस क़दर हमारे साथ था अभी भी कि उसके ज़िक्र के बिना हर बात अधूरी थी। जैसे किसी प्रिय दोस्त के घर कुछ दिन बिताकर विदा ली हो और दोस्त साथ ही चला आया हो। जयगाँव आते ही गन्दगी और ख़राब सड़कों से सामना हुआ। दो देशों के बीच एक सीमा-रेखा और उस रेखा के दोनों ओर महज़ कुछ मीटरों के फ़ासले पर ही दो अलग दुनिया। एक ख़ास बात हमने भारत की सीमा में प्रवेश करते ही नोटिस की कि पूरे भूटान में कहीं भी बेशरम और लेंटाना की एक भी झाड़ी नहीं थी जबकि भारत की सीमा में आते ही ये झाड़ियाँ सड़क के दोनों किनारों पर दिखाई देना शुरू हो गई थीं। शायद इन झाड़ियों का भूटान में पूर्ण उन्मूलन कर दिया गया है और इसके फैलने की रफ़्तार को देखते हुए इन झाड़ियों को उगने ही नहीं दिया जा रहा है। थोड़ी देर बाद चाय के बागान शुरू हो गए थे। दाहिनी ओर बागान थे और बाईं ओर एक सूखी हुई नदी थी जिसकी तलहटी में सफ़ेद गोल पत्थर चमक रहे थे और इस सुन्दरता पर अभिशाप की तरह मौजूद था इस नदी के सूखे तल को खंती की तरह इस्तेमाल करते

हुए डाला गया टनों कचरा। अब बारिश आएगी और यह सारा कचरा नदी की शिराओं में बह निकलेगा। एक गहरी 'आह' निकली दिल से।

दोपहर में हम सिलीगुड़ी पहुँचनेवाले थे और इन दोनों ने डिसाइड किया था कि सिलीगुड़ी में अन्दर न जाकर बाईपास से निकल जाएँगे। इसलिए सिलीगुड़ी के पहले ही कहीं खाना खाया जाए। भूख लग आई थी और एक ठीक-ठाक सा ढाबा देखकर गाड़ी रोक दी गई। ढाबा सामान्य सा था। खाना भी सामान्य ही ऑर्डर किया। गर्म कढ़ी, चावल और आलू की भुर्जी। इस सामान्य खाने का स्वाद असामान्य था। मतलब अलौकिक। इतना स्वादिष्ट कि पेट भर जाए पर मन न भरे। इस रेस्टोरेंट में भूटान के राजा की तसवीर लगी हुई थी। नौजवान मालिक से कारण पूछा तो उसने बताया कि उसकी गर्लफ्रेंड भूटानी है इसलिए भूटान से विशेष लगाव है।

खाना खाने के बाद सोचा कि वाशरूम भी हो ही आएँ तो अगले दो-तीन घंटे की फ़ुरसत हो। यहाँ एक नए क़िस्म का टॉयलेट था। ढाबे के पीछे क़रीब पचास मीटर कच्चे में जाकर एक बाथरूम बना था जो हड़प्पाकालीन नज़र आता था। दरवाज़ा टूटा हुआ, चारों ओर से बड़ी-बड़ी झाड़ियों से घिरा। अन्दर पहुँची तो मच्छरों की सेना ने आक्रमण किया। कीट-पतंगों के साम्राज्य में एक इनसान ने सेंध लगाई थी। जैसे-तैसे फ़ारिग हुई तो उठते-उठते बम पर एक तेज़ जलन और चुभन हुई जैसे किसी ने तेज़ाब का इंजेक्शन लगाया हो। घबराकर चीख़ती हुई बाहर भागी और कपड़े झटके तो एक लाल रंग का बड़ा-सा कीड़ा नीचे गिरा। उफ़...एसिड वाला कीड़ा।

मेरी चीख़ सुनकर तीनों भागकर आए और मुझे अपने पिछवाड़े पर हाथ रखकर कूदते देख सारा माजरा समझ गए और हँसने लगे।

कुत्तो...यहाँ लंका लग गई और तुम लोगों को हँसी छूट रही।

"तेरा पिछले जनम का प्रेमी होगा कोई जो लाड़ जताने चला आया।" देवेन को मसखरी सूझ रही थी।

कीड़े के काटनेवाली जगह पर एक गुप्पा उठ आया था बड़ा-सा और रह-रहकर उसमें जलन होती रही। पैरों में भी अब तक भीषण खुजली हो रही थी।

"सिलीगुड़ी में अन्दर नहीं जाएँगे तो बंगाली मिठाई कैसे खाएँगे?" गड्डू

के मन में एक अत्यन्त जायज़ जिज्ञासा ने जन्म लिया।

"हाँ, सही कह रही है तू।" मैंने तत्काल समर्थन किया।

"चिन्ता नहीं...सब हो जाएगा।" देवेन की आश्वासन भरी आवाज़ में चुनाव के पूर्व नेताओं द्वारा दिए जानेवाले आश्वासन की झलक थी।

देखते-देखते सिलीगुड़ी हमारे दाहिनी ओर से निकलने लगा। हम बाईपास पर बढ़े चले जा रहे थे। मैं और गड्डू एक-दूसरे का चेहरा देख रहे थे। मगर एक रसगुल्ले के लिए बार-बार कहना भला नहीं जान पड़ रहा था। और कहीं मन में एक क्षीण सी आस थी कि शायद किसी मिठाई की दुकान पर ये गाड़ी रोक देगा। मगर गाड़ी की स्पीड तो कम होने का नाम नहीं ले रही थी। आख़िर सिलीगुड़ी निकल गया और गड्डू और मेरा क्रोध इन दोनों पर फट पड़ा।

"केवल एक चीज़ के लिए बोला था...वो भी तुम लोगों से न हुआ। अब तुम कहना किसी चीज़ की। फिर बताते हैं।"

दोनों चुपचाप सुनते रहे। आख़िरकार हम ही चुप हो गए।

"अब कहाँ जा रहे हैं हम? ये तो बताओ। कहाँ रुकेंगे?"

"जहाँ बॉस बोलेंगे, वहीं रुकेंगे।" देवेन का सुबह से चलता टेप फिर चालू हो गया।

कुश बोला, "चिन्ता नहीं...एकदम लल्लन टॉप जगह रुकवाएँगे।"

"एक रसगुल्ला तो खिलाया नहीं गया। पता नहीं, कहाँ ले जाकर पटकोगे आज?"

अब जहाँ रुकवाएँगे, वहाँ रुक जाएँगे। ज़्यादा दिमाग़ लगाने का कोई अर्थ नहीं था। दोपहर के तीन बज गए थे और मुझे तेज़ नींद आ रही थी। पीछे की सीट पर पैर मोड़कर मैं सो गई।

जब नींद खुली तो शाम हो गई थी और हम किसी अनजाने रास्ते पर थे। जिस रास्ते से आए थे, ये वो रास्ता तो नहीं था।

"हम कहाँ जा रहे हैं?"

"देखते जाओ, एकदम शानदार जगह पर रुकवाएँगे आपको।" कुश फिर बोला।

लगता है, कोई रिज़ॉर्ट ढूँढ़कर बैठे हैं—ये दोनों।

थोड़ी देर बाद जो देखा, मेरी आँखें हैरत से फटी रह गईं। आँखें मल-मलकर दुबारा देखा सामने लगे बड़े से बोर्ड को।

"भारत-नेपाल सीमा!"

"हम नेपाल जा रहे हैं?" मैं और गड्डू एक साथ बोले।

"हाँ, आज रात बिराटनगर में रुकेंगे।" कुश ने राज़ खोला।

"मगर यह प्लान कैसे बना?"

कल रात मैं और बना ऐसी जगह ढूँढ़ रहे थे जहाँ से सुबह निकलें तो शाम तक पटना पहुँच जाएँ। ऐसा कोई शहर नज़र नहीं आ रहा था। तब इस रूट को देखा तो नेपाल में बिराटनगर एकदम सही जगह नज़र आई। यह फोरबिसगंज के बॉर्डर पर है। सुबह यहाँ से निकलेंगे तो शाम को पटना।"

"अरे वाह, यह तो कमाल का सरप्राइज़ रहा!" मैं और गड्डू दोनों ख़ुश थे। मैं आलस को त्यागकर एकदम सीधी होकर बैठ गई थी। एक नए देश से होकर गुज़रना उत्साह से भर गया था।

नेपाल बॉर्डर पर भी एक बड़ा गेट था, जिसके दोनों ओर दो देश बसे हुए हैं। यहाँ सीमा पार कर भारत और नेपाल के बीच आने-जानेवाले लोगों की संख्या काफ़ी ज़्यादा थी। बहुत-सी महिलाएँ अपनी साड़ी में बहुत-सा सामान छुपाए भारत से नेपाल जा रही थीं। वे कस्टम ड्यूटी से बचने के लिए छुपाकर सामान ले जा रही थीं और मज़े की बात यह थी कि यह किसी से भी छिपा हुआ नहीं था। बहुत-सी बातें पुलिस, प्रशासन सबके ज्ञान में होती हैं लेकिन उन्हें अनदेखा कर दिया जाता है। छिपाना इसलिए आवश्यक है कि कहीं यह न लगे कि लोग खुल्लमखुल्ला क़ानून का उल्लंघन कर रहे हैं। एक परदा बना रहना चाहिए। ठीक हमारे देश और समाज में हिपोक्रेसी की तरह। छुपकर चाहे सौ गुनाह कर लो, खुलकर प्रेम भी नहीं करना।

कुश बॉर्डर ऑफ़िस पर नेपाल में प्रवेश की परमिशन बनवाने चला गया। आधे घंटे बाद परमिशन लेकर जब लौटा तो बड़ा ख़ुश था। पूछने पर बताया कि यहाँ की करेंसी वैल्यू इंडिया से कम है यहाँ का सौ रुपया मतलब हमारा 60 रुपया। यानी एक शाम सस्ते में बीतनेवाली है। नेपाल में प्रवेश करने पर भारत से कुछ अलग महसूस नहीं हुआ जैसा कि भूटान में प्रवेश करने पर महसूस हुआ था। यह एक सामान्य बिहार प्रदेश की ही तरह

था। लगातार छोटे-बड़े क़स्बे और गाँव आते जा रहे थे। यहाँ के सभी शहरों को देखने पर लगा कि यहाँ के लोगों में सौन्दर्यबोध नहीं है। घर, बाज़ार, दुकानें सभी बेतरतीब बने हुए। इनमें से किसी भी क़स्बे को देखकर प्रभावित नहीं हुआ जा सकता था। धूल, गन्दगी और ट्रैफ़िक। जबकि नेपाल की सूरत दिमाग़ में एक अलग ही तरह की बनी हुई थी। शायद हिमालय, एवरेस्ट, काठमांडू और पोखरा से ही नेपाल को जाना है तो वही नेपाल ज़ेहन में बैठा था। हालाँकि यह ठीक वैसा ही था जैसे कोई कश्मीर, मनाली या जैसलमेर को देखकर पूरे भारत की तसवीर बना ले। क़रीब डेढ़ घंटे चलने के बाद सूर्यास्त हो गया था और आसमान गुलाबी और सिन्दूरी रंग से लिपा हुआ था, तब एक अलग तरह के नेपाल के दर्शन हुए। यह मिथिला प्रदेश की तरह था। तिकोने छप्पर वाले घर और दूर-दूर तक फैले खेत। यह हिस्सा बहुत ख़ूबसूरत था और अस्ताचल होते सूर्य ने इस दृश्य को एक पेंटिंग में बदल दिया था। थोड़ी देर में अँधेरा हो गया था और क़रीब आठ बजे हम बिराटनगर पहुँच गए थे। उम्मीद के विपरीत यह एक बड़ा और सुव्यवस्थित शहर था। चौड़ी सड़कें, कम ट्रैफ़िक, बड़े शोरूम, मकान और होटल बता रहे थे कि यह अपेक्षाकृत समृद्ध है। होटल के लिए ज़्यादा परेशान नहीं होना पड़ा। जिस रास्ते पर हम जा रहे थे, वहीं एक अच्छा होटल मिल गया। होटल के एक कमरे का किराया 5000 था जो भारतीय रुपये में तीन हज़ार हो गया था। आज रात एक अच्छा होटल हमारी सबसे बड़ी ज़रूरत और ख़्वाहिश थी। इसके लक्जरी कमरों में घुसते ही मन ख़ुश हो गया। आज रात कम-से-कम अच्छे से सोएँगे। फ्रेश होकर पहले हम होटल के ही रेस्टोरेंट में खाना खाने चले गए।

खाना खाते हुए सबसे प्रफुल्लित हम इस बात पर थे कि 'आज का नाश्ता भूटान में, लंच इंडिया में और डिनर नेपाल में।'

एक दिन में तीन देशों में घूमना रोमांचित कर रहा था।

नौ बजे तक डिनर करके हम चारों बॉयज़ रूम में बैठे हुए थे। एक सरप्राइज़ इन दोनों ने हमें दिया था और अब एक सरप्राइज़ हमारे पास था कुश के लिए।

मैंने कुश से कहा कि "आँखें बन्द कर, तुझे कुछ देना है।"

पहले तो उसे भरोसा नहीं हुआ। उसे लगा कि मैं उसके साथ कोई प्रैंक करनेवाली हूँ। लेकिन दो-चार बार ज़िद करने पर और यह भरोसा दिलाने पर कि अगर कुछ उलटा-सीधा करूँ तो बदला ले लेना, वह आँखें बन्द करके बैठ गया। मैंने गड्डू से पहले ही बोल रखा था कि इस पूरे घटनाक्रम का वीडियो बना ले। तो वह वीडियो मोड ऑन करके मोबाइल हाथ में लेकर ही बैठी थी। मैंने अपने सूटकेस से एक पैकेट निकाला और खोलकर कुश के पास जाकर उसके हाथ में रखकर कहा कि अब आँख खोल।

"क्या मज़ाक़ है?" कहते हुए उसने आँखें खोलीं और हाथ में रखी चीज़ को देखकर ख़ुशी के मारे उछल पड़ा।

उसके हाथ में उसका थिम्फू में खोया हुआ चश्मा था।

"अरे, ये आपको कहाँ से मिला? आपने छुपाया था क्या? इतने दिन से आपको पता था और आपने कुछ नहीं बताया?" उसके मुँह से लगातार प्रश्न झर रहे थे। और चेहरा ऐसा कि जैसे किसी ने मनमाँगी मुराद तब पूरी कर दी हो जब उसके पूरे होने की उम्मीद समाप्त हो चुकी हो।

हुआ यह था कि आज जब हम ढाबे पर लंच के लिए उतरे थे तब देवेन ने गाड़ी की सफ़ाई की थी और फ्रंट सीट के नीचे उसे यह चश्मा पड़ा हुआ मिल गया था। उसने चुपचाप मुझे बताया और तब हमने निश्चय किया कि आज रात कुश को सरप्राइज़ देंगे। कुश को मिला यह सुखद सरप्राइज़ वीडियो में क़ैद हुआ। उसका चेहरा खिल गया था अपना प्रिय चश्मा देखकर।

थोड़ी देर बाद मैं और गड्डू अपने कमरे में सोने आ गए।

"आज अच्छे से बिना किसी डिस्टर्बेंस के सोएँगे।" मैंने बिस्तर पर धमकते हुए कहा।

"मुझे लग रहा है कि इस कमरे का एसी काम नहीं कर रहा।" गड्डू की आवाज़ ने डरा दिया।

"ओह नो, आज कोई लफड़ा नहीं बाबा जी।"

मगर लफड़ा तो हो गया था जी। एसी काम नहीं कर रहा था और कमरे में पंखा भी नहीं था। खीजकर रूम सर्विस को कॉल किया। इंजीनियर आया और थोड़ी देर कुछ खोला-खाली करने के बाद बोला कि कुछ गड़बड़ है। आप रूम चेंज कर लीजिए।

सारा सामान खोल लिया था हमने। ग़ुस्से में फिर से पैक किया और दूसरे रूम की ओर चल पड़े। दूसरे कमरे में जाकर देखा तो वहाँ भी एसी ख़राब। इस बार हमने समझदारी यह की थी कि सामान नहीं खोला था और स्टाफ़ को पन्द्रह मिनट तक रोके रखा था कि अगर कोई दिक़्क़त हो तो दोबारा न बुलाना पड़े।

अब क्या करें? स्टाफ़ भी परेशान हो रहा था। तब हमने कहा कि पंखे लायक़ ही गर्मी है। अगर आप टेबल फैन अरेंज कर दें तो हम सो सकते हैं।

तब एक बड़ा-सा दैत्याकार पंखा जो बड़े हॉल में लगाया जाता है, वह लाकर हमारे कमरे में रख दिया गया। एक तो उसने कमरे का ख़ाली स्पेस ख़त्म कर दिया। दूसरे उसकी आवाज़ जैसे कोई तूफ़ान आया हुआ हो कमरे में।

ये हमारे साथ ही क्यों होता है? क्यों नहीं बिना गड़बड़ी के हम एक भी रात गुज़ार सकते। समय देखा तो बारह बजनेवाले थे। हमारे डेढ़ घंटे इस कवायद में ख़राब हो गए थे। मूड भी भिनका हुआ था। अब आगे से होटल में कमरे का एसी भी चैक करेंगे।

हमारी सूची बढ़ती जा रही थी।

गड्डू तो शायद बिस्तर पर लेटते ही सो गई लेकिन मेरी नींद ग़ायब हो गई थी। बोझिल आँखें सोना चाहती थीं मगर कोशिश करने पर भी सो नहीं पा रही थीं। दिमाग़ में अजब-सी बेचैनी थी। कई बार बेचैनी को ठीक-ठीक नाम नहीं दिया जा सकता। न ही उसकी कोई वजह ही बताई जा सकती है। बस एक नामालूम-सी ख़लिश, एक जानी-पहचानी मगर अनजानी कशमकश। ये जो हम सफ़र किए जा रहे हैं, इसके क्या मायने हैं जबकि एक एसी के ठीक से काम न करने से हम झुंझला उठते हैं। अगर यात्राएँ परेशानियों को सहजता से ले पाना नहीं सिखा पा रहीं तो किसका दोष है? नहीं...यात्राओं का दोष नहीं हो सकता। उनसे अच्छा गुरु नहीं। अवश्य ही हम अच्छे शिष्य साबित नहीं हुए हैं। जाने अभी कितने सफ़र और करने होंगे तब राह के दिए हर अच्छे-बुरे अनुभवों को उपहार की तरह ग्रहण कर पाएँगे?

एक गहरी साँस के साथ दिमाग़ को ढीला छोड़ दिया। मन देर तक जाने कहाँ-कहाँ यात्रा करता रहा। अतीत से भविष्य तक दौड़ लगाता रहा।

मछली, पान और मखान

तेरहवाँ दिन : 17 जून, 2019
बिराटनगर से पटना

रात जाने कब आँख लगी थी कि सुबह जब गड्डू के जगाने से आँख खुली तो बदन में एक मीठा आलस भरा हुआ था। और सोने की इच्छा थी मगर आठ बज चुके थे और तैयार होकर, नाश्ता करके दस बजे तक होटल से निकल जाना था। फिर भी आधा घंटा बिस्तर पर पड़ी रही। बिस्तर पर ही कॉफ़ी मँगवाई और साढ़े आठ बजे बिस्तर छोड़ा। साढ़े दस बजे तक नाश्ता करके निकल गए। आज हम बिलकुल समय पर निकले थे और उम्मीद कर रहे थे कि शाम 6 बजे तक पटना पहुँच जाएँगे। बिराटनगर से पटना की दूरी 300 कि.मी. थी। हम सबका मन था कि पटना में कहीं बढ़िया वाला लिट्टी-चोखा खाएँगे और साथ में जो भी बिहार की डेलिकेसी होगी उसे भी चखेंगे। होटल से निकलते ही थोड़ी दूर पर भारत-नेपाल बॉर्डर था और उसे क्रॉस करके हम बिहार के अररिया ज़िले में पहुँच गए थे। यह काफ़ी भीड़-भाड़ और अव्यवस्थित यातायात वाला शहर था। घिचपिच शहर। क़रीब दस कि.मी. आगे चले होंगे कि सामने ज़िक्र-ए-क़ाबिल यातायात जाम।

अनगिनत गड्ढों के बीच में कहीं-कहीं डामर डालकर उससे आड़ी-टेढ़ी खदड़-बदड़ सड़क का लैंड स्केप तैयार किया गया है। सारा मार्ग छोटे-बड़े तालाबों का स्वर्गिक मार्ग नज़र आता है। यातायात के नियम हर यात्री को स्वयं बनाने की आज़ादी, आज़ादी का असली अर्थ समझा रही है आगन्तुकों को। जो अच्छा लगे करो। दाएँ-बाएँ का कोई लफड़ा ही नहीं। 'सड़क हमारे बाप की' एक अलिखित, अदृश्य स्लोगन है जो सड़क को वापरने वाले हर आदमी के माथे पर खुदा है।

हमारी नन्ही-सी कार के सामने बीच बाज़ार में दाईं तरफ़ हमारी ओर मुँह किए एक ट्रक खड़ा है। इसलिए खड़ा है क्योंकि ड्राइवर महोदय को चलते-चलते इस स्थान पर नींद की ख़्वाहिश पैदा हुई और अब वे बीच सड़क पर नींद ले रहे हैं। उसके पीछे ट्रकों, ऑटो और टेम्पों की लम्बी लाइन लगी है। हम सड़क के बाईं तरफ़ चलते हुए ट्रैफ़िक के घिसे-पिटे नियम का ककहरा दोहरा रहे हैं। हमारी कार के सामने हमारी ओर पिछवाड़ा किए एक ट्रक बहुत देर से खड़ा है क्योंकि उसके सामने भी कई ठेले, ट्रक, ऑटो खड़े हैं। सड़क कुल मिलाकर ऐसी कि एक मुर्ग़ी सड़क पार करने की सोचकर आई थी, पर बिचारी वापस लौट गई।

ओ भाईसाब! ये लो, एक वीर जवान ट्रैक्टर सामने से हमारी ओर चला आ रहा है। वह ट्रैक्टर अपने दाहिनी ओर है पर मैंने पहले ही बताया कि यहाँ हर नागरिक को अपना नियम बनाने की आज़ादी है, तो उसने बायाँ छोड़कर दाहिने चलने का रास्ता चुना है। उस ट्रैक्टर पर पूरी ठसक के साथ बैठे लाल रंग की शर्ट, एक कान में झुमका पहने, आधे सुनहरी, आधे धूल-रंगी कटोरा कट बाल वाले किशोर ड्राइवर ने सड़क के किनारे गाजर-घास से ढकी कीचड़ और गड्ढे से ट्रैक्टर निकालने की कोशिश की है। हम सबकी नज़र उस पर जम गई है।

"जाने क्या करनेवाला है ये चमकतरा..."

आड़ा-टेढ़ा, ऊपर-नीचे, हिचकोले खाता ट्रैक्टर कलाबाजी खाने लगा। पट्ठा निकाल भी लेता ट्रैक्टर को सक्सेसफुली पर हाय रे दुष्ट पुलिस! सड़क किनारे ठुके एक बोर्ड ने उसका रास्ता रोक लिया। बोर्ड था चेतावनी का 'जोगबनी थाने के सामने गाड़ी पार्क न करें।' थाना जाने कहाँ स्थित है। उसका कोई सुराग नहीं मिल रहा। एक-आध किलोमीटर दूर तो होगा जिसने अपने विशेषाधिकार का प्रयोग कर दूर से ही चेतावनी ज़ारी कर दी है कि बेटा, सड़क और शहर की तुम्हें जो गत बनानी है, बनाओ पर थाने के सामने भूल से भी अपनी गाड़ी न अड़ाना। इसके आगे सामान्यतः एक 'वरना' भी होता है जो सबको भली-भाँति समझ आ जाता है। एक क्षण को तो लगा कि ये बोर्ड आज भूमि के गले मिलकर रहेगा। मगर ट्रैक्टर वाले ने शायद थाने के भीतर ख़ुद को मुर्ग़ा बना इमैजिन कर लिया और उस बोर्ड

को बख़्श दिया और अब आराम से ट्रैक्टर बन्द कर बैठ गया।

आवागमन रुका देख ऑटो और ट्रकों में सफ़र कर रहे ड्राइवर और यात्री मूत्र विसर्जन को उतर आए हैं। मूत्रधारा से घबराकर गाजर-घास में विश्राम करता सूअरों का एक परिवार अवतरित हुआ और अपनी पूँछ दाएँ-बाएँ एक रिदम में हिलाते हुए परेड करने लगा।

इसी बीच मोटरसाइकिल वाले योद्धाओं ने कीचड़ में गाड़ी कुदा दी है। दोनों पैर ऊपर उठाकर गोबर के पर्वतों और कीचड़ के दलदल से गुज़रते हुए ये बाइक राइडर जनता को आशीर्वाद देते प्रतीत हो रहे हैं। इसी बीच किसी को ध्यान आ गया है कि सोते हुए ड्राइवर को जगा दिया जाए। उसने ट्रक के दरवाज़े को नॉक किया है। ड्राइवर उठ बैठा है और उसने ट्रक बढ़ाने का उपक्रम शुरू कर दिया है। 40 मिनट बाद गाड़ियाँ खिसकने लगी हैं। इसी बीच एक पुलिस का गनमैन आकर हमको कीचड़ में गाड़ी उतारने का निर्देश देने लगा है। अचानक ख़ाक से पैदा हुए इस जवान के ट्रैफ़िक रेगुलेट करने की अदा देखकर हम हैरतज़दा होने ही वाले थे तभी सामने जाम में फँसी एसडीएम की गाड़ी नज़र आ गई। पुलिस जवान की सक्रियता का कारण तुरन्त पल्ले पड़ गया। हमने हिकारत भरी निगाह से देखते हुए उस ज़वान की भरपूर उपेक्षा की। इसका कारण साथ में अपने पुलिस परिचय-पत्र का कॉन्फ़िडेंस था।

आगे का एक कि.मी. का रास्ता हमने ठीक उपरोक्त विधि से एक घंटे में तय किया।

इस सारे दृश्य के वर्णन में सबसे मार्के की बात यह है कि इस महान दृश्य का हिस्सा बने तमाम स्त्री, पुरुष, बच्चे, बूढ़े, बकरी, मुर्ग़ी, सुअर सब निरपेक्ष भाव से इसे जी रहे हैं। किसी के चेहरे पर कोई शिकन नहीं है। वे दुकानदार जो जाम का हिस्सा नहीं हैं, वे आनन्दित होकर इस दृश्य के दर्शक हैं। मस्त टाइम पास हो रिया सबका।

इस स्थान पर सब बुद्ध हैं।

अभी दृश्य समाप्त नहीं हुआ। जब इस दुर्गम मार्ग को पार कर एक लम्बी साँस छोड़ी ही थी कि सामने एक विशाल बोर्ड नज़र आया।

'आपके पुनरागमन की प्रतीक्षा रहेगी।'

इसे ही पुराणों में मज़े लेना कहा गया है मित्रो!

अब हम ठहाके लगाते हुए सोच रहे थे कि काश, इस बोर्ड के ठीक आगे एक टोल टैक्स का नाका होता और इस सड़क का 120 रुपये वसूलता तब दृश्य पूर्ण होता।

क़रीब एक घंटे बाद हम जाम से बाहर आ पाए थे। हँसी अभी भी नहीं रुक रही थी। अब मन इस बात के लिए तैयार था कि बिहार और उत्तर प्रदेश में ज़्यादा व्यवस्था के बारे में सोचना ख़ुद को एक ऐसा कष्ट देना है जिसका निवारण सम्भव नहीं। जैसा मिल जाए उसे ईश्वर की कृपा मानो और मस्त रहो।

लगभग तीन घंटे चलने के बाद भूख का एहसास होने लगा था और अब हम ढाबा ढूँढ़ने लगे थे। हम यह जानते थे कि इस हाइवे पर कोई ठीक ढाबा या रेस्टोरेंट नहीं मिलनेवाला है इसलिए जो थोड़ा साफ़-सुथरा सा दिख जाए वहाँ गाड़ी रोक देने का मन बनाया था। थोड़ी दूर चलकर ही एक 'मिथिला-लाइन' नाम का होटल दिखाई दिया। यह बाँस और फूस का बना हुआ छप्परदार ढाबा था। यहीं देवेन ने गाड़ी रोक ली। अन्दर पहुँचे तो गर्म खाने की ख़ुशबू से भूख चमक गई। ढाबे में कुर्सी-टेबल बहुत साधारण थीं लेकिन साफ़-सफ़ाई अच्छी थी। इस होटल के मालिक सुरेश कुमार झा बहुत ख़ुशदिल और बातूनी आदमी थे। हमारे बैठते ही वह आए और बोले कि बस आप दस मिनट इन्तज़ार करो। आपके लिए एकदम गर्म खाना भिजवाता हूँ।

दस मिनट बाद ही गर्म दाल-चावल, रोटियाँ, भिंडी की कुरकुरी सब्ज़ी, करेले की सब्ज़ी, आलू भुजिया हमारे सामने थीं। वाक़ई यह लंच बेहद स्वादिष्ट था और इसने मिथिला के ज़ायक़े से परिचय करा दिया था। झा जी हमारे सामने ही एक कुर्सी डालकर बैठ गए थे और अपने क्षेत्र के बारे में हमारे सवालों के उत्तर देते जा रहे थे। उनकी बोली मीठी थी और लहज़ा अपनत्व भरा। बातों-बातों में उन्होंने बताया कि उनके यहाँ सरसों के तेल में मछली बहुत बढ़िया बनती है। यह सुनते ही देवेन ने एक मछली का ऑर्डर कर दिया। हम चारों में केवल वही नॉनवेज खाता है। हम तीनों शुद्ध शाकाहारी

हैं। दस मिनट बाद मछली आई। एक प्लेट में पूरी रोहू मछली जिसके ऊपर गर्म ग्रेवी अच्छी तरह से डाली हुई, साथ में प्याज़ और टमाटर सजे हुए। प्लेट की सज्जा देखकर ही मछली के स्वादिष्ट होने का अन्दाज़ा हुआ जिसे खाकर देवेन ने कन्फ़र्म भी किया। खाने के साथ झा जी से बातों का सिलसिला चलता रहा। ढाबा मालिक से बात करते हुए देवेन वापस बिहारी बन गया था और उसकी भाषा में 'आइएगा, जाइएगा' शुरू हो चुका था।

देवेन को प्रेम से मछली खिलाते हुए उन्होंने बताया कि यहाँ तीन चीज़ों को बहुत महत्त्व दिया गया है।

मछली, मखान और पान। मखान यानी मखाना।

यह भी नई बात पता चली कि पूरे भारत में मखाने की सप्लाई मिथिलांचल से ही होती है। ढाबा मालिक हमें मनुहार करके खिलाते जा रहे थे। उनका यह प्रेमपूर्ण व्यवहार बहुत भा रहा था। उनका ढाबा मधुबनी ज़िले में था। वह अपने ढाबे को और अच्छा और सुविधाजनक बनाना चाहते हैं लेकिन उतनी कमाई नहीं होती कि ढाबे को रेनोवेट करा सकें। खाना ख़त्म करके एक सुखद सरप्राइज़ यह रहा कि इस ढाबे में रसमलाई मिल गई। अब जाकर हमारा पेट प्रसन्न हुआ।

भोजन से फ़्री होकर फिर सूसू से भी फ़्री होना ही था। इस बार शौचालय था, ढाबे के पीछे लगा हुआ खेत जहाँ पहुँचने के लिए क़रीब पाँच फ़ीट कूदना या मिट्टी के सहारे खिसककर नीचे जाना था। हमने कूदना पसन्द किया। मक्के का खेत था जिसकी कटाई हो चुकी थी तो सँभलकर बैठना लाज़िमी था वरना अबके पृष्ठ भाग छिल जाना तय था। इस वक़्त पी-बडी बड़ी ज़ोर से याद आ रहा था जो मेरी लिस्ट में था पर ख़रीदना याद नहीं रहा। आज होता तो बैठने की झंझट ख़त्म हो जाती। अगली बार से याद रखूँगी।

खाना खाकर जो चले तो शाम को सात बजे तक पटना पहुँच गए। यहाँ भी शहर में प्रवेश के पहले गंगा पर बने महात्मा गांधी पुल पर बड़े जाम का सामना करना पड़ा। अब तो हम मानकर बैठे हैं कि बिना ट्रैफ़िक जाम के हम बिहार और उत्तर प्रदेश के किसी नगर से नहीं गुज़र सकते। क़रीब पौन घंटे बाद जब जाम से निकलकर हम शहर में पहुँचे तो जीपीएस का सहारा लिया उस स्ट्रीट पर पहुँचने के लिए, जहाँ सारे होटल्स मौजूद थे।

जीपीएस के होने से जितनी सुविधा है, उतनी ही असुविधा का कारण भी यह अक्सर बन जाया करता है, जब यह सबसे छोटे रास्ते से ले जाने के चक्कर में भीड़-भाड़ वाले रास्ते पर ला पटकता है। हम भी पटना के सबसे पीक ऑवर्स में सबसे व्यस्त बाज़ार में आ गए थे। कुश के हाथ में मोबाइल था जिसमें वह रास्ता देखकर देवेन को बताता जा रहा था। एक चौराहे पर आकर कुश ने बाईं ओर मुड़वा दिया जबकि जीपीएस दाहिनी ओर ले जा रहा था। बाएँ मुड़ते ही हम भयानक ट्रैफ़िक में फँस गए। शहर में घुसे हुए एक घंटे से ऊपर हो गया था और अब तक हम होटल से काफ़ी दूर थे। मुझे थोड़ा गुस्सा आ गया कुश पर और हम दोनों में बहसबाज़ी हो गई। कुश ने नाराज़ होकर मोबाइल बन्द किया और कहा कि मैंने इसलिए बाएँ मुड़ने को कहा क्योंकि दाहिनी ओर मुझे भयानक जाम नज़र आ रहा था पर अब मैं कुछ नहीं बोलूँगा। आप ही रास्ता बताओ।

मैंने कहा, "ठीक है...मैं ही बताऊँगी।"

और हम दोनों का मूड भी ख़राब हुआ और बात बन्द हो गई सो अलग। कार में तनाव पसर गया। सब चुप थे, सबके माथे पर शिकन, सबका चेहरा सख़्त। कोई किसी से बात नहीं कर रहा था। क़रीब एक घंटे चलने और होटल ढूँढ़ने के बाद हम क़रीब 9 बजे होटल पहुँचे। कमरे में पहुँचकर मुझे अच्छा नहीं लग रहा था। नाहक ही बरस पड़ी कुश पर। देवेन भी फ्रेश होने के बाद हमारे कमरे में आ गया।

"कुश कहाँ है? फ़ोन पर बात कर रहा है क्या?" मैंने देवेन से पूछा।

"नहीं, लेटा है। उसके सिर में दर्द है।"

हम तीनों एक कमरे में बैठे हैं और वो दूसरे कमरे में वहाँ अकेला पड़ा है। मन एकदम भर आया। मैं तुरन्त गई कुश के कमरे में।

"क्या हुआ?" मैंने कोमल आवाज़ में आँखें बन्द करके अधलेटे पड़े कुश से पूछा।

"कुछ नहीं।"

"तो चल ना उधर। यहाँ अकेले क्यों लेटा है?"

"सर में दर्द है। आप जाओ। मैं इधर ही ठीक हूँ।" कुश ने धीमी और फीकी सी आवाज़ में उत्तर दिया। उसका चेहरा उतरा हुआ था।

“लाओ, मैं सर दबा देती हूँ।” कहते हुए मैंने सिरहाने बैठ उसका माथा धीरे-धीरे दबाना शुरू किया।

“सॉरी यार, मैं बेकार ही चिढ़ गई।” मैंने अब वो कहा जो बड़ी देर से मन में घुमड़ रहा था।

“अरे नहीं, आप सॉरी मत कहो। मैं उस वजह से ग़ुस्सा नहीं हूँ। बस थकान के कारण सरदर्द है। वैसे भड़क तो मैं भी गया था।” कुश ने मेरी तरफ़ देखते हुए कहा।

“चल, कोई नहीं। चलता है। बड़े-बड़े शहरों में ऐसी छोटी-छोटी बातें होती रहती हैं।” मैंने लाड़ में उससे लिपटते हुए कहा।

एक कस के झप्पी और तनाव फुर। माथे की शिकन की जगह खिलखिल हँसी ने ले ली थी। हालाँकि कुश ने कहा कि वह उस बहस की वजह से नाराज़ नहीं था लेकिन मुझे ख़ुद अच्छा नहीं लग रहा था! अब पहले जैसी चिरकुटपंती शुरू हो चुकी थी। हमने अपने दोस्तों के साथ डिसाइड कर रखा है कि चाहे जो भी बहस या झगड़ा हो जाए, थोड़ी देर एक-दूसरे को अकेला रहने देंगे और उसके बाद बैठकर बात करेंगे। अबोला नहीं चलेगा ज़्यादा देर। और यही कारण है कि चाहे देवेन हो या कुश या कोई और दोस्त, हम झगड़ों से बेहद ऊपर रखते हैं दोस्ती को। एक छोटे से सॉरी में इतनी ऊष्मा होती है कि बरसों से जमी बर्फ़ को पिघला दे। उधार नहीं बल्कि ईगो प्रेम की कैंची है। कम्यूनिकेशन की कमी हर रिश्ते को कमज़ोर करती है। ख़ासकर झगड़े के बाद का कम्यूनिकेशन गैप बहुत ख़तरनाक होता है। जाओ, बोलो जो बोलना है। सॉरी कहो, गाली बक दो यारियों वाली या कुछ न कहते बने तो बस चुपचाप जाकर गले लगा लो।

बस, इतना ही करना होता है। और प्रेम की डोर पहले से थोड़ी और पक्की हो जाती है।

अब सब कुछ पहले की तरह हो चुका था। हम लिट्टी-चोखा खाने जाने के लिए तैयार हुए और रिसेप्शन पर अच्छा लिट्टी-चोखा मिलने के ठिकाने के बारे में पूछा।

रिसेप्शनिस्ट ने होटल से क़रीब एक किलोमीटर दूर एक फ़ूड कॉर्नर बताया। हम लोग नीचे उतरे तो बारिश हो रही थी। एक ऑटो किया और

पहुँच गए उस फ़ूड कॉर्नर पर। देखा तो वह एक हॉकर्स कॉर्नर था जहाँ कई तरह के ठेले लगे हुए थे। जिनमें लिट्टी-चोखा, चाट, गोलगप्पे से लेकर आइसक्रीम, फालूदा सब मिल रहा था। जैसा हर शहर में एक हॉकर्स कॉर्नर होता है...ठीक वैसा ही। तीन ठेले थे लिट्टी-चोखे के। किस पर जाया जाए? जिस पर सबसे ज़्यादा भीड़ थी, हम उस पर पहुँच गए।

एक प्लेट लिट्टी-चोखे का दाम सुनकर चौंक पड़े हम सब। महज़ बीस रुपये में देसी घी का लिट्टी-चोखा।

दाम सुनकर ही क्वालिटी का अन्दाज़ा हो गया और हमने एहतियात के तौर पर चार प्लेट की जगह एक प्लेट ऑर्डर किया। यह हमने सबसे समझदारी का काम किया था। एक प्लेट में से चारों ने चखा और बाक़ी बचा डस्टबिन के हवाले किया।

ऑटो से लौटते हुए रास्ते में एक रेस्टोरेंट पर रुककर अपना पारम्परिक भोजन किया और वापस होटल आ गए।

आप सोच रहे होंगे कि अब तक कमरे में कोई परेशानी कैसे नहीं आई? सच है, अब तक तो नहीं आई। सब परफ़ेक्ट था। हमने इस बार हर चीज़ ठोंक-बजाकर चैक की थी। और इस बात पर थोड़ा गर्व करते हुए हम दोनों बिस्तर पर गए थे।

आज नींद भी अच्छी आ रही थी। क़रीब दस मिनट में हम दोनों की नींद लग गई थी।

फिर...फिर क़रीब आधा घंटे बाद एसी बन्द हो गया। गर्मी से नींद खुली तो देखा एसी बन्द था। शुक्र है कि इस कमरे में सीलिंग फैन था। पंखा चलाने को स्विच ऑन किया तो पाया कि पावर कट हुई है। अब ये क्या बवाल है? हर बार एक नई परेशानी आती है। अब क्या रिसेप्शन पर यह भी लिखवाकर लेना पड़ेगा कि हम आश्वासन देते हैं कि लाइट नहीं जाएगी।

झल्लाकर रिसेप्शन पर फ़ोन किया तो जवाब आया कि अभी आ जाएगी लाइट।

पन्द्रह मिनट इन्तज़ार के बाद फ़ोन किया तो फिर वही जवाब मिला।

"जनरेटर नहीं है क्या आपके पास?"

"है...मगर उससे एसी नहीं चलेगा।"

"जो भी चलेगा...आप चलाइए जनरेटर।" गड्डू लगभग डाँटते हुए बोली।

जनरेटर चला। पंखा चल गया मगर उमस इतनी ज़्यादा थी कि पसीने के मारे नींद नहीं आ रही थी।

"ये सब हमारे साथ ही क्यों होता है, इन दोनों के साथ कोई दिक़्क़त क्यों नहीं आती?" मेरी आवाज़ में कमीनापन उतर आया था। दोस्त के साथ सब अच्छा हो तो ख़ुशी होती है लेकिन दोस्त के साथ अच्छा हो और सेम टाइम पे हमारे साथ बुरा हो तो ख़ुशी नहीं होती। लगता है कि परेशानी भी बराबरी से मिले तब होगी दोस्ती बराबरी की।

यूँ ही सोते-जागते दो घंटे और बीते। फिर अचानक एसी चल गया। तब जाकर तसल्ली से ऐसे सोये कि सीधे सुबह आठ बजे उठे। सुबह उठकर पता चला कि पावर कट नहीं हुआ था सिर्फ़ हमारे कमरे का ट्रिप मार गया था। सिर्फ़ कट आउट ऊपर करना था और समस्या सॉल्व थी।

मगर समस्या को इतनी जल्दी सॉल्व होना होता तो वह हमारे पास काहे को आती।

ख़ैर...सुबह उठकर दस बजे तक तैयार हुए और सामान पैक कर नाश्ता करने होटल के रेस्टोरेंट में पहुँचे। नाश्ते में पूरी-सब्ज़ी थी। हमारे साथ होटल के दो गेस्ट भी नाश्ता करने पास की टेबल पर बैठे हुए थे। पूरी आने में थोड़ा वक़्त लग रहा था तो उन्होंने पैनिक करना शुरू कर दिया। वे ग़ुस्से में चिल्लाने लगे थे। जबकि हम लोग एकदम शान्ति से बैठे नाश्ता आने का इन्तज़ार कर रहे थे। यह भूटान का असर था। अब हम लोग धीरज से काम लेते हैं, छोटी-छोटी बातों पर झल्लाते नहीं हैं। हम चारों में परिवर्तन आया है। भूटान ने सब्र रखना सिखाया है। गड्डू तो बताती है कि भूटान से लौटने के बाद अब वह ट्रैफ़िक में भी हमेशा सामनेवाले को पहले जाने के लिए इशारा करती है। दो-तीन मिनट बचाकर कुछ नहीं पा लेना है।

साढ़े दस बजे नाश्ता करके पटना को विदा कह बनारस की ओर बढ़ चले।

सोन के साथ-साथ

बनारस...वह शहर है जो कई बरसों से अपनी ओर खींच रहा था। कितनी बार सोचा कि बनारस घूमने का प्लान बनाते हैं। कभी कुश के साथ तो कभी देवेन के साथ लेकिन कभी जाना नहीं हो पाया। इतिहास में, किताबों में, फ़िल्मों में 'बनारस' इतना देखा-सुना था कि इस शहर को देखे बिना भारत भ्रमण तो अधूरा ही है। गंगा घाट पर बैठना, बनारस की गलियों में पैदल घूमना स्वप्न था। जब भी बनारस को सोचती तो मन्दिरों की आरती और घंटों के साथ गिरिजा देवी की ठुमरी, बिस्मिल्लाह ख़ान की शहनाई कानों में गूँजने लगती। काशी, वाराणसी, बनारस इतने नामों वाले इस प्राचीनतम नगर की ओर हम बढ़े जा रहे थे।

बनारस के लिए हमने दो दिन रखे थे अपनी यात्रा में। इसे हम सिर्फ़ कुछ घंटों में तुरत-फुरत में नहीं निपटाना चाहते थे और रोज़-रोज़ की होटल ढूँढ़ने की परेशानी से भी आख़िरी पड़ाव पर हम निजात पाना चाहते थे इसलिए आज सुबह ही तय कर लिया था कि पहले से ही कोई अच्छा होटल ऑनलाइन बुक करा देंगे जिससे दो दिन चैन से गुज़रें। कई होटल देखे। होटल क्लार्क ऑलमोस्ट फ़ाइनल भी कर लिया था मगर कुश ने कहा कि वहाँ सारे अच्छे होटल एक ही जगह पर हैं। ज़्यादा वक़्त बर्बाद नहीं होगा, वहीं जाकर पन्द्रह मिनट में देखकर फ़ाइनल कर देंगे। हम सहमत हो गए। अब प्लान था कि शाम को होटल में चैक-इन करके एक चक्कर शहर का मारकर आएँगे।

चौदहवाँ दिन : 18 जून, 2019
पटना से बनारस

पटना से बनारस के लिए जब जी.टी. रोड पर आए तो रोड की

हालत और ट्रैफ़िक देखकर लगा कि इस हाइवे से तो रात तक भी बनारस न पहुँच पाएँगे। रोड ख़राब थी और कई जगह रोड पर काम चलने के कारण बार-बार डाइवर्सन आ रहे थे। ग्रैंड ट्रंक राजमार्ग...कितना ऐतिहासिक मार्ग है ये। शेरशाह सूरी द्वारा बनवाया हुआ, सबसे लम्बा राजमार्ग। इसे तो इतना अच्छा होना चाहिए कि इससे गुज़रते हुए एक इतिहास पार कर गन्तव्य पर पहुँचने जैसा एहसास हो। लेकिन सब कुछ वैसा थोड़े ही होता है जैसा हम चाहते हैं। देवेन ने आख़िरकार जी.टी. रोड छोड़कर गाँवों के भीतर से जानेवाली सिंगल रोड पकड़ ली। यह रास्ता बहुत अच्छा नहीं था मगर हाइवे से बेहतर था। राह में सोन नदी के विशाल पाटों के आसपास बेहद निर्ममता से रेत का खनन चल रहा था। सैकड़ों ट्रक लाइन से खड़े हुए थे, सैकड़ों रेत भरने आ रहे थे और सैकड़ों नदी के किनारे से रेत भरकर ले जा रहे थे। यह रेत कितनी ज़रूरी है नदी का प्रकृति के साथ सन्तुलन बनाए रखने के लिए। और यह अब हरेक नदी के मुहाने से ग़ायब होती जा रही है। अत्यधिक और अवैध खनन हर जगह नदी के किनारों को सिकोड़ रहे हैं।

देवेन ने लंच का स्थान पहले ही तय कर रखा था। डेहरी ऑन सोन शहर में। देवेन इस जगह को देखने के लिए बहुत उत्सुक था। इसके अजीबोग़रीब हिन्दी-अंग्रेज़ी मिश्रित नाम को जनरल नॉलेज की किताबों में पढ़कर उसे यहाँ आने की बड़ी उत्सुकता थी। हम काफ़ी देर तक इसके नामकरण पर बात करते रहे। डेहरी इस शहर का नाम है जो सोन नदी के किनारे बसा हुआ है तो अंग्रेज़ों ने इसे डेहरी ऑन सोन कहना शुरू कर दिया होगा। लेकिन प्रश्न यह उठता है कि बाक़ी नदी के किनारे बसे हुए नगरों को इस तरह क्यों नहीं कहा गया? पटना ऑन गंगा या दिल्ली ऑन यमुना क्यों नहीं? फिर एक विचार आया कि शायद दो डेहरी होंगे तो सोन नदी के किनारे बसे डेहरी को डेहरी ऑन सोन कहा गया होगा जिससे कन्फ़्यूज़न न हो। ख़ैर...जो भी कारण रहा हो पर नाम वाक़ई दिलचस्प और याद रह जानेवाला है।

डेहरी ऑन सोन अच्छा-ख़ासा बड़ा शहर था और यहाँ एक ठीक-ठाक रेस्टोरेंट में हमने खाना खाया और बढ़ लिए आगे बनारस की ओर।

शाम 6 बजे हम बनारस में प्रवेश कर गए थे। जीपीएस से होटल्स वाले एरिया में पहुँचने में फिर से गड़बड़झाला हुआ और क़रीब एक घंटा फिर

से लग गया। उसके बाद अगला एक घंटा क़रीब पाँच होटलों में जाने और देखने में ख़र्च हुआ। क्लार्क को ऑनलाइन बुक न करके हमने समझदारी की थी क्योंकि यह बड़ी पुरानी प्रॉपर्टी थी और उतनी अच्छी मेंटेन नहीं थी जितना हमने सोचा था। आख़िर में होटल मदीन में जाकर टिके। लेकिन तब तक आठ से ज़्यादा बज चुके थे और अब थकान अपने चरम पर थी इसलिए घाट पर न जाकर होटल में ही आराम करना बेहतर लगा। सुबह जल्दी उठकर सूर्योदय देखने जाना था। सुबह-ए-बनारस देखे बिना बनारस भ्रमण भला कैसे पूरा होगा। अहा, गंगा की विशाल जलराशि की गोद से अँगड़ाई लेकर उठता सूरज! कितना सुखद होगा। मालूम किया तो पता चला कि सुबह पाँच-सवा पाँच बजे पहुँच जाना होगा क्योंकि साढ़े पाँच और पौने छह के बीच सूर्योदय हो जाएगा।

लिहाज़ा खाना खाकर क़रीब साढ़े नौ बजे तक हम सो गए। पाँच बजे का अलार्म सेट कर लिया था। सुबह की आरती, सूर्योदय के बाद लौटते हुए बढ़िया कचौरी और जलेबी का नाश्ता करके लौटेंगे।

देह थकी हुई थी पर हम बेहद उल्लसित मन से सोये थे उस रात। बेशक...रोज़ की तरह पैरों का खुजलाना हर रात की तरह बिस्तर पर लेटते ही शुरू हो गया था और खुजलाने से बने ज़ख़्मों पर दवा लगाकर ही सोये। आरती की घंटियों की आवाज़ एक दृश्य बनकर आँखों के सामने बार-बार आ रही थी। कल सुबह इस कल्पना में बन रहे दृश्य को जी रही होऊँगी। एक ऐसी अनदेखी जगह जहाँ जाना बहुत पुरानी ख़्वाहिश हो, वह चन्द घंटों बाद पूरी होने जा रही है।

दिल में अफ़रा-तफ़री मची हुई है, पेट में तितलियाँ उड़ रही हैं।

गंगा के शहर में चार बनारसिये

सुबह पाँच बजे अलार्म बजते ही गहरी नींद में तामीर हो रहा एक सुन्दर स्वप्न ढह गया। कई बार सोचती हूँ कि दुनिया भर की घड़ियों को स्वप्नों का शाप झेलना पड़ता होगा। स्वप्न में मैं किसी जंगल में थी और एक अद्‌भुत पंछी दिखाई पड़ा था। कैमरा हाथ में लेते ही जुल्मी अलार्म बज उठा। अलार्म बजते ही हम और दस मिनट अलसाने की जगह फटाक से उठकर बैठ गए। महाराज भास्कर हमारी प्रतीक्षा नहीं करेंगे। साढ़े पाँच तक पहुँचना ही है। उठते ही देवेन को फ़ोन लगाया। वो लोग हमारे फ़ोन से ही जागे। उनको हिदायत दी कि पन्द्रह मिनट में फ्रेश होकर बाहर आ जाएँ। अपनी गाड़ी हमने पार्किंग में लगा दी थी और निश्चय किया था कि बनारस में लोकल ट्रांसपोर्ट से ही घूमेंगे। कल शाम को बनारस का भयानक ट्रैफ़िक, सँकरी गलियाँ और पार्किंग की कमी की समस्या से जूझते हुए यह समझ में आ गया था कि यहाँ जीपीएस देखकर चलना अपना मूड और वक़्त दोनों ख़राब करना है।

पन्द्रहवाँ दिन : 19 जून, 2019
बनारस

होटल से बाहर निकलते ही ऑटो मिल गया। सीधे दशाश्वमेध घाट चलने को कहा। कल ही एक स्थानीय मित्र ने सूर्योदय के लिए दशाश्वमेध घाट जाने को कहा था। सुबह साढ़े पाँच बजे यह शहर पूरी तरह जाग चुका था। सूर्योदय के पहले की भीड़ से अन्दाज़ा लगाया जा सकता है कि दिन चढ़ने के साथ यहाँ भीड़-भाड़ बढ़नेवाली है और देर रात जाकर चन्द घंटों को यह शहर शायद एक झपकी लेगा और फिर से तरोताज़ा होकर चल पड़ेगा। अथक, अनवरत।

बाबा शिव के भक्त तड़के ही उठकर चल पड़े थे गंगा मैया और

भोले बाबा के दर्शन को। बाक़ी सारा तामझाम उनको सुविधा मुहैया कराने का है। फूल, बेलपत्र, चन्दन टीका, प्रसाद, आरती सामग्री लेकर बैठे सैकड़ों लोग, नाश्ते की ढेर सारी दुकानें चला रहे लोग, सुबह से ऑटो, रिक्शा लेकर निकले लोग इन्हीं भक्तों के कारण रोज़गार पाए हुए हैं। इसके अलावा घाटों पर पूजा-पाठ से लेकर तरह-तरह के कर्म-कांड कराते पंडित, नौकाएँ लेकर बैठे मल्लाह, विचित्र रूप में सजे-धजे और फ़ोटो खींचने का दस रुपये से लेकर पचास रुपये तक चार्ज करते साधु, सबका काम इन भक्तों से चल रहा है। हर धार्मिक महत्त्व के नगर का सारा आकर्षण और रोज़गार भक्तों के कारण ही तो है। सदियों बूढ़े इस शहर की तासीर एकदम युवा है। उल्लास और उत्सव इस शहर की आत्मा है। अगर मैं कभी इस शहर में बेरोज़गार होकर आऊँ तो क्या कर सकती हूँ? शायद घाटों पर लोगों की तसवीरें खींचकर पैसे कमा लूँ या घाट पर नौका में सैर कराते हुए बनारस की कथाएँ और गीत सुनाकर अपना ख़र्च निकाल लूँ।

ठीक पाँच बजकर चालीस मिनट पर ऑटो ने हमें घाट पर छोड़ा। पतली गलियों से पैदल चलते हुए हम घाट पर पहुँचे। घाट पर तकनीकी रूप से सुबह होनी बाक़ी थी लेकिन वास्तव में सुबह तो कब की हो चुकी थी। लोगों को देखकर लग रहा था कि वे कम-से-कम दो घंटे पहले जाग चुके हैं।

घाट पर पहुँचते ही पहला ख़याल आया कि अहा, कितनी सारी अलग-अलग जीवन्त रंगीन तसवीरों का कोलाज है यह घाट! सुबह की हवा गंगाजी में हल्की-हल्की लहरें पैदा कर रही थी। तट पर बँधी नावें भी उसी लय में रक्स कर रही थीं और दूसरे किनारे पर बाल सूर्य गंगा की गोद से उठकर नभ को चूमने चल पड़ा था। सूर्योदय के साथ ही इसी घाट पर सुबह की आरती की तैयारी भी शुरू हो गई थी। कितना शीतल होता है सुबह उगता हुआ सूर्य। अक्सर सोचती हूँ कि सूर्य से नज़रें सिर्फ़ उगते और डूबते वक़्त ही मिलाई जा सकती हैं। जवान सूर्य का ताप प्रचंड होता है। यही तो सभी जीवों पर लागू होता है। उगते और ढलते वक़्त नाज़ुक और कमज़ोर।

अभी पूरब पर हल्की लाली छानी शुरू हुई थी और इधर आरती बस शुरू ही होनेवाली थी। गंगा आरती देखने का यह पहला मौक़ा था। इसके पहले

एक बार हरिद्वार में मौक़ा आया था लेकिन थोड़ा-सा लेट होने के कारण हम आरती देखना चूक गए थे। घाट पर सात युवा पंडित हाथों में दीपक थाल लेकर तैयार थे। उनकी वेशभूषा भी बड़ी आकर्षक थी। ऑरेंज कलर का कुर्ता और ऑरेंज किनारी वाली सफ़ेद धोती जिसे बेहद कलात्मकता के साथ बाँधा गया था। उसी धोती का एक उत्तरीय जो बाएँ काँधे पर क़रीने से ओढ़ा गया था। बड़े-बड़े घंटों की आवाज़ के साथ आरती शुरू हुई। एक लय में उन पंडितों का एक साथ दीपक उठाकर आरती करना किसी लयबद्ध नृत्य से कम नहीं था। जलते हुए दीपक और उनसे निकलकर हवा के साथ बहता धुआँ किसी भी फ़ोटोग्राफ़र के लिए एक सुन्दर दृश्य है। इस आरती का साक्षी होना बनारस भ्रमण का सबसे ज़रूरी काम होना ही चाहिए, चाहे आप नास्तिक हों या आस्तिक। अपनी संस्कृति, अपने धर्मों को जानना, समझना और देखना किसी भी देश को जानने का अनिवार्य अंग है। सूर्य की अगवानी का कितना सुन्दर तरीक़ा है इस ख़ूबसूरती और कलात्मकता के साथ उसकी आरती करना।

आरती ख़त्म होते-होते गंगा के दूसरे किनारे पर उदय होता सूर्य दिखाई देने लगा था। ये कुनमुनाता गुलाबी आधे चाँद-सा सूरज चन्द मिनटों बाद आसमान की हथेली पर चमकते भरे-पूरे सुनहरे सिक्के में बदल जानेवाला है। आसमान के पल-पल बदलते रंग और गंगाजल में झिलमिलाता उन रंगों का अक्स। अहा...सब कितना सुन्दर है! ये बीत जाए इसके पहले इसे सहेज लेना है। कैमरे और मन दोनों के मेमोरी कार्ड में। क़रीब आधा घंटा सूर्योदय की तसवीरें लेने में बीता। कैमरा तब बन्द हुआ जब सूर्यनारायण अपने पूरे तेज़ के साथ आसमान पर बिराज गए।

सूरज से नज़र हटी तब घाट पर नज़र घुमाई। ये क्या सामान्य भीड़ है जो घाट के कोने-कोने पर दिखाई दे रही है।

ना...ये तो पूरा एक जीवन-दर्शन है जो काशी के इस दशाश्वमेध घाट के चप्पे-चप्पे पर फैला हुआ है। गंगा के किनारे फलता-फूलता जीवन और संस्कृति। छाते लेकर बैठे पंडित जो श्रद्धालुओं की विभिन्न तरह की पूजाएँ करवा रहे थे। इनमें हर उम्र के पुजारी थे, शायद कुछ प्रशिक्षु भी थे जो आगे चलकर अपना पैतृक व्यवसाय सँभालने वाले थे। यहाँ देश के अलग-अलग

हिस्सों से आनेवाले श्रद्धालु बैठे हुए थे एक आस से। कितनी दूर से चलकर आए हैं गंगा स्नान करने, बाबा विश्वनाथ के दर्शन करने और पूजा करवाने। शायद यहाँ उन्हें मन की शान्ति मिल जाए, परिवार पर आनेवाला कोई संकट टल जाए, बरसों की कोई मनोकामना पूर्ण हो जाए, किसी विपदा से निजात मिल जाए। कितनी आशा है, कितनी श्रद्धा है, कितना भरोसा और कितनी सन्तुष्टि! भरोसे में तो मैं भी बड़ा यक़ीन रखती हूँ। इस एक भरोसे के सहारे कितने चमत्कार होते देखे हैं। न केवल दूसरों की ज़िन्दगी में बल्कि ख़ुद की ज़िन्दगी में भी। बस सच्चे मन से मान लो कि काम हो जाएगा तो अवचेतन मन लग जाता है उस काम को पूरा करने में। ईश्वर के हिस्से आने वाला श्रेय भी दरअसल भरोसे का होता है। हम मूर्ति के सामने मान लेते हैं कि अब हमारी आस पूरी हो जाएगी और यह सम्पूर्ण भरोसा ही दरअसल जादू करता है। इतनी संख्या में यहाँ धार्मिक भावना से आए लोगों को देखकर इस जादू में यक़ीन और पुख़्ता हो जाता है।

कितने रंग हैं इस घाट पर, कितने नए दृश्य और कितनी कहानियाँ!

घाट की निचली सीढ़ी पर लकड़ी के तख़्तनुमा पटले रखे हुए हैं जिन पर कुछ लोग पूजा-पाठ का सामान जमाए सजे-धजे पंडित बैठे हैं, कुछ को रोज़गार मिल गया है और कुछ कानों में हेडफ़ोन लगाए मोबाइल में मुब्तिला हैं, कई सारे नाई भी अपनी दुकान सजाए बैठे हैं और उनकी व्यस्तता देखकर समझ आता है कि यह वक़्त उनके लिए सबसे बढ़िया है। एक ओर कुछ बुज़ुर्ग योगा कर रहे हैं, कुछ महिलाएँ स्नान से निवृत्त होकर अपनी साड़ी सुखा रही हैं, एक बुज़ुर्ग विदेशी उत्सुकता से बैठा हुआ घाट का नज़री निरीक्षण कर रहा है जबकि उसके साथ आए हुए अन्य युवा कैमरा लेकर तसवीरें खींच रहे हैं, बहुत सारे लोग अपनी सेल्फ़ी लेने में व्यस्त हैं, दो बच्चे खिलखिलाते हुए एक दूसरे के पीछे भाग रहे हैं और उनकी माँ उन्हें बार-बार पानी के क़रीब न जाने की हिदायत दे रही है, चाय वालों की बोहनी शुरू हो गई है। कुछ शोख और ख़ूबसूरत युवतियाँ अपनी सेल्फ़ी ले रही हैं, एक युवा आराम से लेटा हुआ उनींदा-सा सब कुछ घटते हुए देखता है और बीच-बीच में उकताकर आँखें बन्द कर लेता है। गंगा मैया इस वक़्त अपने सब बच्चों को नहला रही है, अपने अंक में खेलने दे रही

है और ख़ुद बैठी है एकदम शान्त, एक सन्तुष्ट माँ की तरह।

एक बुज़ुर्ग और क़रीब पाँच साल का एक बच्चा एक तख़्ते पर इस शोरगुल और आपाधापी से परे गहरी नींद में निमग्न हैं। देखने से लगता है कि शायद दादा और पोता हैं। इस गहमागहमी में इनकी गहरी नींद सुकून और शान्ति का ऐलान है।

कुछ बन्दर प्रसाद की उम्मीद में मन्दिरों के शिखर पर बैठे हैं, फड़-फड़ की ध्वनि करते कबूतर पूरे घाट पर अधिकारपूर्वक क़ब्ज़ा जमाए हुए हैं और मैनाएँ पानी के ठीक पास भोजन की तलाश में फुदक रही हैं। बीच-बीच में कुत्ते भी चले आते हैं।

मैं कौतूहल से उस पूरे दृश्य का हिस्सा बनी हुई उन पलों को अपने कैमरे में उतार रही थी। उस वक़्त कोई और भी तो ज़रूर होगा घाट पर जिसकी कहानी में मैं भी कैमरा लेकर तसवीरें खींचती दर्ज हुई होऊँगी।

हम सब एक ही वक़्त में कहानी भी हैं और कहानी कहनेवाले भी, दृश्य भी हैं और दर्शक भी।

देर तक घाट पर घूमने के बाद धूप और भूख दोनों सताने लगीं तो हम लौट पड़े घाट से गलियों की ओर। जाते-जाते विचित्र स्वाँग रचाए एक साधु नज़र आया। मोबाइल से मैं उसके फ़ोटो खींचने लगी तो उसके चेहरे पर एक नागवारी का भाव उभर आया। शायद उसे मेरा यूँ तसवीर लेना अच्छा नहीं लगा था। मैंने ध्यान नहीं दिया और तसवीर ले ली।

अब ऐसा विचित्र रूप और मेकअप करके बैठा है तो कोई कैसे फ़ोटो नहीं लेगा।

फिर दो मिनट बाद ही उसकी नागवारी का राज़ फ़ाश हुआ जब गड्डू ने बताया कि वह बग़ल वाले साधु से कह रहा था कि 'चोट्टी ने बिना पैसे दिए फ़ोटो खींच लिया।'

ओह, तो मतलब ये सारा स्वाँग पैसे कमाने के लिए है। मुझे बड़ी देर तक हँसी आती रही। लेकिन चोट्टी तो थी ही मैं...क्योंकि जानने के बाद भी पैसे नहीं दिए। फोकट में फ़ोटो खींचकर चलती बनी।

घाट से बाहर निकलते ही पता चला कि पास ही मान महल में एक म्यूज़ियम है जहाँ जन्तर-मन्तर भी बना हुआ है। सुनकर नाश्ते का प्लान

स्थगित किया और तुरन्त म्यूज़ियम की ओर बढ़ लिए। दो मिनट बाद ही हम म्यूज़ियम में थे।

वर्चुअल एक्सपीरिएंशियल म्यूज़ियम (आभासी अनुभूति संग्रहालय) इस म्यूज़ियम का नाम है और यह बड़ा ख़ास क़िस्म का संग्रहालय है। इसके अन्दर घूमते हुए बनारस की गलियों में घूमने का अनुभव होता है। यहाँ आभासी रूप से आप मन्दिर में घंटा भी बजा सकते हैं और गंगा में दीपक भी प्रवाहित कर सकते हैं। और बड़ी-बड़ी टच स्क्रीन्स पर टच करते ही बनारस के खान-पान, संगीत, इतिहास, साहित्य और संस्कृति के बारे में हेडफ़ोन के ज़रिये ऑडियो विज़ुअल जानकारी प्राप्त की जा सकती है। यह एक ग़ज़ब का अनुभव था। कहीं गिरिजा देवी की ठुमरी थी तो कहीं बिस्मिल्लाह ख़ाँ की शहनाई, ग़ालिब भी थे तो भारतेन्दु भी। बनारसी पान भी था और बनारसी साड़ी भी।

मान महल सोलहवीं शताब्दी में राजा मानसिंह द्वारा बनवाया गया था। बाद में इस महल की छत पर मानसिंह के पुत्र राजा सवाई जयसिंह ने एक जन्तर-मन्तर भी बनवाया। छत पर पत्थरों से बने विशाल यंत्र ग्रहों की गणना व अध्ययन के काम में आते थे। बड़ा दिलचस्प था गंगा किनारे एक महल की छत पर बनी इस वेधशाला को देखना। विज्ञान हर युग में दिलचस्पी का विषय रहा है।

म्यूज़ियम में अच्छा-ख़ासा वक़्त गुज़ारकर जब बाहर निकले तो मन में एक सन्तोष का भाव था। वह सन्तोष जो ज़ेहन को ज्ञान की खुराक मिलने पर होता है। दस बज रहे थे और अब पेट में चूहे कबड्डी खेल रहे थे। काशी विश्वनाथ का मन्दिर भीड़-भाड़ देखकर आते समय भी छोड़ दिया था और जाते समय भी मन्दिर जाने का कोई इरादा न था। मन्दिर के लिए लाइन में लगना हममें से किसी के लिए रुचिकर नहीं था और हममें से कोई इतना आस्तिक न था कि भगवान के दर्शन के लिए किसी मन्दिर में जाए।

बाहर निकलकर ऑटो पकड़ा और रास्ते में एक जगह गर्म पूड़ी और सब्ज़ी की दुकान पर भीड़ देखकर नाश्ता करने रुक गए। ताज़ा-ताज़ा पूरियाँ थीं और आलू की सूखी सब्ज़ी थी। बड़े इन्तज़ार के बाद पूरियाँ नसीब हुईं। आलू की सब्ज़ी का एक कौर खाते ही कुश और गड्डू दोनों ने आलुओं को

बासी घोषित कर दिया। ये दोनों स्वाद के माहिर हैं। जो स्वाद मुझे और देवेन को सहज ही नहीं महसूस होता उसे ये दोनों पकड़ लेते हैं। मैंने दुबारा एक आलू का टुकड़ा खाया लेकिन मुझे वह सामान्य ही महसूस हुआ। लेकिन जब इन दोनों ने कह दिया कि बासी हैं तो बासी हैं। नाश्ता वहीं छोड़ा और निर्णय किया कि होटल में जाकर पेट भर कॉम्प्लिमेंट्री बुफे ब्रेकफ़ास्ट किया जाएगा।

होटल पहुँचे तो साढ़े दस बज चुके थे। सूंतकर नाश्ता किया और नाश्ता करते ही मुझे और गड्डू को आलस्य घेरने लगा। सुबह पाँच बजे के उठे हम प्राणी भरपेट नाश्ता करने के बाद और कुछ कर ही नहीं सकते थे। कुश और देवेन कमरे में जाकर कोई फ़िल्म देखनेवाले थे। इन्हें बेवक़्त नींद नहीं आती।

क़रीब तीन घंटे की मस्त नींद लेने के बाद उठकर गड्डू तैयार होने लगी। उसे अपनी किसी दोस्त से मिलने जाना था। मैं पहुँची लड़कों के कमरे में। देखा तो एक फ़िल्म ख़त्म करके दूसरी फ़िल्म लगाकर बैठे थे दोनों। फ़िल्म थी गोविन्दा की 'दूल्हे राजा'। अगले दो घंटे वहीं बैठकर पिक्चर देखी। जब फ़िल्म ख़त्म हुई तो देखा गड्डू तैयार हुई हमारे कमरे में ही आ रही है।

"तू गई नहीं अपनी सहेली से मिलने?"

प्रश्न पूछते ही गड्डू भनभना गई—"कल से पीछे पड़ी थी कि घर आना ही है। और अब तब से फ़ोन लगा रही हूँ एड्रेस पूछने के लिए तो फ़ोन ही नहीं उठा रही और न मैसेज का जवाब दे रही। तैयार होकर ऑटो तक हो आई मैं लेकिन जब उसने फ़ोन नहीं उठाया तो वापस आ गई।"

"भाड़ में जाने दे अपनी सहेली को। अपन घूमेंगे अभी बनारस।" देवेन ने उसे कंसोल किया।

"वो तो जाने ही दिया है भाड़ में" गड्डू भाड़ में उसे झोंकने के बाद ही हमारे पास आई थी। मैं सोच रही थी कि जब इसकी सहेली इससे बात करेगी तो गड्डू का क्या रिएक्शन होगा। अगर बचपन वाली गड्डू होती तो इस वक़्त उसका चेहरा ग़ुस्से से लाल हो रहा होता। गड्डू बेहद ग़ुस्सैल और तुनकमिज़ाज थी बचपन में। बड़े होकर वह शान्त ज़रूर हो गई है लेकिन जब दिमाग़ सटक जाए तो वह वापस बचपन वाली गड्डू बन जाती है—सबकी ऐसी-तैसी करके रख देनेवाली।

शाम हो गई थी और हम सब तैयार थे दोबारा घाट पर जाने को शाम की आरती देखने के लिए। शाम की आरती देखने के लिए हमने अस्सी घाट चुना था। नीचे उतरकर बैटरी ऑपरेटेड ऑटो लिया। शाम को हर शहर की तरह बनारस में भी यातायात के पीक आवर्स थे और जो शहर मुँहअँधेरे से भीड़ का सामना करता हो उसके पीक आवर्स का बोझ शहर की कमर तोड़ देनेवाला था। उफ़...कितनी ज़्यादा भीड़। कितने सारे वाहन और कितना ज़्यादा शोर। अपनी गाड़ी पार्किंग में रख बनारस में लोकल ट्रांसपोर्ट से घूमने का निर्णय सही सिद्ध हुआ था। बनारस की जो बात मुझे इससे विमुख कर रही थी वह था यहाँ का ध्वनि प्रदूषण। भीड़ तो ख़ैर सर्वाधिक जनसंख्या वाले उत्तर प्रदेश के हर नगर में होनी ही है लेकिन ये बेकार का शोर क्यों? मैंने ग़ौर किया कि यहाँ हर वाहन चालक बेमतलब हॉर्न बजाए जाता है। लगातार उसका एक हाथ हॉर्न पर रहता है। ज़रूरत हो या न हो। हमारा ऑटो वाला भी लगातार टीं-टीं करता चल रहा था। रहा नहीं गया तो उससे पूछ लिया—

"भैया, आप इतना हॉर्न क्यों बजा रहे हैं?"

"देख नहीं रहे क्या? यहाँ सभी तो हॉर्न बजा रहे हैं।" उसने जवाब दिया।

"वही तो पूछना चाह रहे हैं कि यहाँ सभी इतना हॉर्न क्यों बजा रहे हैं?"

"ट्रैफ़िक इतना है और हर कोई जल्दी पहुँचना चाहता है।"

"लेकिन इससे फ़ायदा क्या है। जब सभी लगातार हॉर्न बजा रहे हैं तो वो बेमतलब ही हुआ ना।"

"हुआ तो लेकिन आदत पड़ गई है।"

खुले ऑटो में गाड़ियों से खचाखच भरी सँकरी सड़कों पर कानों में हाहाकारी शोर कहर बरपा रहा था। कानों को हाथों से बन्द करना पड़ा।

"मैं इस शहर में क़तई नहीं रह सकती।" एकदम यह ख़याल आया मन में और आज भी मेरा यही ख़याल है कि मैं बनारस में नहीं रह सकती। रहने के लिए तो शान्त, कम भीड़-भाड़ वाला, हरा-भरा शहर ही होना चाहिए। और क़िस्मत वाली हूँ कि ठीक ऐसे ही शहर में मैं रहती हूँ। अहा भोपाल... इन शहरों की आपाधापी में भोपाल की याद ही कितना सुकून दे गई थी। वाक़ई जहाँ ढेर सारी झीलें हों, पहाड़ियाँ हों और ख़ूब हरियाली, ऐसा शहर किसी का भी महबूब शहर हो सकता है। मेरा महबूब शहर भोपाल ही है।

"ये बताओ, बनारस में मोदी जी ने कुछ काम करवाया या नहीं?" देवेन ने टॉपिक बदला।

"हाँ साहब, बहुत काम कराए मोदी जी। ये जो सफ़ाई देख रहे हैं ना, ये सब मोदी जी कराए हैं नहीं तो बनारस पहले बहुत ही गन्दगी वाला शहर था।"

"अभी भी गन्दगी तो ख़ूब दिखाई दे रही है।" गड्डू बोली।

"आप पहले नहीं देखे हो ना इसलिए ऐसा कह रहे।"

हमने कल्पना कर ली बनारस शहर में कितनी गन्दगी रही होगी।

कितना अफ़सोस होता है कि हमारे कितने पुराने सांस्कृतिक महत्त्व के शहर जो धरोहरों की तरह सहेजे जाने चाहिए उन्हें बरतने का सलीका भी हमारे पास नहीं। एक नागरिक के तौर पर हम एकदम असफल सिद्ध हुए हैं।

इस शोर और बेतरतीब यातायात से गुज़रकर हम अस्सी घाट पहुँचे।

अस्सी घाट नाम सुनकर ही *काशी का अस्सी* याद आ जाता है। इस उपन्यास पर बनी फ़िल्म हाल ही में देखी है तो अब फ़िल्म में दिखाया अस्सी घाट ज़ेहन में छाया हुआ था। अस्सी घाट पहुँचे तब तक शाम गहरा चुकी थी और रंग-बिरंगी रौशनी की आभा में मन्दिरों के शिखर और परकोटे झिलमिलाने लगे थे। गंगा की साँवली देह पर मन्द-मन्द हिलोरें लेती लहरें और उन लहरों पर आहिस्ता-आहिस्ता तैरते दीये कितने सुन्दर दिखाई पड़ रहे थे। यह घाट दशाश्वमेध घाट से थोड़ा कम भीड़-भाड़ वाला घाट है और खुला-खुला भी। यहाँ एक ओर बैठे सारे घाट को साक्षी भाव से देखना बहुत भला लग रहा था। आँखें चारों ओर घूमती थीं, हर दृश्य पर ठहरती थीं और उसे स्मृति में दर्ज कर लेती थीं। इस वक़्त मैंने कैमरा नहीं खोला था। लेंस से इस शाम को देखने का ज़रा भी मन नहीं था। यह शाम ख़ास थी क्योंकि यह न केवल बनारस की बल्कि हमारी यात्रा की आख़िरी शाम थी। कल सुबह हम यात्रा समाप्त कर वापस अपने घर की ओर निकल जानेवाले हैं।

मैंने और गड्डू ने भी दीये जलाकर नदी में प्रवाहित किए। अब दर्जनों जलते दीपकों में हमारे भी दो नन्हे दीये शामिल थे। जब होटल से चले थे तो मुझे स्कर्ट पहने देख देवेन ने टोका था कि घाट पर जाने के लिए कुछ इंडियन पहन ले। यह वहाँ अजीब लगेगा। मैंने कहा था कि कुछ अजीब नहीं लगेगा और स्कर्ट पहनकर ही यहाँ आई थी।

यहाँ आकर देखा तो बहुत सारी लड़कियाँ स्कर्ट, जीन्स और शॉर्ट्स पहने घाट पर घूम रही थीं। यहाँ टिपिकल मन्दिरों में जाने जैसी कोई बात नहीं थी। घाट पर सिर्फ़ धार्मिक लोग ही नहीं आते बल्कि किसी भी नदी वाले शहर में तो घाट शाम बिताने की एक जगह होते हैं। यहाँ भी मुझे हर तरह के लोग नज़र आ रहे थे। कुछ तफ़री करने आए थे, कुछ नदी के संग बैठने आए थे, कुछ आरती देखनेवाले थे, कुछ दोस्तों के साथ शाम बिताने आए थे और कुछ पर्यटक शहर को जानने के क्रम में घाट पर बैठे उत्सुकता से हर स्थिर और चलायमान दृश्यों को देख रहे थे। कितने ख़ुशक़िस्मत होते हैं वो शहर जिन्हें नदी सौगात में मिली होती है। मुझे याद आते हैं मंडला के वे साल जो अपनी स्कूलिंग और कॉलेज की पढ़ाई के दौरान हमने गुज़ारे थे। मंडला के बीचोबीच से नर्मदा गुज़रती है और नदी के किनारे वाले नगर में रहने का सुख ही कुछ और है जिसे शब्दों में बयाँ नहीं किया जा सकता। और घाट उस शहर के सबसे जीवन्त हिस्सा होते हैं जहाँ सारे त्योहार, सारे महत्त्वपूर्ण कार्यक्रम आयोजित किए जाते हैं। यह उस शहर के बाशिन्दों के लिए कम्यूनिटी सेंटर का काम भी करते हैं।

अँधेरा हो गया था और आरती की तैयारी शुरू हो गई थी। सारे मन्दिर अँधेरे में ख़ूबसूरत रौशनी से जगमगा उठे थे। यही बनारस की वह शाम है जो तसवीरों में दिखाई देती है। यहाँ से दूर-दूर तक कई सारे घाट और उनके किनारे बने प्रकाश में नहाए मन्दिर दिखाई देते हैं। मणिकर्णिका घाट जाने का मन था लेकिन सुबह नहीं जा सकी थी जबकि दशाश्वमेध घाट के क़रीब ही था मणिकर्णिका घाट। कुश वहाँ तक घूमकर आया था। यहाँ से दूर है, अब नहीं जा पाएँगे।

आरती देखने के लिए भीड़ इकट्ठी होने लगी थी फिर भी यह बहुत ज़्यादा नहीं थी। मैं और गड्डू भी घाट पर एक तख़्ते पर बैठ गए। आरती करनेवाले पाँच युवा पंडित थे और सभी ने चमकीले पीले रंग की धोती, कुरता और उत्तरीय पहना हुआ था। उनमें से एक पंडित को देखकर मुझे लगा कि यह कोई लड़की है। बड़े कोमल हाव-भाव वाले उस पंडित के घुँघराले बाल कन्धों तक लम्बे थे। मुझे एक पल को बेहद ख़ुशी हुई कि गंगा आरती में अब लड़कियों को भी शामिल करने लगे हैं। मैंने गड्डू से

यह बात कही तो वह बोली कि लड़की नहीं वह लड़का ही है और आरती में लड़कियों को शामिल नहीं करते।

तब मैंने ध्यान से देखा। वाक़ई में वह लड़का ही था। एक क्षण पहले जो ख़ुशी महसूस हुई थी वह ग़ायब हो गई। मन बुझ गया। क्यों नहीं लड़कियों को मन्दिरों में पूजा-पाठ और आरती में बराबर की भागीदारी मिलती? संविधान चाहे जितनी बराबरी दे दे जब तक समाज उन्हें बराबर नहीं समझेगा तब तक वे सामाजिक, धार्मिक कार्यों में बराबर का दर्जा नहीं पा सकतीं। मुझे याद है कि बचपन में हम बहनों को अपने कुल का नहीं मानकर दुर्गा अष्टमी की पूजा से बाहर रखा जाता था। हम उस कमरे के बाहर रहते थे जहाँ कमरा अन्दर से बन्द करके पूजा चल रही होती थी। कुलहीनों की तरह हम खिसियाए-से बाहर घूमते रहते। घर के सभी मर्द, बहुएँ और बालक उस पूजा में शामिल होते थे। हम न पूजा देख सकते थे और न उसका प्रसाद खा सकते थे। बहुत आहत होता था बालमन। शायद बरसों-बरस होती आई इस घटना का भी मेरे नास्तिक हो जाने में योगदान रहा। अभी कुछ बरस पहले हमने अपनी मम्मी से इस बारे में बात की और अब लड़कियों को बाहर रखने की परम्परा बन्द कर उन्होंने सभी लड़कियों को उस पूजा में शामिल होने की नई परम्परा शुरू कर दी। परम्पराएँ ऐसी ही बदलती हैं और ऐसे ही सँवरती हैं।

काश...आनेवाले बरसों में मैं इस गंगा आरती में स्त्री पंडितों को देख पाऊँ। मन ने ख़्वाहिश की और मन ने ही कहा—'आमीन'।

मद्धम हवा चल रही थी और मौसम बड़ा ख़ुशनुमा था। बनारस के घाट इतने बड़े और खुले-खुले हैं कि यहाँ इतनी भीड़ के बावजूद अपना एक कोना तलाशा जा सकता है। इसके बाद मैं जब कलकत्ता गई थी तब बनारस के इन घाटों की छवि मन में बसाए कलकत्ता के बाबू घाट पर सुबह गंगा के साथ कुछ पल शान्ति से बिताने पहुँची थी और वहाँ जाकर लगा कि उफ़...यहाँ शान्ति कहाँ है? छोटे और सँकरे घाट पर इतनी भीड़ कि लोग एक-दूसरे को कुचले दे रहे थे। विकट गन्दगी और विकट शोर। नदी के पानी को स्पर्श करने की भी इच्छा नहीं हुई थी। उलटे पाँव वहाँ से वापस लौट पड़ी थी। तब यह अस्सी घाट बहुत याद आया था। यहाँ भीड़ में

होकर भी भीड़ से दूर रहा जा सकता है। यहाँ साक्षी भाव से सारे दृश्य का अवलोकन किया जा सकता है।

बड़ी देर तक गंगा किनारे बैठे रहे थे हम चार बनारसी। हाँ...आज हम इस शहर को जी रहे हैं, पूरी तरह इस शहर को सौंप दिया है ख़ुद को, तो हम आज बनारसी ही तो हैं। एक यात्री जिस जगह जाता है वह उन पलों में सिर्फ़ उसी जगह का नागरिक होता है। इसलिए यायावर विश्व नागरिक हो जाते हैं।

कल यह सब स्मृति बन जाएगा। कल यह यात्रा ख़त्म हो जाएगी। ये ज़िन्दगी कई यात्राओं से मिलकर बनी एक लम्बी यात्रा ही तो है। मन न ख़ुश है न उदास बस एक सम पर है। सब कुछ जैसा है वैसा ही स्वीकार कर लेने का भाव है। पन्द्रह दिनों से लगातार सफ़र में हूँ। क्या लेकर जा रही हूँ? क्या खोया है, क्या पाया है? मन क्यों हिसाब करने लगता है? क्या सफ़र में होना मात्र बहुत कुछ पा लेना नहीं है? हर यात्रा के बाद कुछ परिवर्तन अन्तःस्थल में घटते हैं। इतने धीमे और इतने सूक्ष्म कि उनका घटना लम्बे अरसे के बाद पता चलता है। यात्रा ख़त्म करते ही उनको पहचानना नामुमकिन होता है। वे बदलाव तो शायद बाद में पता चलेंगे लेकिन फ़ौरी तौर पर जो परिवर्तन मेरे भीतर आया और तुरन्त पकड़ में भी आ गया, वह यह है कि इन पन्द्रह दिनों ने मुझसे दूर जाती जा रही 'मैं' को वापस ला दिया। कितने दिनों से मैंने मोबाइल पर समय नहीं बिताया। आज ही मैंने ध्यान दिया कि आज पन्द्रह दिनों में पहली बार मेरे फ़ोन पर स्पैम कॉल्स के अलावा कोई कॉल आया। इतने दिनों में न मैंने किसी को याद किया और न किसी ने मुझे। सफ़र की हो रही पूरी तरह। अपने तीनों साथियों के साथ इतनी भरी-भरी, इतनी पूर्ण थी कि किसी और से बात करने की न ज़रूरत महसूस हुई और न ही तलब हुई। यह भी मेरे लिए सुकून की ही तो बात है।

क्या होता जा रहा था पिछले दिनों मुझे कि मोबाइल में शॉपिंग साइट्स पर ज़्यादा वक़्त गुज़ारने लगी थी, बिना ज़रूरत का सामान ऑर्डर करने लगी थी। कितने कपड़े ख़रीदे पिछले दिनों, कितने बैग्स, कितने जूते और कितनी क्रॉकरी। अब इतने दिनों से याद भी नहीं आया एक भी बार उन साइट्स को खोलना। ज़रूरत नहीं सिर्फ़ एक क़िस्म की लत थी जो हाल-फ़िलहाल तो छूट गई है। डी-टॉक्स हो गया मन। भटके हुए क़दम ख़ुद की दिशा में चल पड़े।

यह क्या कम हासिल है यात्रा का?

जी तो चाहता था कि देर रात तक यहीं बैठी रहूँ, पूरी रात। कितनी चाँदनी रात है आज। चाँदनी रात में नौका से गंगा घूमने का जी चाह रहा है। महज़ कुछ देर नहीं बल्कि आधी रात तक। पूरे चाँद की निस्तब्ध रात्रि में चप्पू और लहरों की आवाज़ के साथ नभ से बूँद-बूँद बरसती चाँदनी को पीते हुए, हल्की ठिठुरन में रात बिता देना एक ख़्वाब है। ऐसे रूहानी ख़्वाब इतनी हड़बड़ी में पूरे भी नहीं किए जाने चाहिए। पहले-पहल के सफ़रों में मैं एक लालची लेखक की तरह उस दृश्य को जीने की जगह उसे मोबाइल उठाकर उसमें दर्ज करने लग जाती थी। यह उस समूचे दृश्य के प्रति एक निर्ममता है और ख़ुद को एक अलौकिक आनन्द से वंचित करने का अन्याय। कितनी ही जगहों को या तो कैमरे के लेंस से देखा या इस तरह देखा जैसे किसी पेंटिंग को देख उसका हूबहू वर्णन करना हो। पर अब नहीं। अब मन में ठहराव आ गया है। भूलूँ तो भूल जाऊँ लेकिन अब अपने पूरे मन के साथ उस जगह पर होती हूँ, उसमें घुल-मिल जाती हुई। यहाँ से जाने को जी नहीं चाह रहा है लेकिन जाना ही होगा। यहाँ से भी, शहर से भी। सफ़र की शर्त यही तो है—ठहरना लेकिन रुकना नहीं। थोड़ा और ठहर लूँ, थोड़ा और इस रात का अमृत चख लूँ। अस्सी घाट पर इसी पल मैं इस यात्रा को ख़त्म करना चाहती हूँ। इसके बाद ऐसा कुछ नहीं है जो इससे ज़्यादा ख़ूबसूरत हो।

हवा में गुलाबी ठंडक घुल आई है, गंगा मैया की नन्ही-नन्ही लहरें चाँदी की पाजेब पहने छम-छम नृत्य कर रही हैं और बदन पर चन्दन का उबटन लगाए पूनम का जवान चाँद खिल आया है मन्दिर के शिखर के ठीक ऊपर।

✪✪✪

भूटान के राजा-रानी की तस्वीर वाला होर्डिंग, थिम्फू; 11 जून, 2019

बुद्धा प्वॉइंट, थिम्फू; 11 जून, 2019

पुनाखा वैली; 12 जून, 2019

पुनाखा जोंग; 13 जून, 2019

डोचुला पास, पुनाखा; 13 जून, 2019

पारो शहर; 13 जून, 2019

चारों दोस्त—पल्लवी, देवेन, कुश वैष्णव और मल्लिका (दाएँ से बाएँ)
डोचुला पास, पुनाखा; 13 जून, 2019

टाइगर मोनेस्ट्री, पारो; 14 जून, 2019

भूटानी पोशाक—किरा, पारो; 15 जून, 2019

सुबह की गंगा आरती, दशाश्वमेध घाट, बनारस; 18 जून, 2019

दशाश्वमेध घाट, बनारस; 18 जून, 2019